MYST

MYST

X GAMES

Die Deutsche Bibliothek – CIP-Einheitsaufnahme

Conrad, Anton:
Ages of Myst : das offizielle Lösungsbuch /
Anton Conrad/Bill Keith/Nina Keith. –
München : X-Games, 1999
ISBN 3-8272-9068-6

Umwelthinweis:
Dieses Buch wurde auf chlorfrei gebleichtem Papier gedruckt. Die Einschrumpffolie – zum Schutz vor Verschmutzung – ist aus umweltverträglichem und recyclingfähigem PE-Material.

10 9 8 7 6 5 4 3 2

03 02 01 00 99

ISBN 3-8272-9068-6

Einbandgestaltung und Herstellung: Martin Horngacher, München
© Titelbild: TLC The Learning Company Deutschland GmbH
Lektorat: Birgit Ellissen
Druck und Verarbeitung: Schoder, Gersthofen
Printed in Germany

Inhalt

Buch 1. Komplettlösung

Buch 2. Schritt für Schritt

Anhang

Vorwort

Dieses Buch soll Ihnen dabei helfen, die Welten in Myst genauer erforschen zu können und die Rätsel besser zu verstehen. Sie erhalten ganz klare Lösungshilfen oder – wenn Sie ein hartnäckiger Spieler sind – Tips & Tricks, die nur soviel zur Lösung beitragen, daß Sie dennoch gefordert werden. Manchmal ist man der Lösung schon so nahe, daß nur ein kleiner Tip genügt – deshalb muß man aber nicht gleich die komplette Lösung durchgehen. Egal, was für ein Spielertyp Sie sind – dieses Buch bietet Ihnen jeden Lösungsansatz, den Sie sich wünschen können:

- eine Komplettlösung für Leute, die kein einziges Detail verpassen möchten;
- eine Schritt-für Schritt-Lösung, um schnell und unkompliziert bestimmte Ziele zu erreichen; und
- einen Frage-und-Antwort-Ansatz, der Ihnen aus allen möglichen Sackgassen-Situationen heraushilft, ohne daß Sie sich den Spaß am Spiel verderben, weil Sie bereits die Lösung für das nächste Rätsel kennen …

Übrigens: Fangen Sie am besten mit der ausführlichen Lösung an, weil sie auch eine Vorgeschichte enthält. Wenn Sie die gelesen haben, können Sie sich dann für denjenigen Teil entscheiden, der Ihnen am ehesten entgegenkommt.

Wie funktioniert der Frage-und-Antwort-Ansatz? Auf jeder Seite der Komplettlösung finden Sie außen eine gesonderte Textspalte mit einer Fülle von Fragen. Am Ende jeder Frage steht in Klammern eine Zahl, die auf eine andere Seite des Buches verweist. Dort finden Sie in der gleichen Textspalte die Antwort (und andere Fragen). Aus der nachfolgenden Tabelle können Sie entnehmen, auf welcher Seite die Frage-und-Antwort-Lösung für jede der Mystwelten beginnt.

Trifft eine Frage Ihr Problem, so schlagen Sie einfach die angegebene Seite nach, lesen die dort enthaltenen Hinweise durch und verzweigen eventuell zu weiteren Erläuterungen.

Die meisten Seiten enthalten zwei Einträge, manche sogar drei. Dies war aus Platzgründen leider nicht zu vermeiden. Allgemein gilt daher folgende Regel: Die ersten Einträge sind im wesentlichen für die Myst-Insel bestimmt, die zweiten für die Steinschiff- und die Selentic-Welt. Der dritte Eintrag bezieht sich auf die Mechanical-Welt. Fangen Sie daher immer am oberen Rand der Seite an, und lesen Sie den nächsten Eintrag auf der Seite nur, wenn der obere keinen Sinn ergibt.

Viel Spaß mit MYST und diesem Buch.

Anton Conrad
München 1995

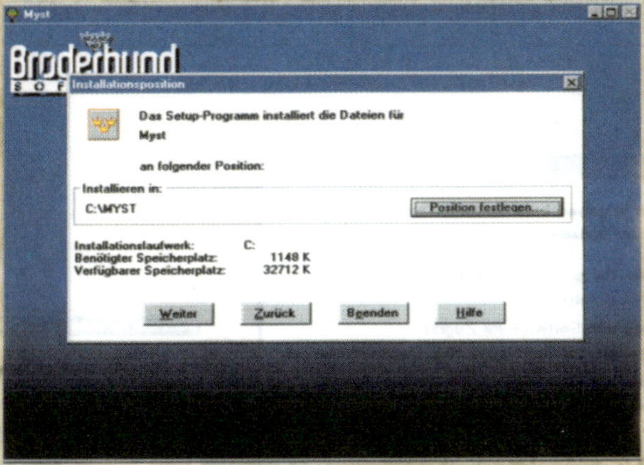

Installation

Bleiben wir jedoch erst einmal bei der Installation. Bei Myst gibt es nicht so viel zu installieren, wie bei Spielen, die mit 20 Disketten ausgeliefert werden. Die Hauptdaten befinden sich auf der CD-ROM – und da bleiben sie auch. Installiert werden lediglich einige Verbesserungen des Betriebssystems, das Programm, mit dem Sie Myst starten und – für's Auge – der sogenannte MoviePlayer von Apple, mit dem Sie sich einen auf der CD-ROM enthaltenen Film über die Entwicklung von Myst ansehen können.

All diese Komponenten werden installiert, sobald Sie das INSTALL-Programm aus dem Datei-Manager (Windows 3.1) oder dem Explorer (Windows 95/98) auf der CD-ROM aufrufen. Unter MS-DOS ist die Installation nicht möglich.

Wählen Sie das Laufwerk und den Pfad an, wo Sie Myst installieren möchten. Für gewöhnlich ist das Ihre interne Festplatte (C:) und ein eigenes Myst-Verzeichnis (Myst).

Daraufhin installiert Ihr PC das Spiel und gibt Ihnen Meldungen über etwaig auftauchende Fehler oder Schwierigkeiten. Hinweis: Falls Sie keine SoundBlaster-kompatible Soundkarte haben, erscheint die Meldung »In Ihrem System sind keine Wave-Treiber installiert.«.

Um Myst spielen zu können, ist der Besitz einer solchen Soundkarte leider unumgänglich. Einige Rätsel basieren auf Geräuschen, die Sie hören und erkennen müssen. Falls Sie keine Soundkarte haben, zögern Sie nicht, sich eine zu kaufen. Bereits für unter DM 100,– erhalten Sie eine passende Karte, die Sie auch bei anderen Spielen und Anwendungen benutzen können.

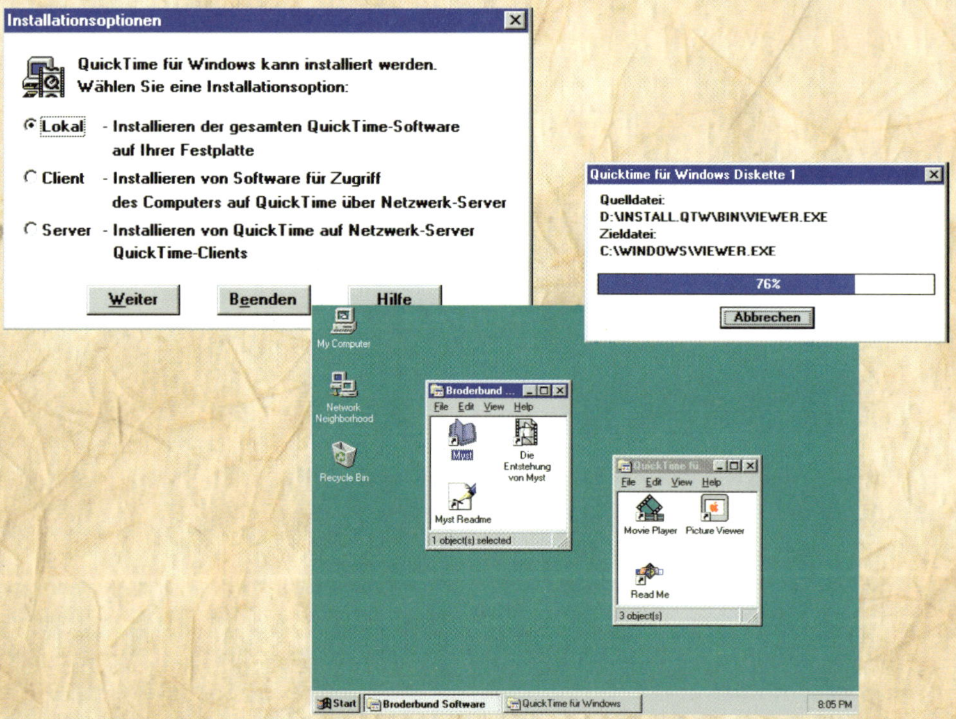

QuickTime

Wenn das Spiel Myst fertig installiert ist, werden Sie weiterhin gefragt, ob Sie QuickTime auf Ihrem PC einrichten möchten. QuickTime ist eine hochentwickelte Videosoftware von Apple, mit der Sie den Film über die Entwicklung von Myst auch dann ansehen können, wenn Sie keinen Pentium besitzen. Installiert werden einige System-Dateien und der sogenannte MoviePlayer, mit denen Sie zukünftig jeden QuickTime-Film ansehen können, der sich auf Ihrer Festplatte befindet. QuickTime-Filme können Sie kaufen oder sich aus Mailboxen oder vom Internet downloaden.

Nun liegt Ihnen die ganze Myst-Welt zu Füssen. Klicken Sie doppelt auf das Myst-Symbol (oder aktivieren Sie es aus dem Datei-Manager oder dem Explorer), um das Spiel zu starten.

1. Buch

Komplettlösung

1. Kapitel

Der Traum beginnt

Als ich die Augen aufmachte, war mir klar, daß ich einen Fehler begangen hatte. Dieses Buch – das MYST-Buch …

Ich wußte schon immer, daß Geschichte ein interessantes Fach ist. Schon in der Schule war es mein Lieblingsfach, und als die Plackerei nach dreizehn Jahren dann endlich einmal ein Ende hatte, beschloß ich, der Realität der Welt zu entsagen und mich statt dessen ganz den früheren Zeiten – sprich, einem Geschichtsstudium – zu widmen. Das Studium dümpelte vor sich hin, und ich konnte und konnte mich nicht entscheiden, welchem Fachgebiet ich mich nun im einzelnen zuwenden sollte. Ich muß gestehen, daß mein Arbeitseinsatz sehr zu wünschen übrig ließ und die Verlockungen des Englischen Gartens – und da speziell des Biergartens am Chinesischen Turm – stärker als der Tatendrang waren.

Die Sommerabende sind lau und schwül, und eines abends kehrte ich in einer ziemlich melancholischen Stimmung nach Hause zurück. Vielleicht lag es an dem nicht unerheblichen Bierkonsum, daß ich eine Straße früher als üblich abbog und unter den langen Schatten der herrlich grünen Kastanienbäume meinen Weg nahm. Nach ein paar Minuten kam ich an einem Trödler vorbei, der nach dem langen Einkaufsabend seine Sachen in der Schubkarre verstaute, um seine nächtliche Bleibe an einem unbekannten Ort zu suchen.

So da sind wir nun also auf der Myst-Insel gelandet und kommen nicht weiter. Aber da soll dieses Buch ja helfen … Wo tut's denn weh?

Warum sind überall auf der Insel Schalter verteilt? (S. 83)

Was meinte Atrus mit »Erinnere Dich an die Turmdrehung«? (S. 22)

Was mache ich mit den großen Zahnrädern auf dem hohen Plateau? (S. 70)

Wozu dienen all die Schalter beim versunkenen Modellschiff? (S. 75)

In dem Wasser wimmelt es von Piranhas. Gibt es irgendeinen Weg, auf das versunkene Schiff zu kommen? (S. 36)

Was hat es mit dem runden Gebäude zwischen dem Pier und der Bibliothek auf sich? (S. 102)

Was muß ich in der Bibliothek machen? (S. 22)

Kann das Raumschiff auch fliegen? (S. 38)

Was hat es mit dem Brief auf sich, den ich auf dem Weg gefunden habe? (S. 42)

Was ist das für ein Turm, von dem Drähte ausgehen, die zum Raumschiff führen? (S. 32)

Was soll ich in dem Häuschen im Wald machen? (S. 63)

Zu was ist der große Baum zu gebrauchen? (S. 71)

Ich möchte gern die Architektur des Turms anschauen, aber ich will keine nassen Füße bekommen. (S. 103)

Ich kriege das Gerät in der Höhle beim Pier nicht zum Laufen. (S. 86)

Es gibt noch einen anderen Gegenstand auf der Insel, der Winkel mißt.

Wo ist dieser Gegenstand? (S. 102)

Haben Sie herausgefunden, wie man die verschiedenen Geräte aktivieren kann? Wenn nicht, sollten Sie herausfinden, was dieses Blubbergeräusch bedeutet und wie die Windmühle und die Hebel damit zusammenhängen.

Ich habe keine Ahnung, wozu die Windmühle dient. (S. 80)

Was bedeutet das Blubbergeräusch? (S. 46)

Ich weiß das alles, aber ich komme immer noch nicht über den Spalt. (S. 52)

Besser sichern Sie den Spielstand, sonst sitzen Sie in einer Falle.

Welche anderen Optionen hatte ich nochmal? (S. 88)

Auf der Karre türmte sich allerhand wertloser Plunder, ein alter, zerfledderter Geigenkasten, Gipsfiguren, Glasmurmeln, wertloser Glasschmuck und einige alte Bücher. Geschichte mag doch meine Berufung sein – jedenfalls fühle ich mich unwiderstehlich von alten Folianten angezogen, und es jagt mir jedesmal einen Schauer über den Rücken, wenn ich eine Bibliothek betrete, in der die alten Kunstwerke Rücken an Rücken stehen und eine stumme Würde ausstrahlen. Genau von jener Art schienen auch die Bücher zu sein, die der alte runzlige Mann sein eigen nannte.

»Darf ich mir die mal anschauen«, fragte ich ihn und kam näher. Er drehte sich langsam zu mir um und sah mich mit seinen trüben blauen Augen an. Eigentlich hatte ich aber eher den Eindruck, als ob er direkt durch mich hindurchsehen oder mich wie mit Röntgenstrahlen durchleuchten würde.

»Nur zu«, antwortete er, und seine Stimme klang tief und fremd. »Ich habe gleich gesprürt, daß ich einen Kenner vor mir habe«. Ich trat auf die Schubkarre zu und nahm eines der Bücher in die Hand. »Der Stein der Weisen« stand in großen goldenen Lettern auf dem Einband, und darunter, in kleineren und zierlicheren »Das Wesen der Alchemie«. Ich öffnete das Buch in der Mitte und lächelte. Natürlich – Latein! Im Geiste übersetzte ich den obersten Abschnitt: »Und wenn das Licht der sternenlosen Nacht sich mit dem Duft des Nichts und der Essenz der Vogelmilch verbindet, dann erst wird das Blei zu Gold und der Mensch zu Gott…«

Starker Tobak! Aber gewiß nichts für mich. Ich legte das Buch weg und sah mir ein anderes Exemplar an. Das war schon eher etwas für mich, denn es war ein Geschichtsbuch.

Es handelte von einer, nein von fünf fernen Welten, die eine besondere Verbindung zueinander hatten. Da mir zuhause der Lesestoff ausgegangen war und ich gerne nach einer Nachtlektüre einschlafe, fragte ich den alten Trödler nach dem Preis.

»Was verlangen Sie denn dafür?«. Er sagte längere Zeit nichts und blickte mich nur stumm und durchdringend an. »Dieses Buch ist nicht zum Kaufen, mein junger Freund. Denn auf der ganzen Welt findet sich nicht genügend Reichtum, um es zu bezahlen«.

Ich blickte ihn skeptisch an, doch er fuhr fort. »Dieses Buch wird immer nur als Geschenk weitergegeben, doch nur der kann es empfangen, der dieses Wunderwerks würdig ist. Jung bist du, und deine Ziele kennst du noch nicht genau. Doch lodert ein Feuer in dir, das Licht ins Dunkel bringt und Fremden in Not Hilfe verheißt. Nimm es, und sieh deinem Schicksal ins Gesicht!«

Mit diesen ominösen Worten händigte er mir das Buch aus, drehte sich um und begann, leise krächzend die Schublade vor sich hinzuschieben. »Danke«, rief ich noch hinterher, da wurde er schon von den langen Schatten der Kastanienbäume verschluckt.

Das Muster sieht wie folgt aus:

X X O O O O X X
O X X O X O X X
X O X O O O X X
X O O X O O X X
X X O O X X O O
X X X X X O X O

Und nun? **(S. 81)**

Eine Karte hilft bei diesem Labyrinth wenig. Aber die Geräusche helfen Ihnen dabei, den richtigen Weg zu finden – klingen sie nicht ähnlich wie in der Mechanischen Welt?

Was bedeuten die unterschiedlichen Geräusche? **(S. 70)**

Wie groß ist dieses Labyrinth? **(S. 25)**

Bitte einfach nur Richtungsangaben, ok? **(S. 107)**

Es handelt sich um die Hebel für die Gebäudedrehung!

Alles klar! Und wie komme ich dahin? **(S. 66)**

Im Turm mit der Uhr befindet sich eine Mechanik, die die Stellung der Zahnräder verändert

Wie komme ich über das Wasser? Muß ich etwa wie Moses … **(S. 73)**

Ich bin im Turm. Und nun, Du Wurm? **(S. 25)**

Spielen Sie ein bißchen mit ihm, und achten Sie auf den Wasserstand beim großen Felsen in der Mitte, dem Leuchtturm und der Treppe vorne im Schiff.

Ich starrte ihm noch einige Minuten hinterher, doch ahnte ich bereits, daß ich ihm nie wieder begegnen würde. Geistesabwesend klemmte ich mir das Buch unter den Arm und setzte meinen Nachhauseweg fort.

Dort machte ich es mir auf der Couch bequem und blätterte durch das ominöse Buch. Es enthielt eigentlich bloß die faszinierenden Beschreibungen der fremden Welten, und doch ging etwas Magisches von dieser Beschreibung aus. Das mochte wohl hauptsächlich daran liegen, daß man in diesen Welten schneller reisen kann, wenn man seine Hand auf ein magisches Bild legt. In Nullkommanichts wird man dann an diesen Ort gebeamt.

Klar konnte ich der Versuchung nicht wiederstehen, als ich dann im Buch ein Bild von dieser Welt fand. Ich legte meine Hand darauf … Fehler! Großer Fehler …

2. Kapitel

Gestrandet auf Myst

Gehen Sie zurück auf Los, ziehen Sie nicht DM 100.000 ein, und schauen Sie in Richtung Wald und Planetarium, dort ist ein dunkler Tunnel.

Und was mache ich dort drin? Im Dunkeln ist gut ... duweißtschonwas? **(S. 108)**

Sie müssen herausfinden, wie der Generator funktioniert. Wenn Sie ihn gefunden haben, ist das kein Problem.

Wo ist der Generator? **(S. 63)**

Nun saß ich hier irritiert und verärgert am Pier der einsamen, mitten im Ozean gelegenen Insel, die in dem Buch beschrieben wurde: die MYST- Insel. Neben mir plätscherte das Wasser an das Ufer, und eine leichte Brise und penetranter Salzgeruch wehten vom Meer herüber.

Es mußte sich hier offensichtlich um einen faszinierend wirklichen Traum handeln. Doch wie ist es bei Träumen? Man gibt sich ihnen am besten hin, macht gute Miene zum bösen Spiel und schaut, was auf einen zukommt. Ich beschloß also, die Gelegenheit doch zu nutzen und die Insel auf eigene Faust zu erforschen – vielleicht erkannte ich ja den einen oder anderen Ort aus dem Buch wieder. Immerhin wirkte die ganze Umgebung erstaunlich real.

Als ich die Meeresbrise noch einige Sekunden lang genoß, beschloß ich, nach Erwachen aus meinem Traum einen Besuch im Reisebüro zu riskieren. Der letzte Griechenland-Urlaub ist doch schon ziemlich lange her. Und wer weiß – vielleicht hat man dort auch schon »Reisebücher« einge-

Es handelt sich um einen wichtigen Hinweis, wie man in die anderen Welten gelangt. Was finden Sie auf der Insel, was mit den Turmdrehungen zu tun hat?

Zwar weiß ich viel, doch möcht' ich alles wissen … (S. 35)

Schauen Sie sich doch erst einmal alles in Ruhe an, vor allem natürlich die Bücher auf dem Bücherregal.

Was hat es mit den komischen Spiegeln auf sich? (S. 47)

Wozu dient die Karte? (S. 53)

Wozu dient der Kamin? Doch nicht etwa zum Heizen? (S. 66)

Was sagen die Jungs im roten bzw. blauen Buch? (S. 87)

Auf der zweiten Etage (rund mit vielen Türen) ist ein kleiner Hebel, der die Treppe steuert. Wenn Sie die Karte im Bibliotheksbuch ansehen, wissen Sie, welche Hütte gemeint ist. Eine gepunktete Linie verbindet den Hebel mit den Treppen.

Sie sollten mit dem Simulator in Achenars Zimmer ein wenig üben, damit Sie eine Idee bekommen, was bei der Drehung überhaupt vorsichgeht.

Ich habe geübt, aber das macht immer noch keinen Sinn! (S. 73)

Gibt es eine Möglichkeit, wie ich die Drehrichtung ändere? (S. 70)

führt? Ungefähr so müssen sich die Menschen gefühlt haben, als nach Jahrhunderten der christlichen Schiffahrt plötzlich jemand kam und das Flugzeug erfand!

Doch nun zurück zu meinem Traum: Das wohl ungewöhnlichste an diesem Pier war die Tatsache, daß das angedockte Schiff – irgend so eine mittelalterliche Fregatte – zur Hälfte versunken war. Es war ja nun kaum anzunehmen, daß das Schiff ein U-Boot und auf Periskop-Tiefe abgetaucht war. Vielleicht sollte ich nicht zu unvorsichtig sein. Versunkene Schiffe assoziiere ich ganz unbewußt mit menschlichen Konflikten, oder vielmehr mit der fehlenden Bereitschaft, sie auf zivilisierte Art und Weise zu lösen.

Nichtsdestotrotz setzte ich mir zum Ziel, in dieser Welt so viel Spaß wie möglich zu haben, so spät wie möglich aufzuwachen und nach den anderen – in meinem Buch zu Hause erwähnten – Welten zu forschen. Also bestieg ich erstmal die Treppe, die ins Inselinnere führte. Am Rand fiel mir ein kleines Podest mit einem Schalter auf. Verschwörerisch blickte ich kurz nach links und nach rechts, und da gerade niemand in der Nähe war, legte ich den Schalter kurzerhand um. Es passierte nichts. Nun, was hatte ich denn anderes erwartet? Daß das Schiff aus den Fluten des Ozeans auftaucht? Lächerlich! Daß mich der Blitz trifft? Absurd!

Ich schlenderte fröhlich vor mich hin pfeifend an einem großen runden Marmorgebäude vorbei, das mich an den Monopteros im Englischen Garten erinnerte, und spähte den Pfad entlang – bis ich fast ans andere Ende der Insel sehen konnte. Allzu groß war sie tatsächlich nicht. Am Rand des Weges lag ein Stück Papier – als ob jemand es bewußt dorthin gelegt hatte. Erneut blickte ich mich um – niemand in der Nähe – und las.

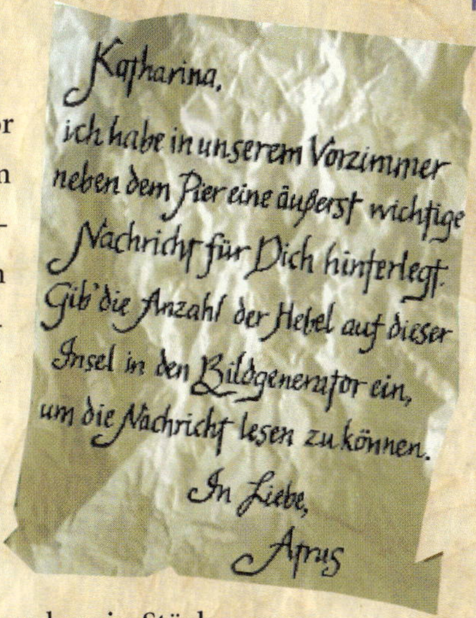

Ja! Ich fühlte mich angesprochen! Natürlich heiße ich nicht Catherine, aber das muß ja niemand wissen. Und notfalls kann ich mir ja für diesen Traum ganz schnell ein Pseudonym zulegen – Catherine LaBelle vielleicht, oder einfach nur Katharina die Große!

Wenigstens bekam dieser seltsame Schalter am Pier jetzt einen Sinn. Und siehe da, beim Eingang des runden Gebäu-

Wissen Sie, wie man ein Raumschiff bedient?

Nein, woher sollte ich? Jean-Luc vergnügt sich gerade im Nexus! **(S. 107)**

Fünf. Wenn Sie aus dem Raumschiff kommen, finden Sie hinter der Tür zwei Transmitter auf der linken Seite, bevor das Wasser am Hauptweg zu sehen ist. Am Wasser dann nach rechts und um den See herum, zwei weitere Transmitter sind auf der rechten Seite: einer in der Turmuhr und einer im Steingarten. Der letzte Transmitter ist am Ende des Seeweges, rechts neben dem Tunneleingang, der zum Kontrollturm führt.

Aktivieren Sie alle Schalter auf der Insel, so daß alle Gebäude auf der Landkarte aufleuchten. Sind einige der Gebäude vielleicht ein wenig anders als die übrigen, wenn Sie den Turm an ihnen vorbeirotieren lassen?

Nix da! Ich hänge immer noch ... (S. 71)

Da ist tatsächlich etwas, aber ich möchte noch etwas mehr Hilfe. (S. 104)

Behandeln Sie ihn wie jedes andere mysteriöse Objekt: herumspielen und Notizen machen.

Was hat es mit dem Teleskop auf sich? (S. 88)

des neben mir befand sich ebenfalls einer dieser ominösen Schalter. Da hätten wir schon zwei.

Ich dachte nach: Der Erschaffer dieser Insel hatte offenbar bestimmte Orte mit Schaltern versehen. Ich kannte zwar die Bedeutung dieser Schalter noch nicht, aber sobald ich erst einmal herausgefunden habe, wo sich all diese Schalter befinden, erhalte ich eine neue Nachricht.

Ich klopfte mir auf die Schulter und begann, den Rest der Insel systematisch nach Schaltern abzusuchen.

Groß war die Insel wahrhaftig nicht, aber seltsame Dinge konnte man finden. Sie machte auf mich den Eindruck, als hätte ein Zeitreisender durch die Epochen ganz unterschiedliche Objekte zusammengetragen und eklektizistisch an einem einzigen Ort – eine Art insulare Rumpelkammer – zusammengetragen.

So entdeckte ich unweit vom Pier einige riesenhafte Zahnräder auf einem Plateau – und Schalter Nummer drei. Ich

Die Mechanik ist nicht schwer zu verstehen; Sie müssen sie lediglich richtig bedienen.

Welche Zahlenkombination ist richtig? (S. 61)

Ich kenne die Zahlenkombination, aber ich kriege sie nicht hin! (S. 50)

Etwa 15 Schritte.

Was bedeuten die Geräusche? (S. 92)

Welches Geräusch steht für welche Richtung? (S. 107)

dachte zunächst, daß sich die Räder zu drehen begännen, wenn ich den Schalter umlegen würde. Gesagt getan – wieder einmal wurde ich enttäuscht. Andererseits – das Schiff und das Marmorgebäude haben sich nach meinem Schalterspielchen ja auch nicht um die eigene Achse gedreht. Nichts bewegte sich. Also suchte ich weiter nach Schaltern.

Hinter dem runden Gebäude (in der Tat ein kleines Privatplanetarium) befand sich ein viereckiger Bau, der sich als

Nachdem Sie herausgefunden haben, was es mit den Turmdrehungen auf sich hat, müssen Sie nur noch die Sternenkarten in den Büchern finden, um das Planetarium richtig bedienen zu können.

An welchen Schaltern muß ich walte(r)n? (S. 33)

Das Buch kann man leider nicht sehen ... Aber wozu haben wir denn andere Sinne?

Gibt es Licht in diesem Raum? (S. 72)

Wo ist das Buch, verdammt nochmal! (S. 30)

Bibliothek entpuppte. Ich spähte nur kurz hinein, fand allerdings keinen Schalter und wanderte um das Haus herum, um zu sehen, was sich dahinter befand. Und da war es: das Raumschiff.

Nun wurde mir langsam klar, daß dieses Abenteuer interessante Ausmaße annehmen könnte. Vielleicht war ja ein kleiner privater Raumflug drin? Hoffentlich würde ich nicht vorher aufwachen!

Ein kleiner Weg führte zu dem Raumschiff, das einer umgekippten Rakete glich.

In dieser Position konnte es unmöglich starten. Im übrigen: Wozu braucht man ein Raumschiff, wenn man viel bequemer mit Büchern reisen kann? Ich erinnerte mich an einen Science-Fiction-Film, bei dem in der Zukunft ein erbitterter Streit darum geführt wurde, ob die bessere Art des Reisens zu einem Nachbarplaneten unserer Erde aus eine körperlichen Reise oder aus einem Implantat bestand.

Fragen über Fragen. Trotzdem rüttelte ich an der Tür des Schiffs, aber da war nichts zu machen. Die war verriegelt. Ich sagte »Sesam, öffne Dich« und versetzte der Tür einen ordentlichen Tritt mit meinem Stiefel - nichts.

Und als ich da so am Boden saß, verzweifelt und frustriert, Captain Picard nun doch nicht treffen zu können, fiel mir ein Kabel auf, das aus dem hinteren Teil des Rumpfes zu einem nicht weit entfernten Turm führte und von dort weiter lief. Ich nahm kurz von dem Schalter am Raumschiff Notiz (vier) und folgte aufgeregt dem Kabelstrang.

Mein Weg führte mich an einem Vogelbad vorbei, indem sich ein kleines versunkenes Miniaturschiff befand. Das kam mir zwar irgendwie bekannt vor, aber mir ging es jetzt um das Raumschiff. Die Vögel badeten, die Fliegen flogen

Lassen Sie sich nicht verheizen! Mit einem angezündeten Streichholz schalten Sie auch den Boiler an.

Und was bringt mir das? **(S. 34)**

Sehen Sie sich in der Nähe einiger Transmitter um.

Wo sind sie? **(S. 36)**

Das ist fast wie bei der Musterung in der Bundeswehr: Im Musterbuch finden Sie das richtige Muster (Seite 158). Wenn Sie dieses Muster eingeben, erfahren Sie den wirklichen Sinn der Quadrate.

Wie sieht das Muster aus? (S. 17)

Ich habe alles zur Zufriedenheit aller erledigt – was nun? (S. 81)

Sie sind nun in der dritten Etage und können die blauen und roten Seiten ganz leicht in den Privaträumen von Sirrus und Achenar finden. Es sollte kein Problem sein, die Räume zu unterscheiden und in Schubladen und anderen Orten zu suchen ...

Ich habe eine halbe Notiz gefunden ... was soll das bedeuten? (S. 50)

umher und die Zwitscher zwitscherten. Ich zählte den Schalter beim Vogelbad (fünf) und folgte dem Kabel zu einem kleinen aus Steinen gebauten Häuschen (sechs).

Ohne zu zögern stieg ich in der Raumschiff-Kommandozentrale die Treppe herunter und wurde bitter enttäuscht, als ich statt der erhofften Monitore und Computer von Houston Mission Control eine riesige Höhle vorfand, in der sich hunderte von riesigen Maschinen befanden.

Vor mir lud ein einzelnes Kontrollfeld dazu ein, bis zu zehn Schalter zu drücken. Als ich meinen Mut zusammennahm, und einen der Schalter drückte, leuchtete mir schließlich ein, was der Sinn dieser Höhle war. Eine der Maschinen gab nun ein leicht rotierendes Geräusch von sich, das immer lauter wurde. Gleichzeitig erschien auf zwei Kontrollanzeigen die Zahl einer Stromspannung. Links konnte ich wohl die Gesamtspannung ablesen, und rechts befand sich der Wert der Spannung, die zum Raumschiff geleitet wurde.

Das war's also! Das Raumschiff brauchte lediglich ein wenig Strom. Munter drückte ich alle Schalter, in der Hoffnung, die Warp-Triebwerke bereits warmgelaufen vorfinden zu können, wenn ich zum Raumschiff zurückkehrte. Leider wurde meine Euphorie um 100% gedämpft, als die zum Raumschiff transferierte Spannung plötzlich wieder auf 0 absackte.

Plötzlich machte alles Sinn: Irgendein verrückter Wissenschaftler (vielleicht dieser Atrus, der die Nachricht an Catherine geschrieben hatte), baute das Raumschiff seiner (oder meiner ?!) Träume, in der Hoffnung, unbekannte Galaxien und Zivilisationen erforschen zu können. Die Tatsache, daß dieser Generator hier nicht anständig funktionierte und das Raumschiff ja noch immer auf seinem Platz lag, bewies, daß das Experiment wohl fehlschlug.

Ich gab mein Experiment auch auf, schaltete alle Generatoren ab und wollte gerade die Treppe hochsteigen, als mir eine kleine Notiz an der Wand auffiel. Jeder Generator erzeugte offensichtlich eine bestimmte Stromspannung,

Im Baumstamm befindet sich eine kleine Aussparung, die als Lift fungiert. Wenn Sie schnell genug sind …

Wohin komme ich? **(S. 100)**

Haben Sie die Karte, die Sie auf der Myst-Insel gefunden hatten, auch eingehend studiert?

Nö, warum? **(S. 48)**

Die Notiz beschreibt, wo sich das Geheimfach befindet.

O.K., ich habe das Geheimfach geöffnet. Was nun? **(S. 95)**

Fühlen Sie den Tisch am Ende der Treppe?

was hier leider auch nicht weiterhalf. Ich beschloß, die restlichen Schalter zu zählen.

Ich folgte dem Weg vom Generatorhäuschen in ein hübsches Wäldchen, das das Ufer auf diesem Teil der Insel zierte. Den nächsten Schalter fand ich vor einem hölzernen Hexenhäuschen (sieben). Ich riskierte einen Blick hinein. Statt einem Dutzend Käfigen mit gemästeten Kindern fand ich allerdings nur einen riesigen Ofen und einen Safe vor, der sich partout weigerte, aufzugehen. Heute gelang mir aber wirklich gar nichts! Der letzte Schalter (acht) befand sich vor einem riesigen eingezäunten Baum. Ich nahm die ungewöhnliche Höhe dieses Baumes schon kaum mehr war. Hier war alles verrückt!

Mit der Gewißheit, alle Schalter gefunden zu haben, ging ich schließlich zum Pier zurück. Ich erspähte zwar noch einen neunten Schalter, der befand sich allerdings auf einer abgesonderten Insel mit einem Turm. Die riesige analoge Uhr auf dem Turm hatte ihre Macken – die Zeiger bewegten sich keinen Millimeter. Am Pier sollte sich laut Atrus irgendwo eine Höhle befinden, wo ich den entscheidenden Hinweis erhalten würde. Die Suche nach der in der Notiz erwähnten Höhle kostete mich sicher eine gute Stunde. Der Eingang war in die Piermauer selbst eingelassen und sah auf den ersten Blick wie eine Verzierung aus.

In der Höhle angekommen, sah ich mich erst einmal gründlich um. Dieses Mal wollte ich nichts falsch machen. In der Mitte befand sich eine große runde Badewanne. Ob es sich um das gleiche Exemplar handelte, in dem Kleopatra ihre Eselsmilchbäderkur absolvierte, kann ich nicht so genau beurteilen. Auf jeden Fall hätte jeder anständige Tyrann mit einer Herde williger Gespielinnen hineingepaßt.

Ein witziges Ende. Speichern Sie aber unbedingt vorher den Spielstand.

Erinnern Sie sich an die Tür neben dem Raumschiff? Das Schloß öffnet sich erst nach einer bestimmten Sequenz von Geräuschen …

Bahnhof! … **(S. 55)**

Offenbar handelte es sich um ein Jacuzzi, denn – und auf diese Entdeckung war ich besonders stolz – hinter mir befand sich der entsprechende Kontrollmechanismus. Eine kleine Notiz gab einige Einstellungen für die Apparatur vor, die sich im nachhinein als eine Art HDTV-Fernseher entpuppte. Hinter der Verkleidung bot sich Gelegenheit, zweistellige Zahlen einzugeben. In dieser Welt gab es also auch nicht mehr als einhundert Kabelkanäle – wie langweilig!

Die Voreinstellungen 40, 47 und 67 entpuppten sich als langweiligeTestbilder; als ich jedoch 08 eingab, wurden meine bisherigen Mühen belohnt: Der verrückte Professor erschien in der Badewanne!

Es handelt sich um große Schaltersicherungen, die sich automatisch umlegen, wenn eine zu hohe Spannung durch die Drähte fließt, die aber manuell in die alte Stellung gebracht werden müssen.

Obelisk: 15.0, Turmuhr: 55.6, Feuergrube: 130.3, Wassergeräusch:153.4, Wind: 212.2

Und was bringt das alles? **(S. 31)**

Seine Nachricht entpuppte sich hauptsächlich als Gefühlsausbruch der Enttäuschung über seine Söhne. Mein Traum entwickelte zusehends ein Eigenleben und blühte vor lauter Sex and Crime förmlich auf.

Der Moderator sprach davon, rechtzeitig zurückzukehren und ich (eigentlich Catherine) bräuchte die »wirklich wichtigen« Bücher nicht anzufassen. Tatsächlich hätte er sie sogar – der Sicherheit wegen – versteckt. Falls ich sie wirklich brauchen sollte, könnte mir irgendeine Turmrotation weiterhelfen. Das war's.

Ich mußte mich daran erinnern, daß am Alten Flughafen heute abend eine riesige Party mit unzähligen kleinen Open-Air-Events veranstaltet werden sollte. Und ich war hier in meinem Traum eingesperrt und hörte mir die Familiengeschichte eines verrückten Wissenschaftlers an. Hatte ich eine andere Wahl? Ich ging in die Bibliothek, die Atrus erwähnte, und fand ein halbverkohltes Bücherregal mit seltsamen selbstgeschriebenen Werken über vier andere Welten. Und weil ich gerade nichts besseres zu tun hatte, setzte ich mich auf den Boden und blätterte durch einige der Folianten.

Offensichtlich gab es vier andere Welten, in denen Atrus mit seinen zwei Söhnen einige Abenteuer erlebt hatte. Und ein Wechsel zwischen den Welten war durch Bücher möglich, wie das, das ich benutzt hatte, um mich in diese Situation zu bringen. Sollte ich dieser Bücher finden, konnte ich also in die anderen Welten reisen. Warum nicht?

Ein weiterer Hinweis: Die Knöpfe entsprechen den Sternenkonstellationen für 17. Januar 1207, 5:46 am; 11. Oktober 1984, 10:04 am und 23. November 9291, 6:57 pm.

Welche Schalter? (S. 85)

Ich sah mich weiter in der Bibliothek um. Da waren noch zwei separate Bücher, ein blaues und ein rotes, die ich mir für später aufhob. An einigen Wänden befanden sich Gemälde. Vom Stil her doch eher altmodisch – ich bevorzuge die Moderne.

Ein Bild stellte die Insel dar – von oben. Durch kleine Aussparungen schien an einigen Stellen etwas künstliches Licht durch das Bild. Ich versuchte das Bild auf die echte Insel zu projizieren, da fiel mir auf, daß es sich um den Pier und die Zahnräder handelte, die beleuchtet waren. Das waren genau die Orte, an denen ich den Schalter umgelegt hatte!

Aufgeregt lief ich alle anderen Schalter erneut ab und aktivierte sie, um auf dem Gemälde schließlich alle acht Orte beleuchtet zu sehen. Was für einen Sinn hatte das?

Normalerweise Wärme. Sie hören hier aber den Effekt, wenn Sie ein wenig mit dem Rad experimentieren.

Keine Ahnung, was das zu bedeuten hat. (S. 89)

Sie müssen einen Weg finden, die Treppen vom ersten zum zweiten Stockwerk aufzusteigen. Können Sie den Strom vom 1/2-Lift in den 2/3-Lift umleiten?

Ok, aber wie komme ich zu den Treppen? (S. 94)

Wichtige Hinweise erhalten Sie, wenn Sie herausfinden, wie Sie das Gebäude in der Mitte drehen und das Äußere dann erforschen.

Ich will einfach nur den Code wissen. (S. 80)

Wo befinden sich die Kontrollen für das Gebäude? (S. 46)

Ich berührte das Bild und folgte den Ölstrichen zu einem Berg, der auch auf dem Gemälde erhöht zu sein schien. Auf der Spitze des Berges befand sich ein Turm, das hatte ich von dem Zahnrad-Plateau aus gesehen. Der Turm auf dem Bild war beweglich und ließ sich zu meiner Überraschung drehen. Noch größer aber war die Überraschung, daß je nach gedrehter Einstellung weitere Linien sichtbar wurden, die direkt zu dem gekennzeichneten Ort führten. Ich stellt den Turm auf die Plateau-Zahnräder und ließ das Gemälde los.

Zuerst glaubte ich, wir hätten ein Erdbeben gehabt; aber dafür klang das Geräusch zu mechanisch. Ich hatte irgendetwas in dieser Bibliothek aktiviert. Ich sah mir die anderen Gemälde an. Auf einem befand sich das Bücherregal der Bibliothek selbst. Ich berührte es leicht, und das Herz blieb mir fast erneut stehen.

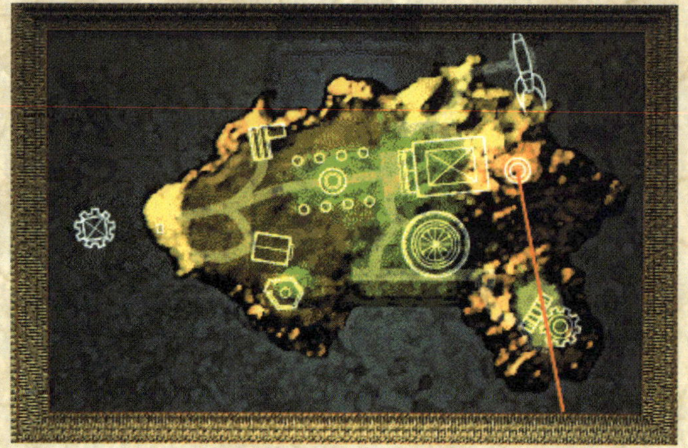

Die Karte in der Bibliothek kontrolliert den Turm und steuert seine Drehung. Wenn Sie die Karte anklicken, können Sie den Turm drehen lassen, was man anhand einer rotierenden Linie sieht, die wie ein Radar über die Karte streift. Gebäude oder Objekte neben aktivierten Schaltern können am Turm ausgerichtet werden. Spielen Sie ein bißchen mit verschiedenen Schaltern und Drehungen des Turms.

Ich verstehe nicht, was ich da sehe – was nützt mir das? **(S. 52)**

Je nach der Richtung, in die das Teleskop zeigt, können Sie Dinge sehen, die irgendwie mit den Knöpfen zusammenhängen.

Welche Richtung ist wichtig? **(S. 108)**

Sie müssen nach zwei nebeneinander gestellten Hebeln suchen.

Ich bin mir nicht sicher … **(S. 49)**

Mit atemberaubendem Lärm gab das echte Bücherregal einen Geheimgang frei, dem ich ohne zu zögern folgte. Monstern begegnete ich keinen. Am Ende des Ganges befand sich lediglich ein Lift. Da ich es hier offensichtlich mit einem Traum zu tun hatte, konnte mir ja nichts passieren. Unverrichteter Dinge stieg ich in den Lift, schloß die Tür und betätigte den einzigen vorhandenen Schalter. Das Licht ging aus, und der Lift schob sich gemächlich und unter lautem Ächzen und Quietschen durch verschiedene Gesteinsschichten nach oben.

Als ich die Tür wieder öffnete, befand ich mich in einem schnuckligen Observatorium – eine Leiter vor und eine Leiter hinter dem Lift. Die erste Leiter führte mich zu dem Ausguck-Schlitz der Kuppel, und ich sah das Plateau mit den großen Zahnrädern direkt vor meiner Nase. In diesem Augenblick schoß mir ein Geistesblitz durch die grauen Zellen. Mit Hilfe des Gemäldes in der Bibliothek ließ sich das Observatorium drehen!

Da, es gibt noch ein anderes Schiff, das etwas mit seinem Original zu tun hat.

Kann ich das Schiff auftauchen lassen? Oder liegt ein wirtschaftlicher Totalschaden vor? **(S. 68)**

Die rote Seite ist beim Obelisken, die blaue beim Wassertransmitter.

Das war zwar verrückt, aber nicht verrückter, als die anderen verrückten Dinge, die ich schon gesehen hatte. Ich stieg auf die andere Leiter und fand ein Schild vor, das mir wohl irgendeine Hilfestellung geben sollte – so lauteten jedenfalls die Worte von Atrus.

Viel Hilfestellung war das nicht, ich hasse Zahlen! Der letzte Teil ähnelte aber einer Uhrzeit. Was würde um 2:40 geschehen? Drehen sich die Zahnräder um 2:40? Und zwar zwei nach vorne, zwei zurück und eine fallen lassen?

Die einzige Assoziation hatte ich mit der Uhrzeit: die Turmuhr auf der abgelegen Insel auf der anderen Seite. Ich beschloß, mich dort ein wenig umzusehen.

Ich nahm den Lift nach unten und mußte feststellen, daß sich die Bibliothek in eine Sackgasse verwandelt hatte. Der Ausgang war mit Felsen versperrt. Ich hoffe, daß ich solche Rätsel schneller zu verstehen lerne, und in meinem Tagebuch zu MYST2 kann ich Ihnen meine lahmen Gedankengänge ersparen: Das letzte Gemälde bot mir die Lösung: Es handelte sich um ein Bild des Ausgangs!

Fünf Minuten später stand ich keuchend am Ufer vor der Turminsel. Beide Zeiger wiesen auf die 12 – Mittag! Da sich die Zeiger jedoch nicht rührten, hatte es keinen Sinn, hier zweieinhalb Stunden zu verweilen. Vielleicht konnte man den Zahnrädern irgendwie vorgaukeln, es wäre 2:40 – indem man die Uhr manuell nachstellt. Verrückte Idee, aber wir gewöhnen uns langsam an solche Gedanken.

Dem Erbauer von Insel und Turmuhr sei Dank – ich hatte Recht. Der Mechanismus zum Nachstellen der Uhr befand

Die Steuermöglichkeit befindet sich in der Holzhütte im Wald.

Schon mit dem Wasserstand im Leuchtturm gespielt und dabei etwas Neues entdeckt?

Ja, aber ich weiß nicht weiter. **(S. 61)**

Im Innern der Baracke können Sie die Stromspannung eines Generators einstellen. Um den richtigen Wert für das Raumschiff herauszubekommen, müssen Sie wissen, welche Spannung Sie brauchen, und welche Kombination diese Spannung herbeiführt.

Woher erfahre ich den Wert der benötigten Spannung? (S. 69)

Welche Schalterkombination muß ich drücken? (S. 92)

Ich habe alles richtig gemacht, aber das Raumschiff bleibt zu! Warum? (S. 84)

Die Schalter aktivieren eine Treppe genau neben Ihnen.

Wohin führt die Treppe? (S. 105)

sich genau vor meiner Nase: Zwei Räder auf meiner Seite des Ufers steuerten die Zeiger. Ich stellte die Uhr auf 2:40 – nichts passierte.

Der Gedanke war vielleicht doch etwas zu abgefahren. In diesem Augenblick half mir das Glück etwas weiter. Ich setzte mich auf den Steinblock mit den Rädern und mußte dadurch einen zusätzlichen Schalter aktiviert haben. Mit blubberndem und grummelndem Geräusch kamen ein halbes Dutzend kleine Zahnräder aus dem Wasser hervor, die eine Brücke zur kleinen Insel bildeten. Ich tastete mich vorsichtig ans andere Ufer, aktivierte den dortigen Schalter und begab mich in den Turm: ein neues Rätsel.

Nun machte auch der Rest der Botschaft 2,2,1,2:40 einen Sinn. Offenbar mußte ich die Zahlenkombination 2,2,1 mit Hilfe der zwei Hebel einstellen. Das war überhaupt nicht schwer. Ich zog zweimal kurz den rechten Hebel und dann den linken so lange, bis die Kombination stimmte. Als Bestätigung meines Erfolges spürte ich Erschütterungen – zusammen mit einem lauten, kreischenden, langsam ratternden Geräusch.

Mir war klar, daß das irgend etwas mit den Zahnrädern auf der anderen Seite der großen Insel zu tun haben müßte. Bereits auf meinem Weg dorthin versuchte ich, einen Blick zu erhaschen, aber so richtig sehen konnte ich die Zahnräder erst, als ich die Treppe zum Plateau nach oben stieg.

Eines der Räder hatte sich tatsächlich gedreht und gab den Blick auf ein Geheimfach frei. Und dort lag ein Buch …

Warnung! Sie versauen sich das Spiel, wenn Sie weiterlesen!

Ist mir egal, ich will's wissen! (S. 62)

Sie müssen begreifen, wie alle Tonquellen in diesem Zeitalter funktionieren. Aktivieren Sie einige der Parabolspiegel, und spielen Sie ein bißchen mit dem Kontrollturm in der Mitte des Sees. Genau dort finden Sie weitere Hinweise.

Was für ein Kontrollturm? (S. 87)

Wie viele Parabolspiegel gibt es? (S. 23)

Wie funktioniert das Bedienfeld des Turms? (S. 87)

Ich will einfach nur die Kombination wissen! (S. 74)

3. Kapitel

Die Mechanische Welt

Ich muß Ihnen eines ehrlich sagen: Dieses Kribbeln, das einen überkommt, wenn man in Bücher hineinreist, ist aufregend. Man fühlt sich irgendwie aufgelöst, in Bestandteile zerlegt und dann – am Zielort angekommen – etwas recycled. Aber der Blick auf eine total andere Umgebung ist doch noch eine Spur aufregender als die Nachwirkungen des Buch-Beamens.

Das hier war die Zahnrad-Welt. Meine persönliche Annahme ist, daß Atrus, der Designer all dieser Welten, so stolz auf die zwei großen Zahnräder auf dem Plateau der Insel war, daß er gleich eine ganz neue Welt daraus machen wollte.

Und hier saß ich nun – inmitten von Zahnrädern – ein kleines Kontrollfeld vor mir und ein Steg zu einer Art Festung. Ich erinnerte mich an die Karte in einem der Bücher und konnte weiter entfernt noch zwei andere Inseln ausmachen, die sich – wie die, auf der ich mich befand – rund um die Festung befanden.

Zusammen mit dem Steg und einem Geländer rund um die Festung machte das ganze den Eindruck, als könne man den Steg zu einer der Inseln drehen. Ob das der Sinn der Kontrollen neben mir war?

Wohl kaum – sonst säße man ja auf dieser Insel fest. Im übrigen: Was wollte man überhaupt auf den anderen Inseln? Mit dem Kontrollfeld konnte ich leider noch nichts anfangen, anscheinend war eine Art Code-Kombination notwendig, um ein weiteren mysteriösen Mechanismus zu

Die Seite bezieht sich auf die Nachricht von Atrus an Catherine. Eine Höhle in der Nähe des Piers würde sich sehr freuen, wenn Sie ihr einen Besuch abstatten.

Wo ist diese Höhle? **(S. 21)**

Ich habe die Höhle gefunden, aber welche Knöpfe muß ich drücken? Oder muß ich etwa »Sesam, öffne Dich!« rufen? **(S. 108)**

Alles, was Sie brauchen, um ins oberste Stockwerk des Leuchtturms zu kommen, finden Sie neben dem Leuchtturm.

Hilfe! Ich verstehe nur Bahnhof! **(S. 37)**

Das wissen wir doch nicht. Weil Sie aber schon einmal hier sind: Hier befindet sich das Buch zur Kanalwelt.

Am Bedienfeld gibt es sechs Knöpfe. Fünf dieser Knöpfe entsprechen jeweils den Transmittern, die auf der Insel verteilt sind. Die Symbole deuten dabei an, wo sie stehen. Der Knopf mit dem Summenzeichen (Sigma) spielt alle Geräusche in der richtigen Reihenfolge ab. Mit den zwei Pfeilen steuern Sie einen bestimmten Empfänger im Kreis.

Na gut, und wie geht's weiter? (S. 64)

Wohin müssen diese Empfänger zeigen? (S. 103)

Was mache ich hier? Wozu ist das gut? (S. 31)

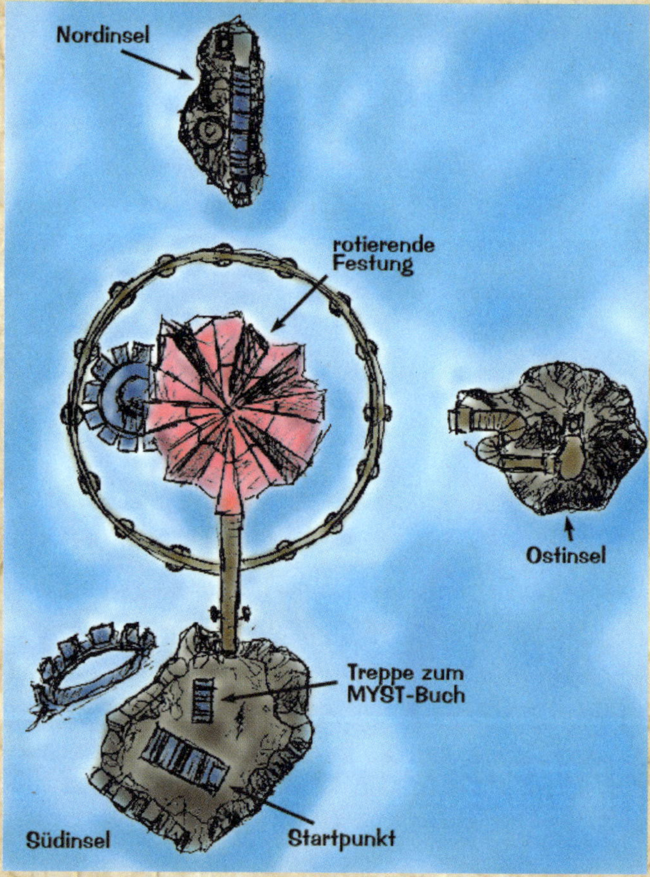

aktivieren. Also begab ich mich in das große Gebäude, das turmhoch vor mir aufragte.

Im Innern befanden sich hauptsächlich zwei Räume, bis unter die Decke gefüllt mit allerlei lustigen Sachen wie Teleskopen, Geschicklichkeitsspielen, Plastikvögeln und diversen Foltermechanismen.

Nun muß ich dazu sagen, daß ich davon überzeugt bin, nicht von gestern zu sein: Soviel offensichtliches Spielzeug hilft mir gewiß nicht dabei, irgendwelche Rätsel zu lösen. Also suchte ich nach etwas, was nicht wie alltägliches Spielzeug aussah. Und siehe da: Neben den Stühlen, die die Räume dominierten, fand ich in beiden Zimmern eine kleine Tür zu einem versteckten Raum.

Der eine Geheimraum entpuppte sich als Versuchslaboratorium für zwielichtige Experimente mit Totenkopfgekennzeichneten Phiolen. Ich aktivierte einen dort befindlichen Schalter und borgte mir eine blaue Seite, die ich mir später genauer ansehen wollte.

7. Januar 1207, 5:46 am; 11. Oktober 1984, 10:04 am und 23. November 9291, 6:57 pm.

Ich habe die Sternenkonstellationen. Was nun? **(S. 54)**

Sie müssen das Wasser aus der Kiste lassen, den Stopper schließen und Wasser in den Leuchtturm lassen. Der Schlüssel ist im obersten Stockwerk des Leuchtturms.

Kann das Wassergeräusch mit irgend etwas zusammenhängen? Rauscht es nur in bestimmten Gegenden der Insel? Können Sie das Geräusch umleiten? Hat das Geräusch etwas damit zu tun, ob bestimmte Dinge (Aufzüge?) funktionieren?

Keine Ahnung, ich verstehe nur Bahnhof. **(S. 57)**

Ich nehme mal an, daß Sie den Simulator in Achenars Zimmer gesehen haben. Gibt es irgendwo ein größeres Pendant davon?

Ich bin mir nicht sicher ... **(S. 35)**

Ja!!! Aber wie komme ich dahin? **(S. 66)**

Der andere Raum glich eher einer Schatzkammer, in der sich Truhen von Gold und Münzen stapelten. Das gefiel mir! Doch dann fand ich eine Notiz von einem der beiden Söhne von Atrus. In der Nachricht beschwerte sich Achenar wohl über Sirrus Gier nach Gold und Steuereinkünften.

Als ich schließlich noch eine rote Seite in einer der Truhen fand, fingen meine grauen Zellen an, irgendwelche Gedanken zu kombinieren: zwei Brüder, zwei Zimmer, zwei Interessen ... zwei Bücher in der Bibliothek – blau und rot, zwei Seiten – blau und rot.

Ich behielt die blaue Seite und beschloß, zur Hauptinsel zurückzukehren, um mir die Bücher in der Bibliothek noch einmal genauer anzusehen. Doch dann fiel mir plötzlich die prekäre Situation ein, in der ich mich befand: Ich wußte ja gar nicht, wie ich zur Myst-Insel zurückreisen konnte! Wahrscheinlich wieder durch ein Buch – doch wo befand es sich?

Das Berühren der Figüren mit den Pfoten ... ist ausnahmsweise erlaubt und empfohlen.

Das Buch ist irgendwo unten im vorderen Ende des Schiffs.

Geht das vielleicht noch ein bißchen genauer? (S. 26)

Ich sehe gar nichts! Zu dunkel! (S. 72)

Ich ging jede Wette ein, daß das seltsame Kontrollgerät, das ich gefunden hatte, damit zu tun hatte.

In der Mitte der Festung befand sich ein langer Schacht, der mich an einen Aufzug erinnerte. Ein anderes Spielzeug für Erwachsene half mir hier weiter: In dem Hauptgang innerhalb der Festung befand sich an einer Wand ein roter Schalter, der eine Treppe ins Untergeschoß freigab.

Dort befand sich ein anderes ominöses Gerät mit einem langen Hebel. Als ich den Hebel bewegte, drehte sich einer der beiden Kreise auf dem benachbarten Sichtfeld. Als sich die Aussparung der Kreise übereinander befand und sich das ganze Bild zudem noch rot färbte, ließ ich mit einem selbstgefälligen Grinsen den Hebel los – natürlich nicht ohne einen bestimmten Verdacht zuhaben.

Die Kombination lautet 2-2-1 von oben nach unten.

Ich kriege die Kombination nicht hin! **(S. 50)**

Suchen Sie die Wände des Gebäudes nach Geheimräumen ab. Sehen irgendwelche Wände wie Türen aus? Vergleichen Sie das Ganze mit der Karte, die Sie in der Bibliothek gefunden haben.

Geheimraum? Tür? Wer? Wo? Wann? Was? **(S. 100)**

Ich ging zurück ins Erdgeschoß, drückte den roten Knopf erneut und hatte – siehe da – freien Zutritt in den Lift, der sich nun in meine Richtung gedreht hatte und einen Eingang freigab. Ich stieg in den Lift und wollte eine Etage höher fahren. Die Etage für diesen Knopf existierte jedoch nicht. Also fuhr ich weiter nach oben.

Nichts! Eine unbedeutendere oberste Etage hatte ich zuvor noch nie gesehen. Da war lediglich der Lift, in den ich unverrichteter Dinge stieg, bevor ich abermals auf den Knopf für die mittlere Etage drückte. Dieses Mal hörte ich sechs Piepsgeräusche, dann fuhr der Lift ein kleines Stück nach unten und hielt an. Hmmmm.

Ich fuhr wieder nach oben, drückte den mittleren Knopf und sprang aus dem Lift, ehe er losfuhr. Als ich mich

umdrehte, sah ich dann die Belohnung für meine Mühe: Auf dem Dach des Aufzugs befand sich ein Kontrollmechanismus.

Neben der Rotation des Steges zu einer der anderen Inseln gab es hier nicht viel zu kontrollieren. In dem Raum eines der ungleichen Brüder hatte ich eine ähnliche Apparatur gefunden. Ich spielte so lange mit den Hebeln, bis ich herausfand, daß die Position der Festung und des Steges etwas mit den Geräuschen zu tun hatte, die man hören könnte.

Auf den zwei Inseln, die ich nun mit Leichtigkeit über den Steg betreten konnte, wurde meine Mühe dann auch tatsächlich belohnt. Auf einem erhobenen Podest waren jeweils zwei Symbole abgebildet, die ich mir fleißig abmalte.

Sie sehen eine blaue, eine rote Seite und ein grünes Buch. Das sind ja gleich drei Dinge auf einmal ... Das geht nun wirklich nicht ... Die Brüder sollten Ihnen Instruktionen gegeben haben, wie Sie nun weiterverfahren sollten, falls Sie einem der Brüder trauen.

Wie lautet der richtige Weg? (S. 88)

Spielen, spielen, spielen – früher oder später werden Sie herausfinden, welchen Knopf Sie drücken müssen.

Was für eine Kompaßrose? (S. 82)

Welchen Knopf soll ich denn drücken? (S. 15)

Ja, aber dazu müssen Sie erst ein anderes Mysterium lösen. Haben Sie den Rest des Schiffes auch gründlich erforscht? Der Kompaß macht einen sehr interessanten Eindruck ...

Was soll ich mit dem Kompaß machen? (S. 49)

Gucken Sie doch einmal auf dem obersten Stockwerk nach.

Oberstes Stockwerk? Was hat es damit auf sich? (S. 57)

Genau! Aber wie komme ich da hin? (S. 57)

Indem Sie den Hebel nicht nur kurz ziehen, sondern unten halten, können Sie Ziffern durchsteppen. Die Angabe der richtigen Kombination sollte nun kein Problem mehr sein.

Die andere Hälfte ist woanders. Die gesamte Notiz ist sehr wichtig, verlieren Sie sie also nicht, und erinnern Sie sich rechtzeitig an den Text.

Wo ist die andere Hälfte? **(S. 74)**

Die komplette Kombination der vier Symbole gab ich dann in das Kontrollgerät auf der ersten Insel (der südlichen) ein, und schon öffnete sich vor mir ein Tunnel zu dem Objekt, nach dem ich Ausschau gehalten hatte: dem Buch, das mich zurückbringen sollte!

In der Bibliothek kam ich wieder zu mir. Neben dem blauen Buch lag eine blaue Seite, genau wie die, die ich in der Hand hielt. Der Ordnung halber legte ich die Seite in das Buch und sah plötzlich einen der beiden Brüder – offensichtlich – ja, ich weiß, das klingt verrückt – in das Buch eingesperrt.

Seine Nachricht war schwer zu verstehen – irgendwelche Störungen ließen nur Wörter wie »blaue Seiten« oder »böser Bruder« durch. Ich legte die zweite Seite hinein und konnte ein wenig mehr verstehen. Aber langsam leuchtete mir die Situation ein.

Der Turm nimmt vier spezielle Positionen ein, die für jeweils eine Welt stehen. Erforschen Sie die Insel weiter, wenn Sie sich nicht sicher sind, worum es eigentlich geht.

Das Myst-Buch befindet sich am Ende des Labyrinths, in das Sie gelangen, nachdem Sie die Geräusche-verschlossene Tür beim Raumschiff geöffnet haben.

Um jedoch ganz sicherzugehen, machte ich genau dasselbe mit dem roten Buch – dem Buch des anderen Bruders. Ich legte die erste Seite hinein, hörte mir sein Wehgeschrei an und holte schließlich die zweite rote Seite aus der Zahnräder-Welt (der Weg dorthin war ja bereits geebnet).

Es schien, als hätten es die zwei Brüder irgendwie geschafft, sich in den Büchern einzusperren, und nun wollten sie befreit werden. Zu diesem Zweck sollte ich alle Seiten einer Farbe zusammentragen und in das entsprechende Buch einlegen.

Suchen Sie einen Weg, den Turm weiter auszukundschaften. Schauen Sie sich den Turm ganz genau an, wenn er in unterschiedliche Richtungen gedreht ist.

Wie komme ich in den Turm? (S. 79)

Ich habe inzwischen alles probiert, aber ich komme einfach nicht weiter! (S. 24)

Benutzen Sie das fließende Wasser und die richtigen Schalter, um den Generator auf der rechten Seite anzuwerfen, so daß der Weg vor Ihnen erscheint.

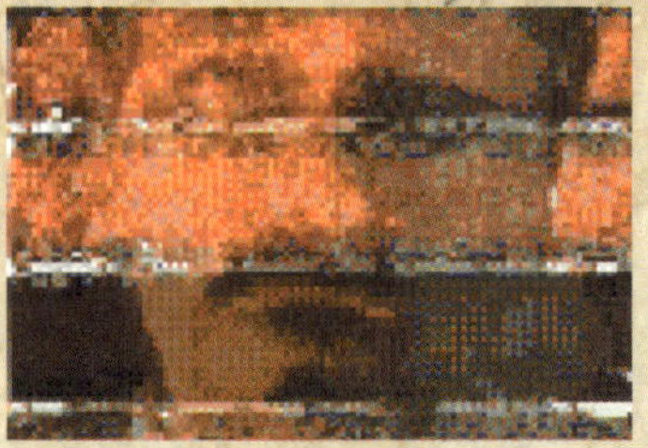

Bei dieser Aufgabe gab es nur ein böses kleines Problem: Jeder der Brüder wollte mich davon überzeugen, daß der andere Bruder böse ist und auf keinen Fall befreit werden durfte. Wem glauben? Da ich der Ansicht war, mehr Input zu benötigen, und die Sache auch so richtig spannend wurde, beschloß ich, mich auf die Suche nach den übrigen sechs Seiten zu machen. Nach der Dokumentation mußte ich dazu ja lediglich in drei weitere Welten reisen, die Prinzessin befreien, den bösen Drachen töten und ... Ach nee, das war ja der andere Traum, der von letzter Woche.

Da ich noch keineAhnung hatte, wie ich diese Welten betreten könnte, entschied ich mich, eine Geschichte weiterzuverfolgen, die mich vorher schon brennend interessiert hatte: das Raumschiff!

Hier ging ich ausnahmsweise umsichtig, systematisch, konsequent und intelligent vor (von Bescheidenheit habe ich noch nie viel gehalten). Ich justierte den Turm auf der Gemäldekarte in der Bibliothek auf das Raumschiff (schon Wahnsinn, wie sich eine riesige Maschinerie nach der Einstellung auf einer winzigen Karte richtet) und fuhr mit dem Lift in das Observatorium.

Nachdem ich mich davon überzeugt hatte, daß der Turm wirklich richtig ausgerichtet war, las ich die Hinweistafel.

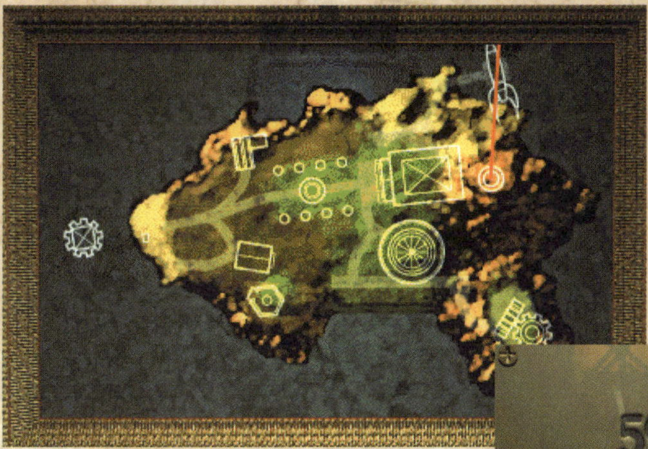

Experimentieren Sie ein wenig mit der Karte – sie ist Bestandteil des wichtigsten Rätsels des Spiels.

Ich möchte mehr Hilfestellung! **(S. 35)**

Das war der entscheidende Hinweis! Ich jubelte fröhlich vor mich hin, da ich haargenau wußte, was ich mit diesem Tip anzufangen hatte! Das nächste Ziel war das Generatorhäuschen.

Im Gewölbe angekommen, versuchte ich nun unterschiedliche Kombinationen, die Zahl 59 zu erreichen, und siehe da – nach einigem Hin- und Herprobieren gelang es mir auch durch Aktivieren der Schalter 1, 2, 3, 5, 6, 7 und 10.

Gucken Sie sich doch einmal die Treppe vor der Säule genau an (roten Knopf vorher drücken).

Ui, da ist ein niedliches Gerät unten, was kann ich damit machen? **(S. 83)**

Ich hatte da nur ein klitzekleines Problem: Kein einziges dieser 59 Völtchen wurde vor das Raumschiff gespannt – respektive dorthin geleitet, jedenfalls sagte mir das die Anzeige. Hervorragend! Gerade dann, wenn einige Dinge beginnen, Spaß zu machen, kommt irgendwo ein Spielverderber, und dieser Traum zerbirst wieder!

Ich lief den Weg zurück zum Raumschiff, legte den dortigen Schalter 20 Mal um, und hämmerte wutentbrannt gegen die

Vergleichen Sie die Sternenkonstellationen mit denen im Buch, und prompt wissen Sie, welche Schalter Sie drücken müssen.

Zuviel Arbeit! Ich hab dieses Buch gekauft, um mir Arbeit abnehmen zulassen! Welche Schalter sind es? **(S. 85)**

Die Kiste schwimmt, sobald Sie das Wasser aus ihr entfernt haben – es darf natürlich kein neues Wasser hinein.

Was mache ich denn falsch? **(S. 45)**

Tür. Irgend etwas Wichtiges war dort drin – vielleicht sogar eines dieser Welten-Bücher. Und als ich wieder einmal am Boden vor dem Raumschiff saß, fiel mir abermals die Stromleitung ins Auge (natürlich nur im übertragenen Sinne, denn sie war ja fest verankert).

Als ich das erste Mal mit den Generatoren herumgespielt habe, bin ich mit der Stromstärke weit über 59 Volt hinausgegangen. Klar! Ich habe das Raumschiff kaputt gemacht!! Ich Idiot! Und dann die fette Schadensersatzrechnung … Und eine Anzeige wegen Sachbeschädigung … Oh weh!

Es sei denn … Wenn ich ein verrückter Professor wäre, würde ich bei solch einer riesigen Stromgeneratorenanlage Sicherheitsvorkehrungen einbauen – Sicherungen! Ein Königreich für eine Sicherung! Aber wo?

Ich folgte dem Stromkabel bis zum ersten Turm, an dem mein Blick ganz unwillkürlich hängen blieb (natürlich auch wieder nur im übertragenen Sinne). Zwei Minuten später hatte ich mich die Leiter (zahllose Feinde) hochgekämpft und sah einen großen Schalter (den Hauptgegner) vor mir: Sicherungen!

Ich legte den Schalter wieder um und prüfte sicherheitshalber den zweiten Turm. Dabei beschimpfte ich laut das Rindvieh, das mir diese Suppe eingebrockt hatte. Welcher Idiot bringt denn Sicherungen so weit weg von den Kontrollen an! Ich machte mir eine mentale Notiz, mich demnächst beim Aufsichtsamt für Sicherungen zu beschweren.

Doch nun zurück zum Plot.

Im Generatorhaus erhaschte ich noch einen Blick auf die Raumschiff-Anzeige: 59 Volt! Ich eilte zurück zur Rakete und versuchte mich abermals an der Tür, die widerstandslos aufglitt, als ich sie berührte. Sensortechnik ist eben alles!

Das Innere des Raumschiffs war leider wenig spektakulär. Auf der einen Seite fand ich eine kleine Heimorgel. Ein mit fünf Reglern und einem Hebel ausgestattetes Kontrollgerät stand auf der anderen Seite. Als ich ein wenig auf der Orgel herumklimperte und angesichts der nicht gewichteten Tasten rot vor Wut anlief, erinnerte ich mich daran, irgendwo einige Noten gesehen zu haben.

Kanalwelt

Diese Welt öffnet sich, wenn man das Buch liest, das sich in der Krone des großen Baumes auf der Myst-Insel befindet. In dieser Welt besteht die Landschaft aus einer Reihe von Wegen und Hütten, zwischen Bäumen knapp über dem Wasser. Eine Windmühle auf einer Insel gehört ebenfalls zu Channelwood.

Wozu dient die Windmühle? (S. 80)

Bedeutet das Geräusch des blubbernden Wassers etwas? (S. 46)

Was sind das für kleine Geräte in den Leitungskreuzungen? (S. 67)

Wie komme ich über die Spalt im Weg des ersten Levels? (S. 16)

Die Aufzüge funktionieren nicht! (S. 104)

Ich kann die roten/blauen Seiten nicht finden! (S. 69)

Wie komme ich zur spiralförmigen Treppe? (S. 94)

Wo ist das Myst-Buch? (S. 75)

Nachdem alle Sender und Empfänger korrekt ausgerichtet sind und Sie den Sigma-Knopf gedrückt haben, werden die Geräusche in der richtigen Reihenfolge gespielt, und die Tür öffnet sich.

Und wie lautet die Geräuschfolge? (S. 71)

Es befinden sich acht Schalter auf der Insel, Sie müssen also 08 in das Bedienfeld eingeben, um eine Nachricht von Atrus zu sehen. Einen wichtigen Hinweis über den Turm hören Sie übrigens ebenfalls.

Es gibt eine Notiz, die Ihnen bei der Suche nach der weißen Seite hilft.

Wo ist diese Notiz? **(S. 74)**

Bitte alle Geräuschquellen anschalten und die entsprechenden Schüsseln auf dem Kontrollturm mit der Abbildung der Quelle des Geräusches ausrichten. Nun das Summen-Zeichen drükken (auch Sigma). Das aktiviert die richtige Tonfolge, um die Tür zu öffnen.

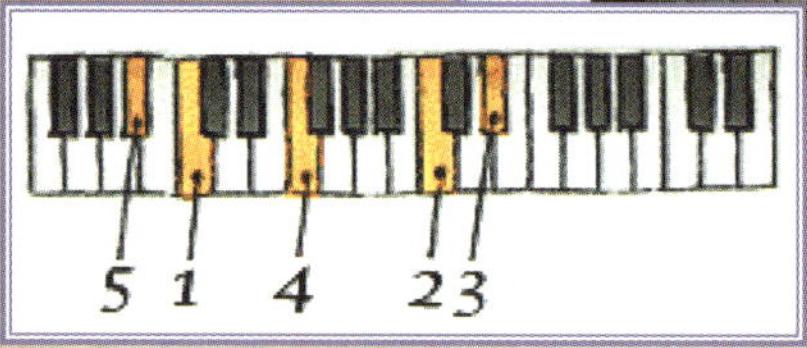

Die Kombination! Oder ich zerreiße dieses Buch!!! **(S. 71)**

Ich eilte zurück in die Bibliothek und wühlte hastig durch alle Bücher, bis ich schließlich das Objekt meiner Begierde fand.

Ich spielte die im Buch abgebildete Notenkombination auf der Raketenorgel und mußte feststellen, daß sich leider nicht das Geringste veränderte, als ich die richtigen Tasten traf. Vielleicht mußte ich das andere Gerät dazuschalten?

Als ich einen Regler verstellte, gab er einen Ton von sich, der um so höher war, je höher sich der Regler befand. Meine grauen Zellen schlugen Purzelbäume (freilich ohne, daß ich eine Gehirnerschütterung riskierte): fünf Töne – fünf Regler! Ich war ein Genie!

Ich spielte die fünf Töne pausenlos auf der Orgel, bis ich die Regler entsprechend einstellen konnte. Nach Betätigung des Hebels gab die Rakete auch endlich ein zufriedenes Brummen von sich. Doch wer nun annahm, daß ich in die Wolken emporgetragen wurde, mußte sich enttäuscht sehen. Es erschien lediglich ein Buch in dem Bullauge vor mir. Ein Buch? Ein Buch!!!

Ich schlug es auf …

Es gibt noch einen weiteren Nutzen der Schalter, als den Weg zu anderen Welten zu entdecken. Den Schlüssel für diesen Nutzen finden Sie, indem Sie sich die Notizen ansehen.

Ich zähle bis drei, und dann will ich wissen, wo diese Notiz ist! **(S. 74)**

Alles klar, ich habe den Vault geöffnet. Was nun? **(S. 95)**

Der Wasserhahn am Boden kontrolliert den Wasserfluß von der Windmühle zum Rest der Insel.

Ja und? **(S. 94)**

Die kleinen Hebel an jeder Y-Kreuzung der Rohre in der Kanalwelt beeinflussen die Richtung des Wasserflusses zu jedem Gerät (nachdem der Hahn in der Windmühle aufgedreht wurde). Anhand der Blubbergeräusche kann man erkennen, wohin das Wasser fließt.

Dazu müssen Sie wissen, wie der Lift in der Mitte des Gebäudes funktioniert.

Wie komme ich in den Lift? **(S. 89)**

Ich bin oben und sehe die Kontrollen – was nun? **(S. 66)**

3. Kapitel

Die Selentic-Welt

Die im Dunst eingehüllte Raumschiff-Welt war schnell erkundschaftet. Ähnlich wie in der Zahnrad-Welt zuvor, begegnete ich gleich am Anfang einem Kontrollgerät, das nach einem Zugangscode verlangte. Dieser Code bestand offensichtlich aus fünf verschiedenen Geräuschen, die man in ein dem Raumschiff nicht unähnliches Gerät eingeben mußte.

Sie müssen alles über die Turmdrehungen wissen, um an diese Kombination zu kommen.

Turmdrehungen? Bitte keine Fremdwörter! (S. 22)

Bitte, bitte, nur die Zahlen!! (S. 48)

Gibt es eine Möglichkeit, die Kiste zur Treppe zu bringen, um an den Schlüssel zu kommen???

Ich mein's ernst! Was soll ich tun? (S. 95)

Geräusche standen eine ganze Menge zur Auswahl. Ich mußte nun herausfinden, welche die richtigen waren und in welcher Reihenfolge ich sie spielen mußte.

Die Geräusche selbst herauszufinden, war nicht schwer. Auf der Insel befanden sich fünf lautstarke Geräuschquellen: ein kleiner Wasserfall bei einer Oase, ein dröhnender Laval-Schacht, eine hausgroße Pendeluhr, ein Wald mit seltsam geformten Felsen, über den der Wind hinwegglitt und ein Tunnel ins Erdinnere, aus dem der Wind herauspfiff.

Lesen Sie den Abschnitt über die Bibliothek und den Kamin.

Ja? (S. 22)

N, W, N, O, O, S, S, W, SW, W, NW, NO, N, SO

Bei der Entdeckung dieser Orte fielen mir auch die rote und die blaue Seite der beiden Brüder in die Hand (bei der Oase und den »singenden« Felsen). Nun ja, eigentlich kamen sie ja nicht von oben, so daß »fallen« vielleicht nicht der richtige Ausdruck ist. Sagen wir einfach, daß ich sie aufsammelte (wobei ich eigentlich kein leidenschaftlicher Sammler bin).

Jedenfalls war zumindest dieses Problem schon gelöst. All die Geräusche waren auch auf dem Kontrollmechanismus vorhanden. Nun ja, vorhanden sind Geräusche eigentlich nie, aber es waren kleine Abbildungen, die das jeweilige Geräusch stellvertretend versinnbildlichten, wenn Sie verstehen, was ich meine. Es würde unweigerlich mehrere Dutzend Versuche kosten, alle Kombinationen durchzuprobieren. Hierfür mußte es einen anderen Weg geben.

Und tatsächlich waren da noch zwei Dinge, die ich nicht berücksichtigt hatte: Zum einen befand sich bei jeder Geräuschquelle ein dubioses Gerät mit einem großen roten Schalter, den zu drücken ich mich bislang noch nicht getraut hatte, und dann war da noch ein Ort, den ich auf meiner Erkundungstour vermißt hatte: eine kleine Insel in einer Lagune, die von der Hauptinsel umrahmt wird.

Wie ein hungriger Tiger schlich ich um die Lagune herum (ich weiß, Tiger pflegen nicht auf Koralleninseln zu hausen), stets bereit, ins kalte Wasser zu springen, um zu jenem ominösen Ort zu gelangen, der mir bei der Lösung des Rätsels helfen konnte. Allerdings machte ich mir schon ein wenig Sorgen wegen der kleinen schaumigen Strudel, die da immer wieder auftauchten. Und als ich einen Apfel, den ich noch in meiner Tasche hatte, ins Wasser warf, sah ich, wie ein Schwarm hungriger Piranhas zielstrebig und mit Mordlust in den Fischaugen auf das dem Tod geweihte Obststück zusteuerte.

Als ich an dem nach unten führenden Tunnel ankam, formte sich in meinem Kopf ganz unbewußt die Frage, warum denn Wind aus diesem Tunnel herauspfiff, wenn er direkt ins Erdinnere führt. Sobald sich diese Frage bis in mein

Zunächst müssen Sie den Safe öffnen, aber bitteschön nicht mit Zufallskombinationen, sondern mit Hilfe der Turmdrehungen.

Welche Turmdrehung? **(S. 22)**

Wie lautet die Kombination? **(S. 109)**

Der Safe ist offen. Was soll ich nun machen? **(S. 27)**

Der Generator befindet sich im obersten Stockwerk des Leuchtturms. Achten Sie auf das Licht (und auf den Ladezustand der Batterien)!

Wie komme ich in das oberste Stockwerk des Leuchtturms? **(S. 86)**

Vielleicht kommen Sie dahinter, was Ihnen das Planetarium für Informationen geben kann, wenn Sie die Symbole der Sternenkonstellationen woanders auf der Insel suchen.

Welche Daten sind wichtig? (S. 45)

Richten Sie der Reihe nach alle Empfänger mit den Pfeilen auf den entsprechenden Transmitter aus.

Ich will nicht lange herumprobieren, sondern die Winkel wissen. (S. 103)

Und wozu ist das Ganze gut? (S. 31)

Bewußtsein durchgekämpft hatte, fand ich auch schon eine Leiter, die in den Tunnel hinabführte.

20.000 Meilen weiter unten – etwa am Mittelpunkt der Erde – verwandelte sich der vertikale Schacht in einen horizontalen Tunnel. Zu meiner Überraschung fand ich sogar einen Lichtschalter – seit Jules Vernes Zeiten mußte sich da unten eine Menge getan haben.

Zum Glück saß gerade niemand auf der Leitung (nicht einmal ich), so daß ich meinen Weg durch den Tunnel ungehindert zum anderen Ende fortführen konnte, wo ein zweiter Schacht wieder nach oben führte. An der Oberfläche angekommen, konnte ich aufatmen: Ich befand mich auf der geheimen kleinen Insel in der Lagune!

Vor mir stand eine riesige Apparatur mit mehreren in verschiedene Richtungen gedrehten Parabolantennen. Satellitenfernsehen? Hier?

Zu meiner Überaschung fand ich sogar einen Fernseher und bereute, erst kürzlich das Geld für einen neuen Vertreter der Gattung »Glotzus vulgaris« ausgegeben zu haben. Er hatte fünf programmierbare Kanäle, die allerdings ziemlich schlecht eingestellt waren (das Kabelfernsehen war in dieser Welt offensichtlich unbekannt): Ich hörte nur ein lästiges Rauschen – egal, in welche Richtung ich den Parabolspiegel programmierte.

Im Fernseher selbst – die Bezeichnung Periskop wäre wohl eher angebracht – konnte ich jeweils in die Richtung sehen, in die die Antenne zeigte. Just kam mir der Geistesblitz (naja, die energiearme Variante eben): Die FÜNF Parabolantennen fangen die Geräusche der FÜNF Geräuschquellen ein, und meine Aufgabe ist es, die FÜNF Sender/Empfänger-Tasten zu programmieren (spiel mit mir das Spiel

Die Zeit der Turmuhr müssen Sie auf 2:40 stellen.

Ich bin im Turm, was nun? (S. 25)

Die Selentic-Welt

Diese Welt betreten Sie, wenn Sie das Buch im Raumschiff auf der Myst-Insel lesen. Halten Sie hier Ihre Ohren offen!

Kann ich die große Tür neben der Rakete aufmachen? (S. 99)

Wozu dienen die Knöpfe bei der Parabolantenne? (S. 101)

Wie viele dieser Schüsseln gibt es? (S. 23)

Was hat es mit dem hohen Turm in der Mitte des Sees auf sich? (S. 87)

Wie funktioniert das Bedienfeld des Turms? (S. 44)

Ich bin hinter der großen Tür und stecke fest. (S. 109)

Wo ist das Myst-Buch? (S. 51)

Ich finde keine rote/blaue Seite! (S. 27)

Am Ende des Spieles haben die Quadrate auf dem kleinen anklickbaren Feld eine wichtige Bedeutung.

Welche? (S. 106)

Wenn Sie das Rot so lange drehen, bis das rote Bild im Fenster erscheint, erhalten Sie Zugang zum Lift vor Ihnen. Steigen Sie doch dann einmal in den Lift hinein, und lassen Sie sich entführen.

Was soll ich auf dem oberen Stockwerk machen? (S. 93)

Sie können nicht weiter heraufklettern. Sie müssen also eine Möglichkeit finden, daß der Lift ein wenig nach unten geht, während Sie NICHT darin sind.

Und wie? (S. 80)

»Fünf mal Drei«). Im Eiltempo lief ich noch einmal alle fünf Geräuschquellen ab und schaltete die Apparaturen an, die mit ihnen verbunden waren. Weil inzwischen schon später Nachmittag war, legte ich zwischendurch ein kleines Päuschen ein und schlief kurzerhand ein.

Am nächsten Morgen erwachte ich mit einer neuen Einsicht: Inzwischen war ich davon überzeugt, daß es sich um eine Art Sendevorrichtung handelte, die das typische Geräusch dieses Ortes zur Laguneninsel schickte.

Weitere Änderungen konnte ich an diesen Geräten nicht vornehmen, alles übrige mußte also auf der Insel geschehen.

Wieder beim Empfängerturm angelangt, justierte ich die Antennen auf den Millimeter genau, was eigentlich gar nicht so schwer war, nachdem ich das Hauptlandschaftsmerkmal erst einmal gefunden hatte.

Experimentieren Sie mit den kleinen Geräten, und schauen Sie, ob sich irgend etwas bei den Wegen verändert.

Dieses Blubbern macht keinen Sinn. **(S. 46)**

Wozu sind diese Hebel da? Bitte Details. **(S. 57)**

Spielen Sie ein bißchen mit der Schirmplattform, und achten Sie auf den Wasserstand an einigen Orten.

Zum Schluß drückte ich auf den Knopf mit dem Summen-Symbol, und das Empfängergerät spielte die fünf Geräusche in einer ganz anderen Reihenfolge ab, als ich die Kanäle programmierte: zuerst die singenden Felsen, dann die Oase, den Tunnel, die Lava-Schlucht und zum Schluß die Pendeluhr.

Genau diese Kombination gab ich nun in das Kontrollgerät bei dem kleinen Häuschen ein und, um ganz ehrlich zu sein, ich war nicht sonderlich überrascht, als sich das Tor öffnete. Bewaffnet mit der roten Seite (ich wollte nur eine Seite zu einem Zeitpunkt tragen, um nicht beide versehentlich zu verknittern) wanderte ich durch die Hallen des neuentdeckten Gebäudes – auf der Suche nach dem Buch, das mich wieder zurückbringen würde.

Statt eines Buches fand ich am Ende des Korridors ein recht seltsames Gefährt, das einem gelben Dinosaurierei glich. Da es auf der Insel nichts weiter zu entdecken gab, sah ich

Tja, wissen Sie denn schon alles über die Turmdrehungen und haben Sie die Insel und die Bibliothek (und die Bücher) schon genau erkundet?

Interessiert mich alles nicht – ich will wissen, was ich drücken muß. (S. 33)

Ich hab die Suche satt; will 'nen Hinweis! (S. 26)

Sie müssen herausfinden, wie sich das Gebäude dreht, so daß es den Weg zu den anderen Inseln freigibt.

Wo sind die Kontrollen für die Drehung? (S. 46)

Wie funktioniert diese Gebäudedrehung? (S. 22)

hier meine einzige Möglichkeit, voranzukommen. Ich nahm in dem Sitz des Gefährts Platz und drückte auf den Schalter, der mir am sympatischsten vorkam – vorwärts! Etwa 5 Minuten und eine beängstigende Reise in die Tiefe später saß ich mit dem Dinosaurierei auf zwei in die unendliche Dunkelheit ragenden Schienen. Ich mußte mich wohl schon stundenlang in dieser Achterbahn vergnügt haben, bis ich hinter den raffinierten Mechanismus kam, der mich zu meinem Ziel führen sollte.

An jeder Kreuzung wurde durch das Eintreffen meines Dinoeis ein Geräusch aktiviert, das eindeutig über die Richtung Auskunft gab, in die ich mich von hier aus bewegen sollte. Diese Erkenntnis hat mich deshalb einige Stunden gekostet, weil der zu bestreitende Weg wahnsinnig lang war: Norden, Westen, Norden, Osten, Osten, Süden, Süden, Westen, Südwesten, Westen, Nordwesten, Nordosten, Norden und Südosten.

Als wahrhaft praktisch hat sich ein Knopf erwiesen, mit dem man die eben gefahrene Strecke wieder zurückfahren konnte.

Wie auch immer, am Ende dieser mühsamen Fahrt mußte ich feststellen, daß ich langsam alt wurde. Mein Rücken schmerzte fürchterlich, als wolle sich jeder einzelne Wirbel in eine andere Richtung bewegen. Ich folgte einem kurzen Gang, an dessen Ende sich das Buch für meine Rückkehr befand.

In der Bibliothek hörte ich mir schließlich Sirrus Nachricht an, der sich sichtlich darüber freute, daß ich sein Buch mit gleichgefärbten Seiten füllte. Abermals warnte er mich davor, seinen Bruder zu befreien. Trotzdem kehrte ich zurück in die Geräuschewelt, schnappte mir die blaue Seite und setzte mich abermals in die ungemütliche Achterbahn.

Die Voltzahl erfahren Sie durch das Geheimnis der Turmdrehungen.

Welche Turmdrehungen? (S. 22)

Ich will die Voltzahl aber jetzt! (S. 92)

Sie müssen in die dritte Etage der Kanalwelt kommen.

Wie komme ich da 'rauf? (S. 34)

Ich bin in der dritten Etage, aber ich kann die Seiten nicht finden! (S. 28)

Von irgendwo aus kann man die Stellung der Zahnräder verändern.

Und wo? **(S. 18)**

Jedes Geräusch entspricht einer Richtung (ähnlich wie in der Mechanischen Welt).

Keine Ahnung ... **(S. 92)**

Ich glaub', ich weiß, wie es funktioniert, aber wie groß ist das Labyrinth? **(S. 25)**

Das Geheimnis liegt im Geräusch, das die ganze Maschinerie macht.

Welche Geräusche? **(S. 90)**

Ich wollte es nicht für möglich halten, aber mein Rücken schmerzte noch mehr nach dieser Fahrt.

Nachdem ich mir Achenars Lob und Warnung angehört hatte, setzte ich mich erst einmal ein wenig auf den Rasen vor der Bibliothek, um nachzudenken ...

Lüge! Ich hielt ein erfrischendes kleines Nickerchen. In meinem Traum schwamm ich in der Lagune der Geräuschewelt, umkreiste die Parabolantenneninsel und tauchte schließlich auf den Grund. Dort lag eines der Reisebücher auf einem Tisch, und ich war so erstaunt, daß ich meinen Mund öffnete. Statt zu ertrinken, war mir das Wasser in den Lungen aber erstaunlich willkommen, und ich trank die ganze Lagune leer. Und dort, wo vorher die Insel gewesen war, stand nun das trockeneSchiff – die Fregatte oder um

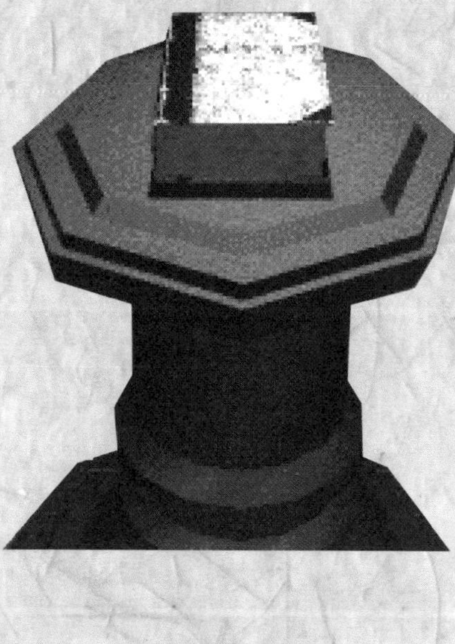

was auch immer es sich handelte. Dann wachte ich auf und fühlte den seltsamen Drang, mich um das Schiff zu kümmern.

Wer weiß – vielleicht erhielt ich ja einen entscheidenden Hinweis im Observatorium, wie ich das Schiff anheben könnte. Mein nächstes Ziel war demzufolge die Bibliothek, in der ich den Kartenturm in Richtung des versunkenen Schiffs stellte. Vom Observatorium aus war die Sicht herrlich – wenn auch etwas eingeengt, aber die Hauptsache waren die Hinweise, die ich bekam.

In diesem speziellen Fall handelte es sich um drei Daten und Uhrzeiten: 11. Oktober 1984, 10:04 morgens; 17. Januar 1207, 5:46 morgens; 23. November 9791, 6:57 abends.

Oh weh, dachte ich zunächst. Nun habe ich es also auch noch mit Zeitreisen zu tun. Oder vielleicht ist das Schiff am 17. Januar versunken, jetzt gerade hatten wir den 11. Okto-

Die Linie, die die Rotationsstellung des Turms anzeigt, wird bei manchen Gebäuden rot. Finden Sie heraus, was im Turm passiert, wenn er einer solchen roten Linie folgt.

Da ist tatsächlich etwas, aber ich möchte noch etwas mehr Hilfe. Das Rote ist doch nicht etwa gefährlicher Zahnbelag? **(S. 104)**

Na gut:

Geräusch 1	beim Steingarten, Windgeräusch
Geräusch 10	beim Brunnen, fließendes Wasser
Geräusch 1	Tunnel (Kontrollturm), Windgeräusch
Geräusch 7	Feuergrube, schlagende Fahne
Geräusch 8	Turmuhr, Gongschlag

Spielende! Warten Sie geduldig, bis Atrus zurückkommt, er zerstört die anderen Bücher. Nun sind Sie arbeitslos und können sich die Welten in Ruhe ansehen.

ber, und ich mußte nur bis zum 23. November warten, bis es automatisch wiederauftaucht.

Im Falle der großen Uhr beim Inselturm mußte ich diesen Zustand allerdings manuell herbeiführen. War das hier vielleicht genauso? Gab es irgendwo auf der Insel einen Ort, wo ich das Datum ändern könnte?

Den einzigen Zusammenhang konnte ich mir mit dem Planetarium machen. Für gewöhnlich kann man dort die Zeit einstellen, um den Himmel in einer ganz speziellen Konstellation zu sehen. Ich entschloß mich, das Planetarium noch einmal genauer unter die Lupe zu nehmen.

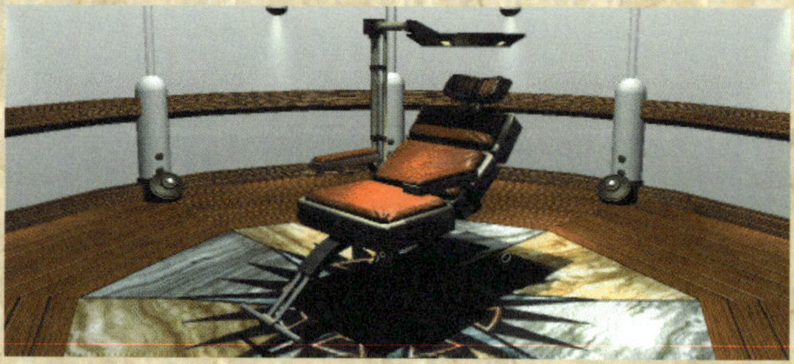

Das Planetarium war ein schnuckliges, rundes Gebäude mit einem drehbaren Ledersessel in der Mitte und einem Gerät, mit dem man die Sternenkonstellationen anwählen konnte.

Ich beschloß, es auf einen Versuch ankommen zu lassen und schaltete das Licht aus, bevor ich das erste Datum in das Gerät eingab. Der Planetariumcomputer brauchte ein wenig Zeit, aber kurze Zeit später wurde mir eine bestimmte Sternenkonstellation in dem kleinen schwarzen Fenster angezeigt.

Jetzt fielen bei mir die Groschen säckeweise (ich fühlte mich an das Märchen von den Sterntalern erinnert). Ich hatte nämlich in einem Buch in der Bibliothek ähnliche Konstellationen gesehen, dazu war jeweils ein Symbol abgebildet – vielleicht ein Tierkreiszeichen oder ein sonstiges mythologisches Symbol. Der andere Ort, an dem ich diese Zeichen gesehen hatte, war das kleine Vogelbad auf dem Hauptweg.

Rund um den Brunnen herum befanden sich zierliche Säulen mit eben diesen Symbolen darauf. Ich holte in Windeseile das Buch und suchte die Symbole für die drei Daten heraus. Es handelte sich um eine Schlange, einen Käfer und ein Blatt.

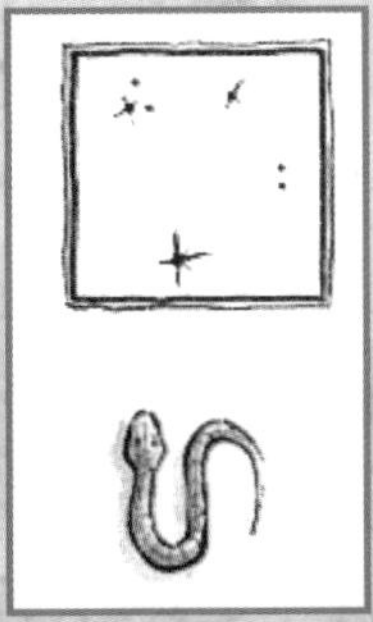

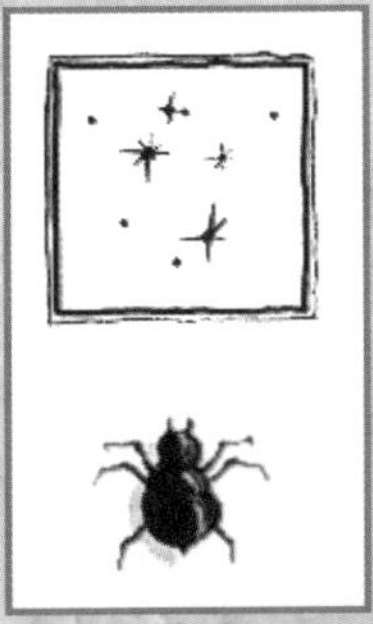

Ich lief zum Vogelbad und sah mir die Symbole ganz genau an, bis ich meine drei kleinen Freunde tatsächlich wiederfand. Mit wenig Kraft konnte ich den Figurenvorsprung in

Eine Art Brücke erscheint, sobald Sie die Räder in die richtige Position drehen.

Wenn Sie hier einen Weg herausfinden könnten, bekämen die anderen Inseln sogar einen Sinn …

Und wie komme ich hier heraus? **(S. 68)**

Experimentieren Sie mit verschiedenen Stellungen der Hebel. Mit etwas Glück und Verstand bewegen sich die Räder, und das Gebäude dreht sich. Die Frage ist – wohin?

Wollte ich auch gerade fragen! **(S. 70)**

Die Notiz ist in zwei Hälften aufgeteilt. Eine Hälfte ist in der Steinschiff-Welt, die andere in der Kanalwelt. Versuchen Sie, beide Hälften zusammenzusetzen.

Ich kann beide Hälften nicht finden, und mein Hausdetektiv macht gerade Urlaub. Was steht in dieser Notiz? **(S. 30)**

Es gibt zehn verschiedene Geräusche, die das Schloß aufnehmen kann, aber nur fünf Geräuschquellen. Aber es gibt ja noch den Kontrollturm, der vielleicht etwas kontrolliert.

Wie muß ich mit dem Bedienfeld umgehen? **(S. 44)**

Die Kombination!! Jetzt!! **(S. 56)**

das kleine Kästchen hineindrücken. Und nachdem ich das mit allen drei Symbolen gemacht hatte, hörte ich ein sattes, zufriedenes Blubbern um mich herum.

Ein Blick in das Vogelbad bestätigte meine Vermutung, denn dort befand sich eine Miniaturausgabe des Schiffes, das nun auf magische Weise aus dem Wasser aufgetaucht war. Auch das Originalschiff schaukelte träge auf den sanften Wellen vor dem Pier und lud förmlich zum Einsteigen ein. Ich zögerte nicht lange, stieg vorsichtig auf die Planken und durchsuchte den Rumpf von vorne bis hinten.

In der Kajüte des Kapitäns fand ich schließlich, wonach ich suchte: das nächste Buch.

Die Schalter haben natürlich etwas mit dem versunkenen Schiff zu tun. Wissen Sie denn schon alles über die Turmdrehungen?

Nö! (S. 22)

Welche Schalter sind entscheidend? (S. 85)

Das Myst-Buch liegt in einem der Räume, in die die Aufzüge führen. Sie müssen an dem Spalt vorbei auf die erste Etage kommen, um den Lift zum Laufen zu bringen.

Wie komme ich über den Spalt? (S. 16)

5. Kapitel

Die Steinschiff-Welt

Hatte ich schon einmal meine Vermutung erwähnt, daß hier ein Verrückter am Werk war? Nun, die nächste Welt bestätigte diese Vermutung in vollem Maße: Es handelte sich in erster Linie um einen Riesenfelsen im Meer, in den das Holzschiff, das ich nun ganz gut kannte, eingewachsen war – wie ein lästiger Zehennagel – und auch genauso schief.

Spielen Sie ein bißchen mit den Dingen, die Sie in der Bibliothek finden. Der Eingang zum Turm ist in der Bibliothek.

Ich kann den Eingang zum Turm einfach nicht finden. **(S. 93)**

Ich habe den Turm erforscht und alles gedreht (bin schon ganz schwindlig im Kopf), aber was nützt mir das? **(S. 24)**

Der vordere Teil des Schiffes ragte in eine völlig andere Richtung. Auf der Spitze der Felseninsel befand sich ein hübsches Teleskop, durch das ich mir die unendliche Weite des umgebenden Meeres ansehen konnte. Was sich wohl dort am Horizont befand? Zunächst hatte ich allerdings mit anderen Problemen zu kämpfen. Ich verstand den Sinn des Teleskopes nicht so recht, und so suchte ich nach irgendeinem möglichen Ziel.

Falls Sie den richtigen Knopf gedrückt und die Antenne richtig ausgerichtet haben, können Sie durch die Transmitter das zugehörige Geräusch hören.

Und was bringt mir das? **(S. 31)**

Alles, was ich fand, war die Spitze eines Leuchtturms, der über einen Steg zu erreichen war. Zwei armdicke Stromkabel führten aus dem Leuchttum in den Felsen, vielleicht für die Stromversorgung von verborgenen Höhlen – vielleicht sogar für den Unterschlupf der beiden Brüder. Dort mußte ich wahrscheinlich hin, um die Seiten zu finden. Ich ließ das Teleskop auf den Leuchtturm eingestellt – so etwa bei 135 Grad.

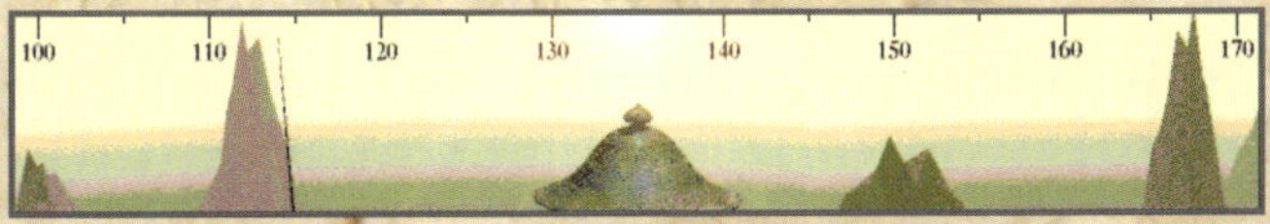

Stellen Sie verschiedene Dinge an und aus, und achten Sie darauf, wie sich andere Dinge oder Geräusche in der Kanalwelt verändern. Wozu benutzt man normalerweise eine Windmühle?

Ich brauche mehr Hilfe! **(S. 57)**

Der Code lautet: Ring mit Lücke in der Mitte, umgekehrtes Dreieck/oben rechtes Dreieck/rechts nach oben Dreieck, drei Dreiecke mit einem Kreis über dem mittleren, linken Kreis.

Es gibt einen Grund dafür, daß der Aufzug wirklich nicht der schnellste ist. Bei welchem Knopf kommt der Aufzug ein wenig ins Zögern?

Uff, keine Ahnung. **(S. 85)**

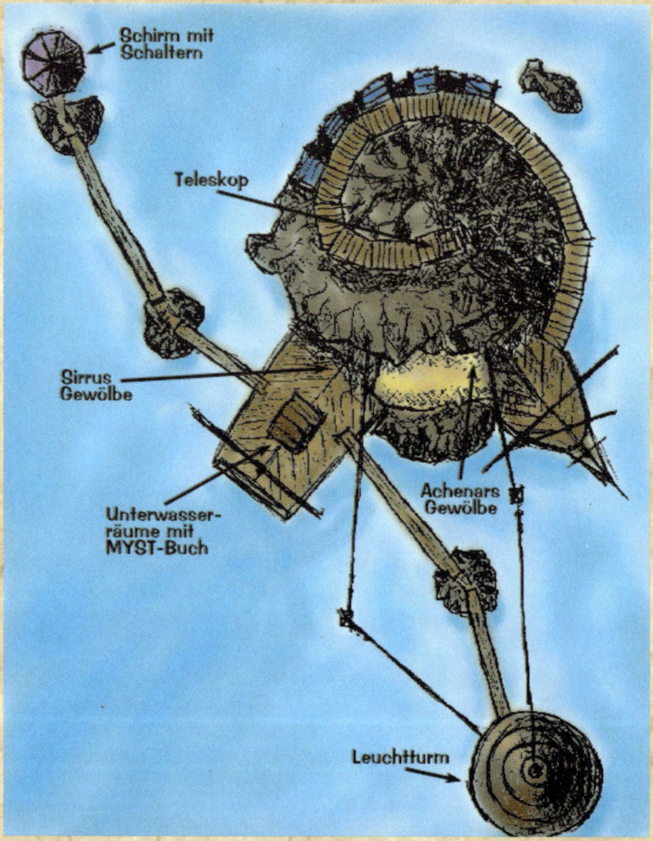

Wenn Sie das richtige Muster eingegeben haben, sollte sich der Kamin gedreht haben und einige neue Dinge offenbaren.

Welche Bar ist offen? Ich weiß immer noch nicht, was ich machen soll. **(S. 49)**

Mit Hilfe des fließenden Wassers und den richtigen Schalterstellungen aktivieren Sie den Aufzug Ihrer Wahl. Lauschen Sie der Richtung des Wassers, ob es wirklich sein Ziel – den Lift – erreicht.

Ich komme immer noch nicht damit klar. **(S. 90)**

Ich stieg den Berg hinab und wollte die Eingänge der beiden Höhlen suchen - wurde aber bitter enttäuscht. Durch das viele Lesen in der Jugend hatte ich mir die Augen verdorben, aber ich bezweifelte, daß man auch mit vollem Sehvermögen vielmehr in dieser Dunkelheit hätte erkennen können. Kein Licht!

Dieses Problem sollte mir in den nächsten Stunden noch viel Kopfzerbrechen bereiten. Die Idee war einfach: Die Stromkabel führten in das oberste Geschoß des Leuchtturms. Dort mußte sich also offensichtlich ein stromerzeugendes Gerät befinden. Nichts wie hin!

Die Situation im Leuchtturm war zum Haareausreißen! Die kleine Luke, die offensichtlich zur oberen Etage führte, war

Das Öffnen des grünen Buches kann ja nicht schaden. Hören Sie genau zu, was Atrus zu sagen hat, und beurteilen Sie die Situation erneut.

Welche Wahl habe ich? (S. 88)

Wenn Sie zur Hälfte vom Felsen steigen, sehen Sie eine kleine, rotumrahmte Tür auf einer Seite des Ganges – dort ist der Raum mit der Kompaßrose.

Und was soll ich mit der Kompaßrose machen? (S. 15)

mit einem riesigen Vorhängeschloß verriegelt, etwa von der Art, wie sie Gulliver im Land der Riesen begegnet sind. Am Boden des Erdgeschosses war ein Schlüssel angekettet. Aber: Die Kette war zu kurz.

Ich überlegte, ob das ein Intelligenztest sein könnte: Wie bekomme ich den Schlüssel dort hinauf? Oder muß das Schloß hinunter? Oder hatte der verrückte Professor zu viele James-Bond-Filme gesehen und erwartete allen Ernstes von mir, daß ich die Kette à la Beißer durchnage?

Ich zerrte an dem Schlüssel und der Kette und brach mir beinahe alle Knochen, als ich von der Leiter herunterfiel, während ich am Schloß gewalttätig wurde und ihm meinen Unmut kundtat. Schließlich gab ich auf.

Ein großer Teil des Parterres bestand aus Wasser, und ich wollte nicht in einem Leuchtturm in einer Fantasy-Welt ertrinken, nur weil ich mein Gleichgewicht nicht auf einem Steg halten konnte.

Der einzige unerforschte Ort war das andere Ende des Steges: Dort befanden sich drei große Schalter unter einem Regenschirm (regnete es hier?). In meiner Verzweiflung wollte ich die goldene Mitte wählen – wegen meines leicht angeknacksten Fußes rutschte ich aber ein wenig aus und konnte mich noch

gerade am rechten Schalter festhalten, um ein ungewolltes Bad zu verhindern.

Dummerweise betätigte das einen Mechanismus – blubbernderweise. Ich suchte die Quelle für dieses Geräusch und sah, wie aus dem Leuchthaus Wasser herausgepumpt wurde. Wodurch?

Ich sah mir den Turm noch einmal näher an und war ziemlich verblüfft, als ich neben dem Steg eine zerbrechlich aussehende Holztreppe entdeckte, die eine gute Ewigkeit in die Tiefe führte.

Sie sollten ein bißchen mit den Schaltern experimentieren, einige an-, andere ausschalten. Irgend etwas auf der Insel wird durch die Schalterstellung beeinflußt. Können Sie herausfinden, was es ist und wozu es dient?

Nein, keine Ahnung. Soll ich vielleicht die ganze Insel wie ein Trüffelschwein absuchen? (S. 110)

Ich weiß, was Du meinst, aber wie kann ich das Ding benutzen? (S. 35)

Ich weiß alles über die Schalter und die Bücher. Kann ich sonst noch etwas mit den Schaltern anfangen? (S. 57)

Das kleine Bild in der Mitte des Gerätes sieht gar nichts ähnlich, oder? Verändert sich irgend etwas, wenn Sie den Hebel bewegen?

Pfhhh, keine Ahnung ... (S. 85)

Da stimmt mal wieder etwas nicht mit den Sicherungen. Bei einigen Spannungsspitzen legen sich diese Sicherungsschalter automatisch um und müssen wieder manuell umgelegt werden. Die Schalter befinden sich auf den zwei Türmen auf dem Weg zum Raumschiff.

Das Raumschiff ist offen – was nun? (S. 23)

Steinschiff-Welt

Dies ist die Welt mit dem großen Segelschiff, das mit einer Felseninsel verwachsen ist.

Was soll die kleine Plattform mit dem Regenschirm? (S. 18)

Ich komme nirgends hin – es ist überall Wasser! (S. 67)

Das Wasserproblem ist gelöst, wo ist das Licht? (S. 106)

Wie komme ich ins oberste Stockwerk des Leuchtturms? (S. 86)

Wozu dient das Teleskop auf der Spitze der Insel? (S. 24)

Was mache ich mit dem Kompaß zwischen den Räumen der beiden Brüder? (S. 49)

Wo ist das Myst-Buch? (S. 47)

Mit einer Heidenvorsicht stieg ich diese Treppe hinab. Angeknackster Fuß, ultrarutschiges Holz – schlechte Kombination! Aber ich kam heil unten an und genoß den Blick auf eine herrliche alte Piraten-Schatztruhe – eine veschlossene.

Da waren wir also: Zwei Schlösser, ein Schlüssel – alles meilenweit voneinander entfernt. 135 Grad und zwei übrige Schalter. Der Logik nach würde einer der Schalter wieder Wasser zurückpumpen. Das alles machte keinen Sinn!

Ich versuchte, die Truhe zu bewegen, was aufgrund des glitschigen Bodens und eines erstaunlichen Widerstandes seitens der renitenten Truhe unmöglich war. Ich war reich!!

Doch dann rutschte ich abermals aus und schlug mit meinen Backenknochen heftig gegen denWasserhahn! Das war eine schmerzhafte Erfahrung, das kann ich Ihnen sagen –

bei einem solchen Zweikampf ist der gußeiserne Wasserhahn nämlich immer der Sieger.

Von Schmerz und Frustration geplagt, widerstand ich nur mit Anstrengung der verlockenden Versuchung, mich weinend in die Ecke zu setzen und eine riesige Pepperoni-Pizza zu bestellen. Dazu vielleicht ein ganzes Tragerl Weißbier, oder besser gleich ein Weißbierhahn? Wer weiß, vielleicht war die Truhe, aus der der Wasserhahn herauskam, mit Weißbier gefüllt? Augustiner? Hmmm …

… Momeeeent!!!! Ich riß meine Augen auf und versuchte die Situation noch einmal zu erfassen. Da ragte doch tatsächlich ein Hahn aus der Truhe!

Was war ich doch für ein Idiot! Ich öffnete den Hahn und ließ eine Badewanne voll Wasser aus der Truhe. Nun mußte ich nur noch Wasser in den Leuchtturm lassen, und die Truhe würde neben dem Schlüssel im Erdgeschoß (Wassergeschoß?) schwimmen, ich könnte die Truhe öffnen und würde WAS finden?

Gesagt – getan. Diesmal entschied ich mich wirklich für den mittleren Schalter unter dem Regenschirm. Das blubbernde, murmelnde Wassergeräusch war Musik für meine Ohren, denn es kam aus genau der richtigen Richtung: dem Leuchtturm. Der Rest war ein Kinderspiel: Ich eilte zurück zum Leuchtturm, öffnete die Truhe mit dem angeketteten Schlüssel und fand: einen zweiten Schlüssel!

Das Blatt, die Schlange und der Käfer.

Das Schiff führt Sie zum Steinschiff-Schäfer.

Versuchen Sie, das rote Bild in dem kleinen Fenster einzufangen. Gehen Sie dann wieder nach oben, und sehen Sie nach, ob sich irgend etwas verändert hat.

Ich habe nicht die Spur einer Idee! **(S. 66)**

Fahren Sie in die oberste Etage, und drücken Sie auf den mittleren Schalter. Während der Aufzug piepst, springen Sie einfach heraus.

Und wie funktioniert der Drehmechanismus des Gebäudes? **(S. 22)**

Sobald Sie sich im Raum befinden und sich wieder zur Treppe umdrehen, sehen Sie auf der linken Seite ein Kontrollfeld. Mit Hilfe einiger bestimmter Zahlen können Sie das Hologramm-Gerät aktivieren.

Wie heißt die Zahl für die WWN (wirklich wichtige Nachricht)? **(S. 90)**

Haben Sie mit dem Wasserstand im Leuchtturm experimentiert?

Ja, aber ich weiß nicht mehr weiter. **(S. 43)**

Ich frohlockte, denn der Schlüssel war nicht angekettet und paßte perfekt in das Schloß für die obere Luke. Was war ich doch für ein schlauer Bursche!

In der oberen Etage des Leuchtturms wurde meine Mühe mit einem herrlichen Panoramablick belohnt. Außerdem saß da ein fetter Generator mit einigen noch viel fetteren Batterien. Die Kurbel am Generator verriet mir, was hier angesagt war.

Es handelt sich um zwei in Büchern gefangene Brüder, die Sie nur befreien können, wenn Sie die jeweils fehlende rote bzw. blaue Seite bringen. Obacht! Lassen Sie sich nicht selbst von einem der fleischfressenden Folianten erwischen.

Das Aufladen der Batterien war eine Qual. Meine Backenknochen schmerzten und der blaue Fleck am Knöchel verbreitete seine Fläche expotentiell. Ab und zu blickte ich auf die Batterien, aber es dauerte eine Ewigkeit, bis der Säurestand (oder was auch immer) das Maximum erreichte. Wehmütig dachte ich an die vielen Stunden, in denen ich meinen Verpflichtungen im Fitneßstudio entkam, um mich statt dessen faul auf der grünen Wiese bei den Nackerten hinzufläzen.

Sie gelangen zum Kontrollturm, wenn Sie den Weg um den See verfolgen und durch den Tunnel am Ende des Weges kriechen. Die Antennen am Kontrollturm sind dazu da, Signale von den fünf auf der Insel verteilten Transmittern zu empfangen.

Welche Transmitter? (S. 101)

Wie funktioniert das Bedienfeld? (S. 44)

Was bewirkt das, wenn ich den Turm zum Laufen bringe? (S. 31)

Es ist Zeit für eine Entscheidung!

Wo ist die weiße Seite? (S. 56)

Was passiert, wenn ich ihm die weiße Seite gebe? (S. 72)

Was passiert, wenn ich die Warnung ignoriere und ohne die weiße Seite komme? (S. 16)

Was passiert, wenn ich Atrus ignoriere und Sirrus aus dem roten Buch befreie? (S. 31)

Und was passiert, wenn ich Achenar aus dem blauen Buch befreie? (S. 101)

Was hat es denn mit dem grünen Buch auf sich? (S. 82)

Nun hatte ich genug Zeit, mir die Höhlen der Brüder genauer anzusehen. In steter Angst, das Licht würde jede Sekunde ausgehen, riß ich alle Schubladen auf und durchwühlte die Betten. Sirrus rote Seite fand ich in seiner Komode – in der untersten Schublade.

Das Teleskop hilft Ihnen dabei, herauszufinden, welchen Knopf Sie auf dem großen Kompaß drücken müssen. Vielleicht sollten Sie zu ihm zurückkommen, nachdem Sie das Diagramm gefunden haben.

Das habe ich alles gemacht. Was bringt mir nun das Teleskop? (S. 35)

Die blaue Seite von Achenar mußte wohl auf dem Bett gelegen haben. In meiner Hast ist sie dann quer durchs Zimmer geflogen. Ich war gerade dabei, die Suche aufzugeben, als sie direkt vor meinen Füßen landete.

Wenn das Rad in einer Richtung gedreht ist, schiebt der entstandene Druck den großen Baum nach oben – Schritt für Schritt. Wenn Sie das Rad zurückdrehen, fällt der Baum wieder zurück.

Ja und? **(S. 105)**

In der Schublade der Truhe machte ich aber noch eine weitere interessante Entdeckung: Da lag die Hälfte einer Notiz von Atrus. Ich hatte irgendwie das Gefühl, daß dieser Schrieb noch einmal für mich wichtig werden könnte, und so nahm ich ihn ebenfalls mit.

Suchen Sie die Kontrollen für diese Säule. Wo wäre ein logischer Platz, sie zu installieren?

Woher soll ich das wissen, bin ich Jesus? **(S. 53)**

Meinen Weg zurück an die Oberfläche mußte ich wegen der Schmerzen in meinem Fuß etwas vorsichtiger gestalten, und so war es reiner Zufall, daß mir das fahle rote Licht eines Schalters auf halber Höhe zwischen Oberfläche und Gewölbe auffiel. Der Gang, dessen Eingang sich öffnete, führte mich zu einem riesengroßen Kompaß. Konnte ich hier das Buch finden, das mich zurückführte?

Ich stand auf einem breiten Steg in einem unheimlichen Gang und starrte auf den Kompaß. Ringförmig waren Schalter eingelassen. Vielleicht hatte ich nur einen Versuch?!? Ich versuchte mich zu orientieren – wo waren die Räume der Brüder, wo der Regenschirm, und in welcher Richtung lag der Leuchtturm? Ich entschied mich für den Schalter, der den 135 Grad entsprach, die ich im Teleskop gesehen hatte. Das machte für mich noch am meisten Sinn.

Der Effekt war beruhigend. Keine Monster, kein eindringendes Wasser, keine Spezialeffekte und schaurig-schönen

Wenn Sie »Spaceballs – das Spiel« spielen würden, wäre es 1234. Wenn Sie sich jedoch an die Notiz von Atrus an Catherine erinnern ... Er erwähnte, welche Nummer interessant sein könnte.

Ich habe keine Lust zu zählen ... Außerdem bin ich so schwach in Mathe. Wie viele sind es? (S. 56)

Damit das Wasser den Lift erreichen kann, müssen Sie sicherstellen, daß alle Hebel richtig stehen und die Rohre direkt zum Aufzug führen. Untersuchen Sie die Rohre zwischen Windmühle und Aufzug, soweit Sie können, und das Problem liegt auf der Hand.

Norden: Ping, Süden: Klong, Osten: Sssssttschhhhh, Westen: Kbprlrbp

melodischen Untermalungen. Statt dessen wurde die Höhle plötzlich besser von einer Lichtquelle unter Wasser beleuchtet – direkt hinter einer der riesigen Glasscheiben hinter dem Kompaß. Verrückt, aber schön.

Wahrscheinlich konnte ich hier nicht mehr machen, und so drehte ich mich zum Ausgang, um wieder an die Oberfläche zurückzukehren. Da passierte das, was ich am Anfang befürchtet hatte: Das Oberlicht ging aus! Ich fühlte mich gefangen und schrecklich allein – mitten in einem Berg – ohne Licht und mit Myriaden von Piranhas und Killerwalen, die gerade durch die Scheibe einzudringen versuchten.

Langsam glitt ich zu Boden und wartete zitternd. Hilfeschreie nutzten wohl nichts, eventuell war das sogar eine extrem schlechte Idee. Die Höhle könnte ja einstürzen. Und so saß ich da im Dunkeln und starrte in die Schwärze vor mich hin. Mit der Zeit bildete ich mir tatsächlich ein, verschiedene Schattierungen und Farbabstufungen wahrzu-

nehmen – von Schwarz, wohlgemerkt! Und dann erinnerte ich mich an die Inschrift eines Ringes, die ebenfalls wenig Gutes verhieß: »Im Lande Mordor, wo die Schatten droh`n. Im Lande Mordor, wo die Schatten droh`n.« Ich gebe zu, daß ich mich wirklich ziemlich mordor fühlte.

Die verschiedenen schwarzen Muster schienen aber keinen Sinn zu ergeben, und so blickte ich ängstlich umher, bis meine Pupille auf dieses rote Glimmen in der Ferne stieß. Gott sei Dank! Eine Notbeleuchtung. Auf allen Vieren

Suchen Sie eine Steuermöglichkeit für den Baum.

Steuermöglichkeit? Für einen Baum? (S. 37)

Die Mechanische Welt

In dieser Welt befindet sich in der Mitte ein orientalisch aussehendes Gebäude, um das sich herum drei Inseln befinden.

Wozu dient das kleine Podest mit den vier Knöpfen? (S. 38)

Wie komme ich an die Treppen neben dem Startplatz? (S. 94)

Wo finde ich die rote/blaue Seite? (S. 29)

Wofür dient das Gerät am unteren Ende der Treppe des Gebäudes? (S. 83)

Wie komme ich ins Innere der zentralen Säule im Gebäude? (S. 89)

Haben die anderen zwei Inseln irgendeinen Sinn? (S. 73)

Wo sind die Kontrollen für die Drehung des Gebäudes? (S. 46)

Was mache ich auf der obersten Etage des Gebäudes (S. 93)

Wie funktioniert das Gerät für die Gebäudedrehung? (S. 22)

Die Spannung muß 59 Volt betragen, dazu können Sie beispielsweise die Kombination 4-7-8-9 drücken.

Alle Knöpfe gedrückt, aber das Schiff bleibt zu – was nun? (S. 84)

Was soll ich machen, nachdem das Schiff offen ist? (S. 23)

Die Spannung fällt manchmal auf null Volt – warum? (S. 84)

Die Geräusche entsprechen den Himmelsrichtungen (Glocke für Norden etc.), Kombinationen der Geräusche entsprechen Nordost, Südost, Nordwest und Südwest.

Wie groß ist dieses Labyrinth? (S. 25)

Ich bin zu faul – welches Geräusch steuert in welche Richtung? (S. 107)

kroch ich den Steg entlang und war heilfroh, als ich die steinernen Treppen unter mir spürte und glaubte, eine Spur von Sonnenlicht am Treppenende über mir zu entdecken. Ich kroch die Felsentreppe weiter nach oben und fühlte eine tiefe Dankbarkeit zu allen und jedem, als ich mich einige Minuten später im Sonnenlicht aalte. Und als ich da so auf dem hinteren Deck des Holzschiffs lag, fiel mein Blick auf die Kapitänskajüte.

Natürlich! Hier war das andere Buch! Doch die Kajüte stand unter Wasser. Da half nur eins: Logik! Und die erklärte mir, daß da immer noch ein unbenutzter Schalter

unter dem Regenschirm auf seine Aktivierung wartete. Und sollte es sich bei dem Schalter nicht gerade um einen Selbstzerstörungsmechanismus dieser Insel (dieses Buches?) handeln, müßte er genau das machen, was die Logik mir flüsterte – selbst bei einem verrückten Professor.

Am Regenschirm angekommen, konnte ich wieder aufrecht

gehen. Mutig drückte ich den letzten Schalter und wagte mich vorsichtig zurück zur Kajüte und hinunter in die Räume des Kapitäns.

Mich erwartete ein Schauspiel unglaublicher Schönheit. Eine Unterwasserwelt, die ich durch anscheinend wasserdichte Scheiben betrachten konnte – Korallen, Fischschwärme – ähnlich wie der Traum, den ich vor nicht allzu langer Zeit hatte.

In der untersten Etage erkannte ich dann auch den Tisch wieder, auf dem sich – wie durch Zauberei – das MYST-Buch materialisierte, das mich zurück zur Hauptinsel bringen würde.

Die beiden Brüder waren wieder einmal sehr zufrieden mit mir und schmückten ihre aufregende Geschichte mit zahllosen Details aus. Offensichtlich mußte einer der beiden Brüder so böse gehandelt haben, daß Vater Atrus beschloß, ihn in ein Buch einzusperren. Irrtümlich verbannte er aber

Der Eingang zum Turm wird freigegeben, wenn man einen der Spiegel berührt. Der geheime Pfad hinter dem Bücherregal führt direkt zum Turm.

Ich kann nichts besonders Aufregendes im Turm finden – Sackgasse! **(S. 24)**

Haben Sie da oben auch überall gründlich nachgesehen?

Hmm … nicht so richtig. **(S. 104)**

Alles klar! Und wie komme ich dahin? **(S. 66)**

Fließendes Wasser ist eine Möglichkeit, Energie für die verschiedenen Geräte auf dieser Insel zu erzeugen. Achten Sie darauf, daß Wasser zu den Geräten fließt, die Sie benutzen wollen. Wenn Sie Ihre Ohren spitzen, können Sie hören, durch welche Rohre das Wasser fließt.

Kann ich den Wasserfluß beeinflussen? (S. 57)

Es muß einen Weg geben, die Eingangstüren von außen zu öffnen. Vielleicht sollten Sie die Kanalwelt-Karte in der Bibliothek noch einmal ansehen – haben Sie etwas übersehen?

Ich weiß immer noch nicht weiter! (S. 22)

Sie brauchen einen Code, um das Kontrollfeld neben der Treppe zu bedienen. Die Treppe führt zum Myst-Buch.

Wo finde ich den Code? (S. 34)

Ohne Umwege! Wie lautet der Code? (S. 80)

beide – oder vielleicht absichtlich?

Ich war mir nicht sicher, welchem Bruder ich glauben konnte. Aber das mußte ich jetzt noch nicht entscheiden – ich wollte zuerst die jeweils vierte Seite besorgen, um die ganze Geschichte zu kennen.

Nachdem ich mich ein wenig von meinen Schmerzen, den Anstrengungen und den Aufregungen der letzten Welt erholt hatte (der blaue Fleck färbte sich ein und bot so ziemlich alle Übergänge zwischen Grün und Violett), dachte ich ein wenig über die letzten beiden verbleibenden Orte auf dieser Insel nach: den großen Baum und die Holzhütte daneben.

In der Holzhütte hatte ich einen Safe und einen riesigen Heizkessel gefunden, der Baum bot hingegen wenig Ansatzpunkte. Ich stellte also den Observatoriumszeiger auf der

Karte in der Bibliothek auf die Hütte und ließ mich von dem Lift in den Turm fahren.

Im Vault sollte ein weißes Blatt Papier bereitliegen. Es gehört in ein bestimmtes Buch, das Sie bisher noch nicht gesehen haben. Sie werden mehr darüber herausfinden, nachdem Sie die anderen vier Welten mit blauen und roten Seiten besucht und diese Seiten in die Bücher der Brüder Sirrus und Achenar zurückgelegt haben.

Ich will aber jetzt wissen, wozu diese weiße Seite dient! **(S. 39)**

Wenn die Kiste dorthin schwimmen würde und der Leuchtturm wieder mit Wasser gefüllt wäre, wäre das Problem gelöst.

Genau das habe ich auch probiert, aber es hat nicht geklappt! **(S. 54)**

6. Kapitel

In der Kanalwelt

Die vierte und offensichtlich letzte Welt bestand aus einer großen Felseninsel, auf deren Spitze sich eine Windmühle drehte, und unzähligen Holzstegen, die von dieser Insel ausgingen und sich binärbaumartig in Sackgassen verloren.

Das Buch, das Ihnen hier helfen kann, steht in der Bibliothek und hatte kleine Diagramme am Ende.

Ja und? **(S. 64)**

Welche Daten muß ich eingeben? **(S. 45)**

Zwischen den Stegen befanden sich dicke, wahrscheinlich jahrhundertealte Bäume, die sich in eine beeindruckende Höhe erhoben. Über mir sah ich weitere Holzstege, als ob sich dort eine weitere Etage befände. Dieses Mal wollte ich vollkommen nüchtern und systematisch vorgehen, und so trug ich zunächst einmal alle Fakten zusammen.

Das Schloß der Türe hat etwas mit Geräuschen zu tun. Sie müssen die richtige Reihenfolge der Geräusche herausfinden.

Wo kann ich einen Hinweis auf diese Reihenfolge finden? **(S. 39)**

Auf den Stegen befanden sich Rohre, an den Kreuzungspunkten jeweils ein Ventil, mit dem eines der beiden angeschlossenen Rohre wohl abgeklemmt werden konnte. Die Sackgassen der Stege endeten in kleinen Kabinen (vielleicht Aufzüge), an einer Wendeltreppe (verschlossene Tür) und anderen mir nicht erklärlichen Vorrichtungen.

Sie können sich vom Baum nach oben bringen lassen, um eine herrliche Aussicht zu genießen (vorausgesetzt, Sie sind schnell genug). Sie können aber auch in die entgegengesetzte Richtung fahren.

Und jetzt bin ich gaaanz unten, aber was will ich hier? **(S. 44)**

Schauen Sie sich die Wand neben dem Thron eines der Brüder an. Hinter einem kleinen versteckten Bedienfeld finden Sie die Seiten.

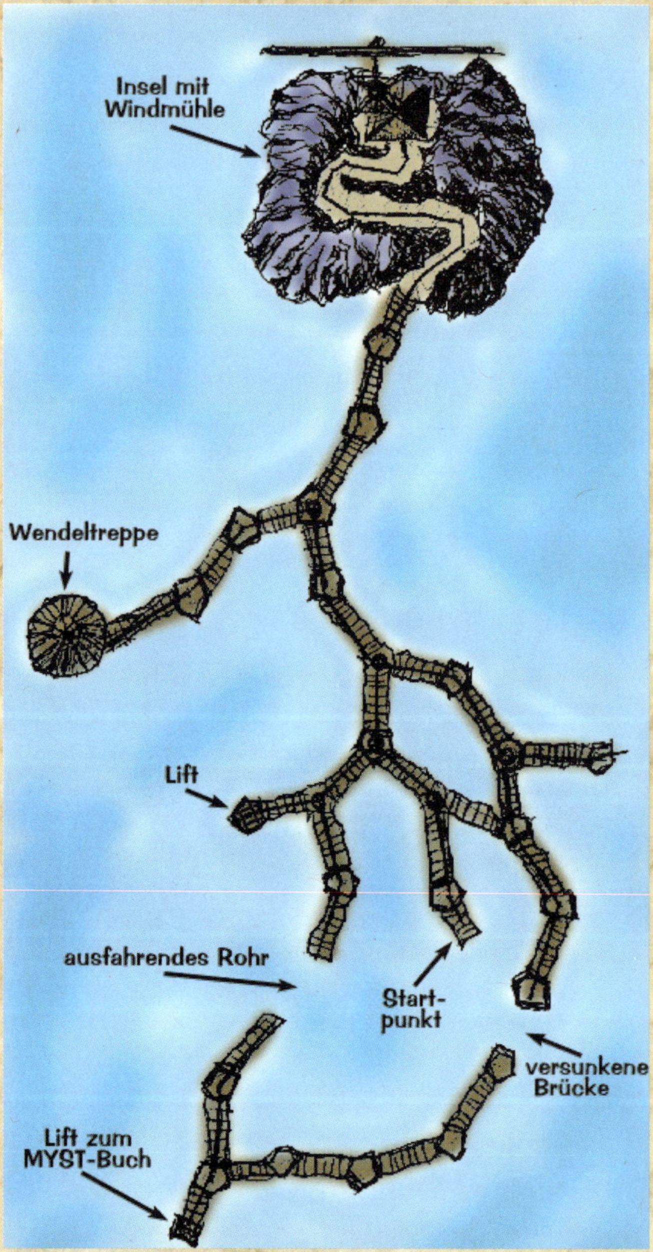

Über den Sinn und Zweck der Rohre konnte ich nur spekulieren, weil sich deren Enden im Dickicht verloren oder im Innern der mysteriösen Vorrichtungen verschwanden.

Ein witziges Ende. Speichern Sie aber unbedingt vorher den Spielstand.

Ein kurzer Besuch in der Mühle auf der Spitze der Felseninsel ergab, daß ich durch Umlegen eines Hahnes Wasser in die Rohre leiten konnte. Das gefiel mir außerordentlich gut: Schon als Kind hatte ich mit Vorliebe Sandburgen mit faszinierenden Bewehrungen am Strand gebaut, um dann den Schloßgraben über ein kompliziertes Kanal- und Abwassersystem mit dem kostbaren Naß zu füllen.

Neben jedem geräuscheproduzierenden Gerät auf dieser Welt steht eine Art Mikrophon. Schalten Sie die Antenne ein, indem Sie den Knopf drücken und das Geräuschesymbol aktivieren – nun sendet die Antenne das entsprechende Geräusch.

Warum sollte ich das machen? **(S. 110)**

Wie viele dieser Geräte gibt es, und wo stehen sie? **(S. 23)**

Es war also offensichtlich möglich, mit Hilfe der Rohrkonstruktion das Wasser zu einem eindeutigen Ziel zu leiten. Ich entschied mich für den ersten nahegelegenen Aufzug.

Dazu leitete ich das Wasser der Reihenfolge nach links, rechts, rechts und noch einmal rechts. Konnte das Wasser den Aufzug antreiben? Ich hatte nichts zu verlieren.

Ich stieg in den Lift, schloß die Tür und betätigte den Hebel. Und siehe da – es funktionierte! Das Wasser trieb offensichtlich einen kleinen Generator an, der den Lift langsam aber stetig in die Höhe schob.

Das ist das Planetarium, das Sie vom Stuhl in der Mitte des Raumes aus bedienen. Der Lichtschalter befindet sich übrigens neben der Tür.

Welche Daten muß ich eingeben? (S. 45)

Was ist der Sinn dieses Gebäudes? (S. 99)

Auf der Spitze des Felsens!

Und was mache ich damit? (S. 35)

Als ich in der zweiten Etage angekommen war, füllte sich mein Kopf plötzlich mit unangenehmen Erinnerungen an die letzte Welt – es war hoch! Und Sie wissen bereits, wie das so ist mit Leuten, die Höhenangst haben. Doch über mir konnte ich sogar noch ein weiteres Stockwerk ausmachen – das konnte ja heiter werden!

Ich tastete mich also über die viel zu schmalen Stege von Hütte zu Hütte, fand auf meinemWeg einen Schalter, den ich spaßeshalber umlegte, und schaffte meinen Weg zur Wendeltreppe. Ich ging die Treppe vorsichtig hinunter und öffnete die dort befindliche Tür von innen. Hervorglänzend! Nun gelangte ich in die zweite Etage, ohne die einzige Stromquelle für den Lift zu verschwenden.

Ich überlegte mir, welcher Verbraucher nun am sinnvollsten die Ehre des Wassers erhalten sollte – und weil der Mensch schon seit Urzeiten immer hoch hinaus wollte, entschied ich mich für den Aufzug, den ich auf der zweiten Etage gefunden hatte. Dieser würde mich wahrscheinlich in die dritte Ebene heben.

Bevor Sie die Lösung zu diesem Puzzle erfahren, müssen Sie zunächst über ein anderes Rätsel dieser Insel Bescheid wissen. Es hat mit der Bibliothek und Atrus Nachricht an Catherine zu tun. Es handelt sich um das Geheimnis der Turmdrehungen.

Welche Turmdrehungen? (S. 22)

Ich will einfach nur die Lösung wissen für die Einstellungen. (S. 65)

Das Konfigurieren der Rohrkreuzungen war einfach, ich mußte die Wasserrichtung an der ersten Kreuzung lediglich nach rechts umleiten. Dann stieg ich die Wendeltreppe wieder empor und nahm den Lift in die Baumkronen.

Eine Karte der Insel hilft ungemein, um die Richtungen zu bestimmen. Vergessen Sie natürlich nicht, die Transmitter vorher anzuschalten. Aufpassen müssen Sie beim Transmitter mit dem Wassergeräusch, da er vom Kontrollturm aus nicht sichtbar ist.

Ich möchte gerne die exakten Koordinaten! (S. 32)

Warum die Brüder eine Vorliebe für so schwindelerregende Höhen entwickelt hatten, werde ich wohl nie verstehen. Im Zeitlupentempo wankte ich den Holzpfad entlang und entdeckte drei Holzhütten, die offensichtlich von den Brüdern benutzt worden waren.

Um Haaresbreite hätte ich auch mein Gleichgewicht verloren, als ich eine der Türen öffnete und mir die Stimme und das Gesicht von Achenar mysteriöse Laute ins Ohr brüllte. Kurze Zeit später entdeckte ich aber eine Art holografischen Projektor, der wohl für diese Illusionen sorgte.

Nachdem Sie den Turm zu Positionen gedreht haben, bei denen sich die Linie rot färbt, können Sie interessante Informationen bei beiden Leitern im Turm finden. Bei der Leiter mit dem Buch-Schild können Sie erfahren, wo sich das entsprechende Buch zu dieser Welt befindet. Bei der Leiter mit dem Schlüssel-Schild erhalten Sie einen wichtigen Hinweis, damit Sie das Puzzle lösen, um an das Buch zu kommen. Wenn Sie die Insel gründlich genug abgesucht haben, sollten diese Hinweise ausreichend sein.

Wie viele verschiedene Positionen kann der Turm einnehmen? (S. 51)

Ich erinnerte mich, daß es sich bei diesen Lauten wahrscheinlich um die Sprache der ehemaligen Bewohner dieses Dorfes handelte. Die blaue Seite lag gleich neben dem Hologramm-Projektor. Bei dem Projektor handelte es sich wohl um einen Anrufbeantworter, und eine der Nachrichten stimmte mich nachdenklich. Sirrus teilte seinem Bruder mit, er sollte nur eine Seite nehmen und irgend jemand würde sich wohl auf irgend etwas vorbereiten. Irgend etwas war hier faul! Und zwar ganz gewaltig!

Wissen Sie bereits, wie man all die Geräte aktivieren kann? Wenn nicht, sollten Sie herausfinden, was dieses blubbernde Geräusch bedeutet und wie die Windmühle und die Hebel damit zusammenhängen. Achten Sie auch darauf, daß die Aufzugstür verschlossen ist, wenn Sie den Hebel des Lifts bewegen.

Ich weiß nichts über diese Windmühle. (S. 80)

Was bedeutet das Blubbergeräusch? (S. 46)

Ich weiß das alles, aber der Aufzug funktioniert nicht! (S. 80)

Ich kann einen Aufzug aktivieren, aber ich muß zu den Treppen gelangen (S. 94)

Schauen Sie nach oben! Kommen Ihnen die zwei Hebel nicht bekannt vor?

Nein, tun sie nicht! (S. 17)

Alles klar! Und wie komme ich dahin? (S. 66)

Die rote Seite von Sirrus fand ich in dem Zimmer am anderen Ende des Steges. Sie befand sich in der Schublade des Schreibtisches. Doch noch viel interessanter war die zweite Hälfte von Atrus Notiz, die ich in der Kommode unter dem Bett aufstöberte.

In der zusammengesetzten Notiz beschrieb Atrus, wie man Zugriff auf eine geheime Kammer erhält: Alle Schalter auf der Insel ein- und zum Schluß den Schalter am Pier ausschalten. Ich verstand nur Bahnhof!

Nachdem ich nun die bunten Seiten gefunden hatte, galten meine Bestrebungen dem vorrangigen Ziel, in die Inselwelt zurückzukommen – zurück auf den Boden und in Gebäude, die NICHT in der Luft hängen.

Ich begab mich zurück zur ersten Ebene und leitete das Wasser zur entferntesten Sackgasse: links, links und rechts. Meine Freude war groß, als sich nach dem Ziehen des dortigen Hebels eine Brücke aus dem Wasser erhob.

Gehen Sie nach draußen, und sehen Sie sich das Ganze doch einmal an!

Und was bringt das Ganze? (S. 100)

Keine Lust, ich will JETZT alles darüber lesen! (S. 29)

Die Treppe führt geradewegs zum Myst-Buch. Sie brauchen allerdings den richtigen Code, um die Kontrollen bedienen zu können.

Soviel habe ich auch noch gerade herausgefunden, wie lautet der Code? (S. 34)

Ich will keine dummen Hinweise, ich will den Code - sofort! (S. 80)

Sie müssen das richtige Muster kennen. Mehr Hilfe bekommen Sie von einem der Brüder, wenn Sie alle fünf Seiten gesammelt haben.

Also: Das mit den Sammlern und den Jägern war in der Steinzeit. Ich will es aber jetzt schon wissen! **(S. 28)**

Ich folgte dem Weg und gelangte abermals zu einem Lift. Die Rohre, die von ihm ausgingen, führten wieder in eine Sackgasse, allerdings eine mit einem weiteren interessanten Mechanismus. Ich konnte das Ende des Rohres mit einer Kurbel ausfahren und mit dem Rohr auf der anderen Seite verbinden.

Ist da ein Ort, den Sie bisher noch nicht erkundschaftet haben? Das Licht funktioniert natürlich nicht in einer dunklen Gegend …

Was ist los? Ich verstehe gar nichts. **(S. 21)**

Schließlich leitete ich ein letztes Mal das Wasser um – direkt zu diesem Lift: links, rechts, rechts, links. Ich kam mir schon vor wie beim Militär. Auf der Ebene, zu der mich der Lift brachte, fand ich auch endlich das Buch für meine Rückkehr. Als ich Nachrichten der Brüder abhörte, mußte ich erfahren, daß da wohl noch eine letzte blaue und rote Seite vorhanden war. Ich erhielt die Referenz auf ein Buch in der Bibliothek, auf dessen 158. Seite sich ein Muster befand, das ich in einen Kontrollmechanismus im Kamin eingeben sollte. Dann hätte ich Zugriff auf die rote und blaue Seite.

Selbstverständlich ließen die Brüder keine Gelegenheit aus, mich darauf hinzuweisen, den jeweils anderen nicht zu befreien. Langsam wußte ich wirklich nicht, was ich tun sollte. Um einen freien Kopf zu bekommen, entschloß ich mich zu einem kleinen Spaziergang über die Insel.

Als ich an einem der Schalter vorbeikam, erinnerte ich mich aber an die Nachricht von Atrus. Ich vergewisserte mich, daß alle Schalter auf der Insel eingeschaltet waren, dann ging ich zum Pier und deaktivierte den dortigen Schalter. Sofort öffnete sich eine kleine Kammer unter dem Schalter – das hatte er gemeint!

Mit erneuter Verwirrung nahm ich die weiße Seite aus dem Fach. Wo sollte die denn hin? Ich spazierte zurück zur Bibliothek, suchte das erwähnte Buch mit dem Muster heraus und begab mich in den Kamin. Ein kleiner Knopf schob den erwähnten Kontrollmechanismus vor meine Nase. Prompt stellte ich das angegebene Quadratmuster ein und bestätigte durch einen erneuten Druck auf den Knopf.

Der Kamin verwandelte sich in einen Aufzug, und Sekunden später fühlte ich mich der Pflicht ausgeliefert, eine Entscheidung fällen zu müssen.

Das Raumschiff führt Sie in eine Welt, die etwas mit Geräuschen zu tun hat. Sie steuern die Rakete also mit Geräuschen. Genaue Hinweise gibt Ihnen eines der Bücher in der Bibliothek. Die Schalterpositionen sind 8, 20, 23, 13, 6 – und das Buch für ein anderes Zeitalter erscheint.

Kleine Glocke = Norden, Krillp = Westen, Pssschschsch = Osten, dumpfe Glocke = Süden. Kombinationen dieser Geräusche entsprechen den Richtungen zwischen den Himmelsrichtungen.

Ich krieg' das einfach nicht hin. Kann ich bitte den genauen Weg erfahren? **(S. 62)**

In diesem Raum befindet sich ein Gerät, das Hologramme darstellen kann. Die Bedienelemente sind hinter Ihnen an der Wand. Spielen Sie ruhig ein wenig mit ihnen.

Gibt es irgendeine spezielle Nummer, die ich eingeben sollte? (S. 90)

Der Leuchtturm befindet sich 135 Grad von Azimuth, also Südosten. Drücken Sie den Knopf an der Kompaßrose.

Welche Kompaßrose? (S. 82)

Vor mir saßen die rote und die blaue Seite auf einem Regal. Darüber befand sich ein grünes Buch. Vorsichtig schlug ich es auf – ich wollte ja nicht versehentlich und ungewollt eine Seite einsetzen. Und da war Atrus, und er erzählte mir die ganze Geschichte: Wie er die Bücher geschrieben hatte – ein Talent, das er vor vielen Jahren von seinem Vater erlernt hatte.

Atrus erzählte von roten und blauen Büchern, die Fallen für zu gierige und unehrenhaften Menschen darstellten, und von seinen Söhnen und ihren schlimmen Taten. Atrus war in der Welt Dunny gefangen, und er brauchte eine weiße Seite, um aus ihr wieder entrinnen zu können. Ich entschied mich, die Brüdergeschichten beiseite zu lassen und diesem sympathischen Burschen aus der Patsche zu helfen. Und so legte ich meine Hand auf das grüne Buch, um den Meister persönlich in seiner Welt zu besuchen. Er empfang mich herzlich, und ich gab ihm die weiße Seite.

Als er sagte, er habe eine Entscheidung in bezug auf seine bösen Söhne zu treffen – eine schwere Entscheidung –, wollte ich gar nicht wissen, was er vorhatte, als er kurz zur MYST-Insel reiste.

Atrus ließ mich nicht lange allein. Er kam prompt zurück – irgendwie verändert, erleichtert. Aber dann erzählte er mir von seiner Geliebten, Catherine, und von einem Feind, gegen den er in Kürze kämpfen müsse. Ich sicherte ihm meine Hilfe zu, und er schien äußerst dankbar.

Er gab mir das MYST-Buch und ich durfte in die anderen Welten zurückkehren, wann immer ich wollte. Von nun an hatte ich auch die Macht, in meine eigene Welt zurückzukehren …

Die Kombination lautet 7-2-4.

Ich krieg den Heizkessel nicht zum laufen! **(S. 27)**

Was passiert nun, wenn der Heizkessel läuft? **(S. 34)**

Sie müssen in das kleine Schiff in der Höhle klettern und den Vorwärts-Knopf drücken, um das Labyrinth zu betreten. Willkommen!

Nun habe ich mich im Labyrinth verirrt! **(S. 17)**

Experimentieren Sie mit der Karte in der Bibliothek – achten Sie auf Unterschiede, wenn bestimmte Schalter an und andere aus sind.

Alles klar, aber ich weiß immer noch nicht, wie ich die Karte benutzen kann! **(S. 35)**

Schalten Sie einige der Transmitter an, und spielen Sie ein wenig mit dem Kontrollfeld des Turms.

Was mache ich hier? **(S. 79)**

Langsam ging ich aus dem Englischen Garten nach Hause. In den letzten zwei Wochen hatte sich viel verändert. Meine Frustration über das Studium war wie weggeblasen, und ich arbeitete wie versessen an meiner Arbeit über die Bücherkunst des Mittelalters. Viel interessanter waren für mich jedoch die Forschungen, von denen so schnell niemand etwas erfahren würde. Ich versuchte, den magischen Büchern auf die Spur zu kommen, um ihren Ursprung verfolgen zu können. Fantastische wissenschaftliche Aussichten standen mir bevor – und zahllose Abenteuer in zahllosen Welten.

Abermals bog ich in die kastanienumsäumte Allee ein und glaubte, im Dämmerlicht den alten Trödler wiederzuerkennen. Doch als ich näher kam, sah ich, daß es nur ein Schatten war. Wer war dieser geheimnisvolle Mann, und warum hatte er dieses kostbare Buch gerade mir anvertraut?

Auch dies wollte ich noch erforschen, doch das ist eine ganz andere Geschichte.

2. Buch

Schritt für Schritt

Einführung

Dieser Abschnitt beinhaltet eine komplette, schnelle Lösung, die Sie schrittweise durch die Welt von Myst führt. Selbst die schwierigsten Rätsel sind so überhaupt kein Problem mehr. Bitte vergessen Sie nicht, daß das Spiel nicht komplett linear aufgebaut ist, so daß Sie die verschiedenen Welten (Selentic, Steinschiff, Kanal und Mechanische) beliebig hintereinander erforschen können.

Welches Ziel haben Sie im Spiel?

Die Aufgabe des Spielers in Myst besteht darin, den Schleier zu lüften, der über der geheimnisvollen Geschichte um Atrus und seine Söhne Sirrus und Achenar liegt. Die Aussagen sind widersprüchlich, doch wer sagt die Wahrheit? Wer lügt? Wen von den Söhnen muß man befreien?

Ihre Hauptaufgabe: Besorgen Sie von jeder Welt rote und/oder blaue Seiten und plazieren Sie diese in das entsprechende Buch. Es ist ganz allein Ihre Entscheidung, welcher der beiden Brüder die Freiheit wiedererlangen soll.

Welchen Sinn haben aber die roten und blauen Seiten? In jeder Welt gibt es jeweils eine, doch Sie können ja nur ein Objekt auf einmal transportieren. Das heißt, daß Sie jede Welt zweimal durchqueren müssen, um beider Seiten habhaft zu werden. Doch keine Panik: Wenn Sie einmal die Geheimnisse der jeweiligen Welt gelüftet haben, behalten sämtliche Gegenstände ihren Status bei. Es ist übrigens auch nicht erforderlich, beide Seiten zu besorgen, um das Spiel zu lösen. Wenn Sie sich dafür entscheiden, nur einen der Brüder zu retten, müssen Sie jedoch aufpassen, daß Sie wirklich alle Seiten einer Farbe in Besitz nehmen.

Welchen Sinn hat der Hologramm-Projektor?

In der kleinen Höhle beim Pier befindet sich ein Apparat, der Hologramme darstellen kann. Er ist für eine schrittweise Lösung im Prinzip nicht erforderlich, gibt der Geschichte aber einen besonderen Touch. Das Gerät wird über ein Kontrollfeld an der Wand beim Raumausgang gesteuert und öffnet sich auf Mausklick. Vier verschiedene Zahlen ergeben einen Sinn: 40, 47 und 67 stehen bereits auf der Vorderseite der Abdeckung. Die Nachricht von Atrus an Catherine enthält jedoch einen Hinweis auf eine weitere Zahl: die Anzahl sämtlicher Schalter auf dem Eiland. Wenn Sie nun das Gerät mit 08 füttern, spielt das Gerät eine Nachricht von Atrus vor, die für die ersten Schritte im Spiel wesentlich ist.

Welche Orte auf der Myst-Insel sind wichtig?

Die Insel ist eine Kommandozentrale, von der aus Sie in die anderen Welten vorstoßen, um gleichsam wieder dorthin zurückzukehren. Erkunden Sie daher gleich zu Anfang die Örtlichkeiten, um einen guten Überblick zu gewinnen und die Schritt-für-Schritt-Lösung optimal verfolgen zu können.

1. Kapitel

Die Ankunft

Die Bibliothek

Als erstes widmen wir uns dem Karten- und Turmdrehungsmechanismus in der Bibliothek. Das Verständnis seiner Funktionsweise ist unerläßlich, um in die anderen Welten zu reisen und so Myst lösen zu können. Jeder Schalter, den Sie auf der Myst-Insel umlegen, aktiviert ein bestimmtes Gebäude oder ein anderes landschaftliches Element auf der Karte in der Bibliothek. Mit Hilfe der Karte können Sie das Observatorium in jede beliebige Richtung drehen. Oft lassen sich dadurch weitere Informationen über ein bestimmtes Objekt gewinnen.

Turm
versteckte Brücke
Hütte
Generatorhaus
Großer Baum
(Buch)
Miniatur-
schiff
Schiff
(Buch)
Bibliothek
Planetarium
Raumschiff
(Buch)
Observatorium
große Zahnräder
(Buch)

Wie funktioniert die Karte?

1. Legen Sie die Schalter der folgenden vier Objekte auf der Insel um: Pier, große Zahnräder, Raumschiff und Holzhütte im Wald.

2. Gehen Sie zur Karte, bewegen Sie den Zeiger auf den Turm, und halten Sie die Maustaste gedrückt. Während Sie die Maustaste niederhalten, bewegt sich die Ziellinie.

3. Wenn Sie über einen der markierten Objekte fahren, wechselt die Ziellinie ihre Farbe und wird rot. Sobald Sie die Maustaste über dem Zielobjekt loslassen, beginnt der Turm unverzüglich, sich in die entsprechende Richtung zu drehen.

4. Klicken Sie nun auf das Bild, auf dem das Bücherregal abgebildet ist. Ein geheimer Durchgang zum Aussichtsturm wird frei.

5. Steigen Sie in den Lift, und drücken Sie auf den Schalter. Die Tür läßt sich durch einen Mausklick öffnen.

6. Wenn Sie auf die Leiter klettern, die sich direkt vor Ihnen befindet, können Sie sich von der Ausrichtung des Turms überzeugen. Auch die Leiter auf der gegenüberliegenden Seite ist wichtig: Dort erhalten Sie einen wertvollen Hinweis, um das damit verbundene Rätsel lösen zu können.

Der Pier

Hier beginnt das Spiel. Mit dem Schiff auf der rechten Seite können Sie später in die Steinschiff-Welt gelangen. Die Tür zu Ihrer Linken führt in eine Höhle, in der sich der Hologramm-Projektor befindet. Um den Pier und das Schiff mit der Karte in der Bibliothek anpeilen zu können, müssen Sie den dazugehörigen Schalter umlegen.

Die großen Zahnräder

Hier müssen Sie auch als erstes den Schalter umlegen, um einen Tip für die Mechanische Welt zu bekommen. Zu den Zahnrädern gelangen Sie, indem Sie die großen Treppen vom Pier aus emporsteigen.

Das Raumschiff

Das Raumschiff befindet sich auf einem eigenen Podest neben der Bibliothek. Ein großes Stromkabel führt direkt dorthin. Die Türme, an denen das Kabel befestigt ist, sind mit Sicherungen ausgestattet, die bei Überlastung den Stromkreis automatisch unterbrechen und manuell umgelegt werden müssen. Auch für das Raumschiff bekommen Sie einen entsprechenden Hinweis, wenn Sie den Schalter umlegen.

Die Holzhütte im Wald

Einen Hinweis auf die Hütte finden Sie im Observatorium. Die Hütte selbst ist ein wenig im Wald versteckt. Um dorthin zu gelangen, müssen Sie von der Bibliothek aus kurz vor dem Ufer nach links abbiegen. Bevor Sie auf den großen Baum treffen, finden Sie die Hütte zu Ihrer Linken.

Der große Baum

Hier ist eines der Bücher versteckt. Der Baum befindet sich hinter der Holzhütte im Wald und hebt sich deutlich gegen den restlichen Wald ab.

Der Generator

Gehen Sie von der Bibliothek aus Richtung Turm mit Uhr, um zum Generator zu kommen.

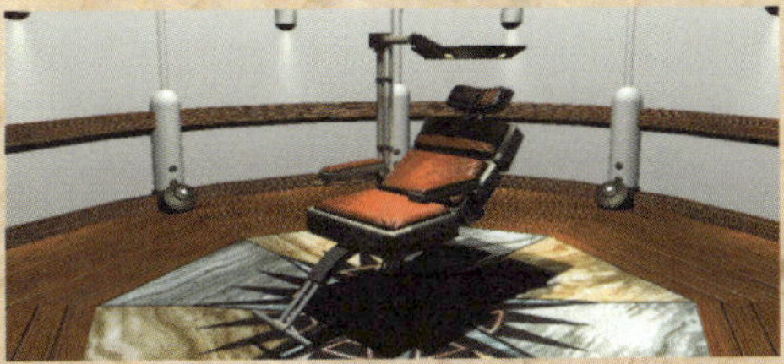

Das Planetarium

Wenn Sie vom Pier aus die Treppe hochgehen, sehen Sie als erstes Gebäude das Planetarium. Dort erhalten Sie entscheidende Hinweise, um in die Steinschiff-Welt zu gelangen. Beim Benutzen des Planetariums sollten Sie übrigens darauf achten, daß der Raum stockdunkel ist.

Der Hauptweg

Direkt vor der Bibliothek finden Sie das Miniaturschiff, mit dessen Hilfe Sie in die Steinschiff-Welt gelangen. Mit den Schaltern, die rund um den Brunnen angeordnet sind, läßt sich eine Kombination einstellen, die Sie mit Hilfe eines Buchs aus der Bibliothek im Planetarium erfahren.

Der Turm mit der Uhr

Dort hineinzukommen macht schon die ersten Schwierigkeiten. Wichtig sind in diesem Zusammenhang der Kontrollmechanismus am Ufer und ein Hinweis im Observatorium.

2. Kapitel

Die Steinschiff-Welt

Wie gelangen Sie in diese Welt?

1. Aktivieren Sie den Schalter am Pier.

2. Begeben Sie sich in die Bibliothek, und drehen Sie den Turm in Richtung Pier, bis sich die Ziellinie rot einfärbt.

3. Im Turm sehen Sie drei Daten und Uhrzeiten: 11. Oktober 1984, 10:04 am; 17. Januar 1207, 5:46 am und 23. November 9791, 6:57 pm.

4. Gehen Sie nun in das Planetarium, schalten Sie alle Lichtquellen aus, und füttern Sie das Gerät mit den gefundenen Daten und Uhrzeiten. Notieren Sie jeweils die dargestellte Sternenkonstellation.

5. Kehren Sie in die Bibliothek zurück, und nehmen Sie das blaurote Buch, das sich im obersten Regal auf der rechten Seite langweilt. Schlagen Sie dort die entsprechenden Konstellationen nach, und merken Sie sich die Symbole: Blatt, Schlange und Käfer.

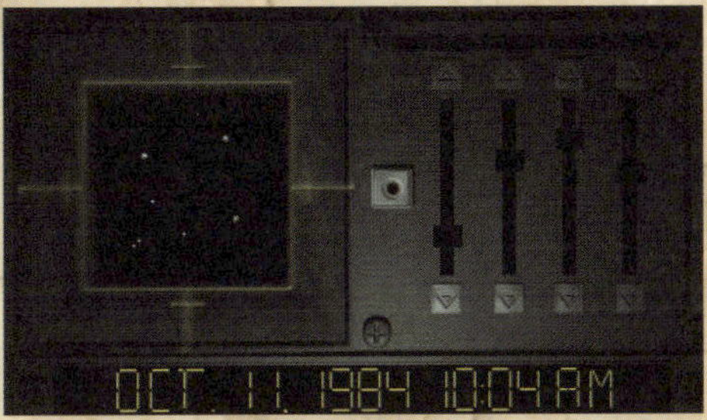

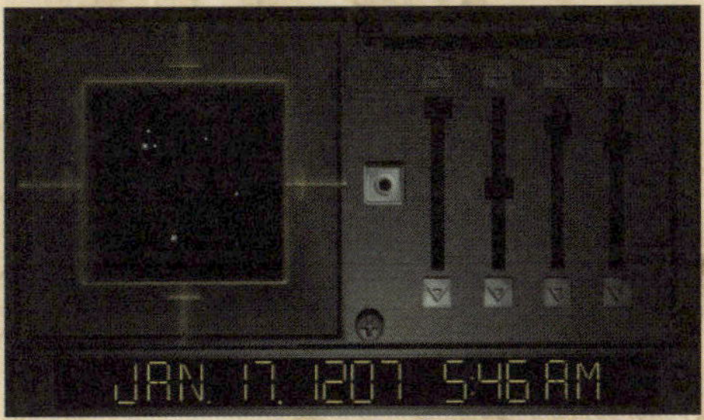

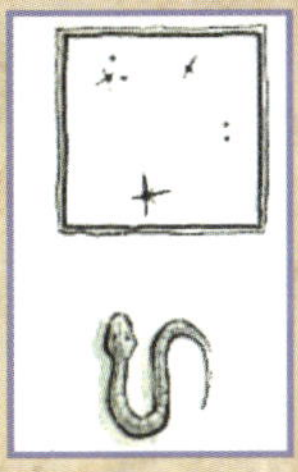

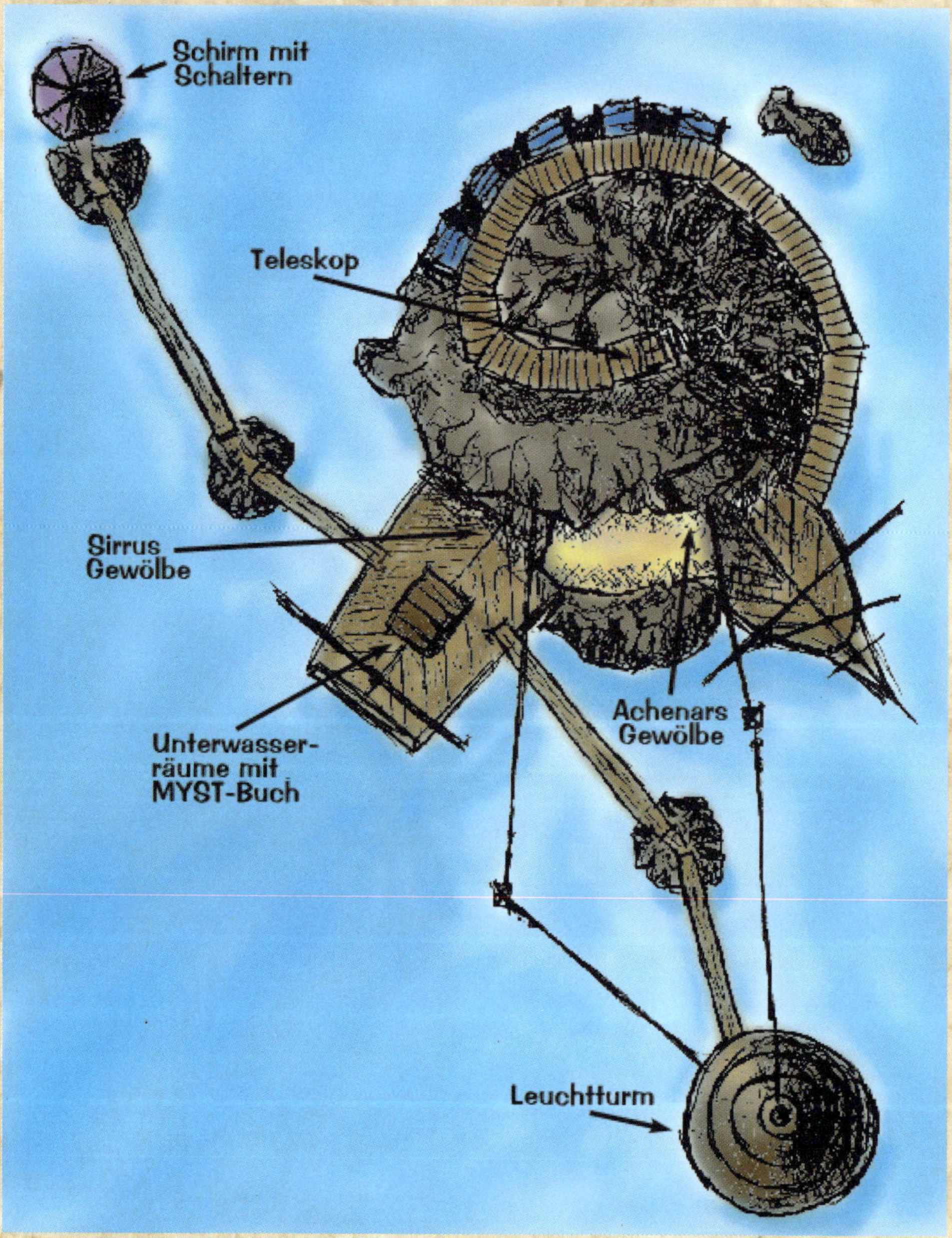
Schirm mit
Schaltern
Teleskop
Sirrus
Gewölbe
Unterwasser-
räume mit
MYST-Buch
Achenars
Gewölbe
Leuchtturm

6. Stellen Sie genau diese Symbole im Garten mit dem Vogelbad ein. Das versunkene Schiff am Pier steigt wie Phönix aus der Asche (pardon, aus dem Wasser) empor.

7. In der hinteren Kabine finden Sie das Buch, mit dessen Hilfe Sie in die Steinschiff-Welt gelangen können. Einfach draufklicken und die Fahrt genießen!

In der Steinschiff-Welt

1. In der Kommandobrücke unter dem Schirm finden Sie drei Schalter mit unterschiedlichen Bedeutungen. Alle drei pumpen Wasser: der rechte aus dem Leuchtturm, der mittlere aus den Tunneln und der linke aus dem Kapitänsraum des Schiffes.

Klicken Sie auf den rechten Schalter, und betreten Sie den Leuchtturm.

Kommandobrücke

Offene Kiste

2. Klettern Sie ins untere Stockwerk, und betätigen Sie den Hebel unten links an der Truhe. Sobald das Wassergeräusch aufhört, ziehen Sie den Hebel abermals.

3. Klicken Sie nun auf den mittleren Schalter in der Kommandobrücke unterm Schirm, und gehen Sie zurück in den Leuchtturm.

4. Die Truhe schwimmt nun in Höhe des Schlüssels, der an den Boden gekettet ist. Öffnen Sie die Truhe mit diesem Schlüssel, und nehmen Sie den Schlüssel mit, der sich in der Truhe befindet. Öffnen Sie damit die Tür.

5. Auf dem oberen Stockwerk finden Sie einen Generator und einen Satz Batterien. Laden Sie die Batterien mit einem langen Mausklick auf den Generator auf. Mit einem kurzen Klick auf die Batterien überprüfen Sie den Ladezustand. Sind die Batterien voll aufgeladen, so haben Sie etwa zehn Minuten Zeit, um das Schiff auszukundschaften.

Batterien

6. Suchen Sie nun in den Gewölben nach den Räumen der Brüder, um die rote bzw. die blaue Seite zu finden. Die rote Seite von Sirrus befindet sich in der unteren Schublade seiner Kommode. Achenars Seite liegt auf dem Bett in seinem Zimmer. Ganz wichtig: Eine Hälfte von Atrus Notiz befindet sich in den Schubladen in der Truhe.

Achenars Schlafzimmer

7. In einen geheimen Kompaßraum gelangen Sie auf dem Weg nach oben vom Raum eines der Brüder. Ein roter Schalter im Gang markiert das entsprechende Kontrollfeld.

8. Stellen Sie den Kompaß auf 135 Grad ein. Durch diese Einstellung werden einige Unterwasserhöhlen besser ausgeleuchtet.

Kompaß

9. Drücken Sie nun den linken Schalter in der Kommandobrücke unter dem Schirm, und gehen Sie in den nun beleuchteten hinteren Raum des Schiffes.

10. Wenn Sie auf den Tisch klicken, erscheint das Buch, das Sie auf die Myst-Insel zurückbringt.

3. Kapitel

Die Selentic-Welt

Wie gelangen Sie in die Selentic-Welt?

1. Aktivieren Sie den Schalter beim Raumschiff.

2. Zurück in der Bibliothek sehen Sie sich das blaue Buch auf dem mittleren Regal an. Sie finden dort die Beschreibung eines Akkords für eine Klaviatur, die Sie sich merken sollten.

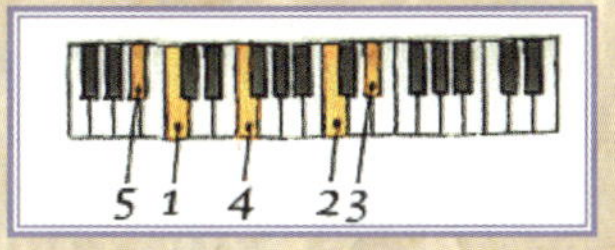

3. Mit Hilfe der Myst-Karte drehen Sie den Turm auf das Raumschiff, bis die Linie rot wird.

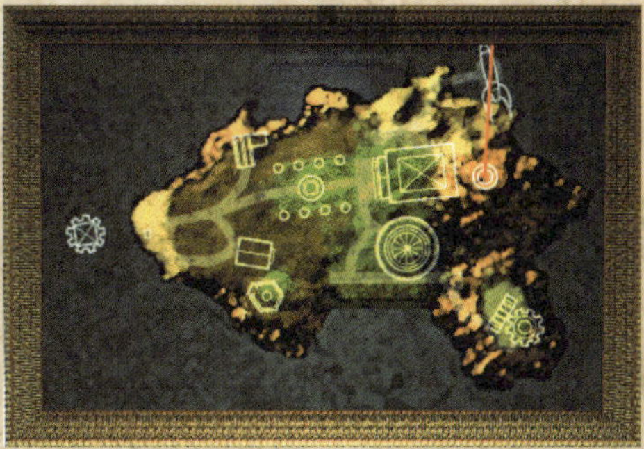

4. Sehen Sie sich im Turm den Hinweis für das Raumschiff an: 59 Volt.

5. Gehen Sie zum Generatorhaus, in dem Sie zehn verschiedene Generatoren ein- und ausschalten können. Wählen Sie eine Kombination für 59 Volt. Wenn Sie diesen Wert überschreiten, unterbricht eine Sicherung automatisch den Stromkreis. Die Sicherungen befinden sich auf den zwei Stromleitungstürmen und können wieder manuell umgelegt werden.

Folgende Kombinationen sind möglich: 1, 3, 8, 9. oder 1, 2, 3, 6, 7, 8, 10.

6. Öffnen Sie die Tür zum Raumschiff mit einem Mausklick.

7. Spielen Sie die Töne aus dem Buch auf dem Keyboard, und hören Sie genau hin.

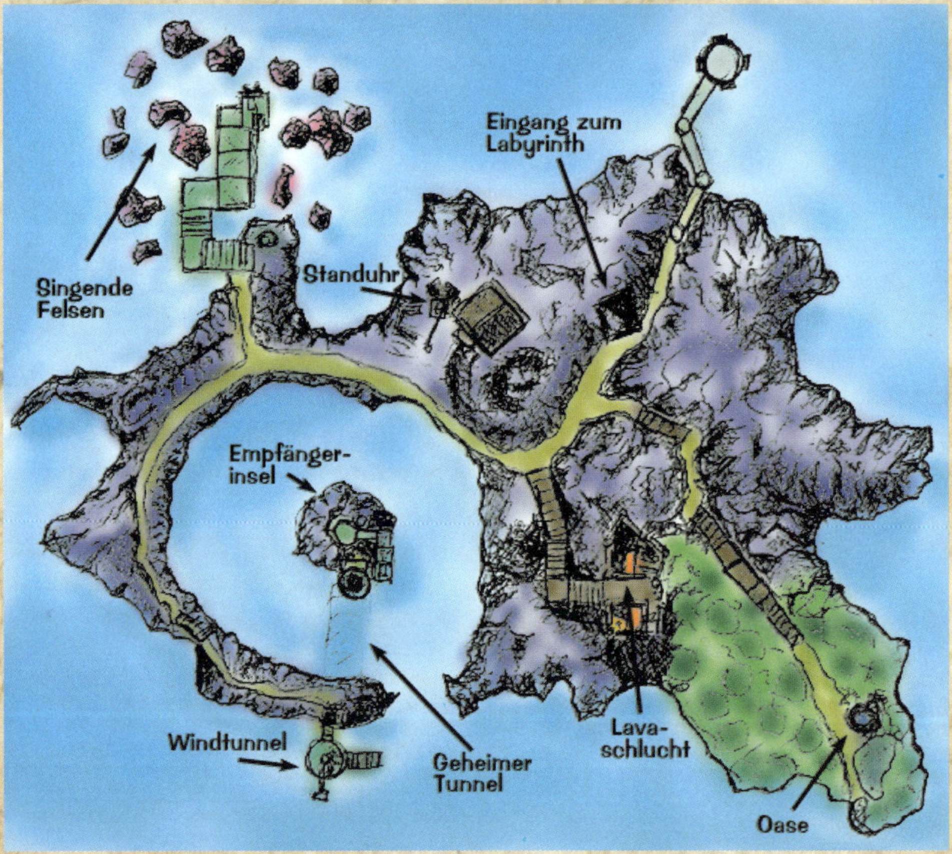

8. Die Tonfolge kopieren Sie mit den Schaltern am anderen Ende des Raumschiffs. Unter Umständen müssen Sie mehrere Male zwischen Keyboard und Schaltern hin und her laufen.

9. Sobald Sie den Hebel ziehen, erscheint das Buch, mit dem Sie in die Selentic-Welt gelangen.

10. Klicken Sie auf das Buch

In der Selentic-Welt

1. Schalten Sie alle fünf Transmitter auf der Insel an, indem Sie die roten Schalter anklicken. Ein Mikrofon nimmt nun das Geräusch auf und sendet es zur kleinen Insel in der Lagune. Die Schalter befinden sich an folgenden Orten:

- In der Schlucht: Links neben dem Weg befindet sich eine Treppe, die direkt zu einer Plattform mit der Schlucht führt.

- Bei der Oase: Vom unteren Ende der Schlucht-Treppe aus folgen Sie dem gewundenen Pfad zu einer üppigen Oase. Auf der Plattform links neben der Oase befindet sich übrigens eine blaue Seite.

- In den Turmruinen: Wenn Sie den Weg hinter der Schlucht-Treppe weitergehen, kommen Sie direkt zu den Turmruinen.

- Im Steingarten: Setzen Sie Ihren Weg fort, bis Sie zu einer T-förmigen Kreuzung gelangen. Der rechte Weg führt auf das Wasser, wo sich die rote Seite befindet.

- Im Windkanal: An der T-förmigen Kreuzung wählen Sie den Weg nach links.

2. Nachdem Sie den Windkanal-Transmitter aktiviert haben, steigen Sie einfach alle Treppen nach unten. Klettern Sie die weiter entfernte Leiter wieder hoch, und öffnen Sie die Metalltüren mit einem Mausklick auf das Hauptantennenpodium.

3. Richten Sie nun die Empfänger entsprechend den Transmittern aus. Durch das Aktivieren des Summen-Schalters erhalten Sie dann die richtige Kombination für das Portal. Die Winkel lauten: Schlucht (130,3), Oase (153,4), Turmruine (55,6), Steingarten (15,0) und Windkanal (212,2).

4. Gehen Sie zurück zum Portal, und justieren Sie die Schalter in der Reihenfolge: Steingarten, Oase, Windtunnel, Schlucht, Turmruine. Anschließend müssen Sie den Knopf drücken.

5. Im Labyrinth drücken Sie auf den blauen Knopf und nehmen im Fahrzeug Platz. Klicken Sie auf den »Vorwärts«-Schalter, um das Gefährt in Gang zu setzen. Fahren Sie in den folgenden Richtungen durch das Labyrinth: N – W– N – O – O – S – S – W – SW – W – NW – NO – N – SO.

6. Am Ende des Labyrinths finden Sie einen Tunnel, der zum Myst-Buch führt. Sobald Sie auf das Buch klicken, werden Sie zurück zur Insel transferiert.

4. Kapitel

Die Mechanische Welt

Der Weg in die Mechanische Welt

1. Aktivieren Sie den Schalter bei den großen Zahnrädern.

2. Gehen Sie in die Bibliothek, und klicken Sie so lange auf die Karte, bis die rote Linie in Richtung der Zahnräder zeigt.

3. Im Turm erhalten Sie einen Hinweis: 2:40 und 2,2,1.

4. Gehen Sie vor dem Turm, der im Wasser steht, ans Ufer, und stellen Sie die Turmuhr auf 2:40 Uhr ein. Drücken Sie den roten Knopf, und der Weg zum Turm ist frei.

5. Aktivieren Sie den Schalter beim Turm, und stellen Sie die dortige Mechanik von 3, 3, 3 auf die Kombination 2, 2, 1 um. Dazu ziehen Sie zweimal kurz hintereinander den rechten Hebel. Drücken Sie den linken Hebel nach unten, warten Sie, bis die mittlere Zwei erscheint, und lassen Sie den Hebel dann sofort wieder los.

6. Diese Prozedur hat eines der großen Zahnräder auf der Plattform geöffnet und gibt den Weg zum Buch frei, das in die Mechanische Welt führt. Klicken Sie auf das Buch, um dorthin transportiert zu werden.

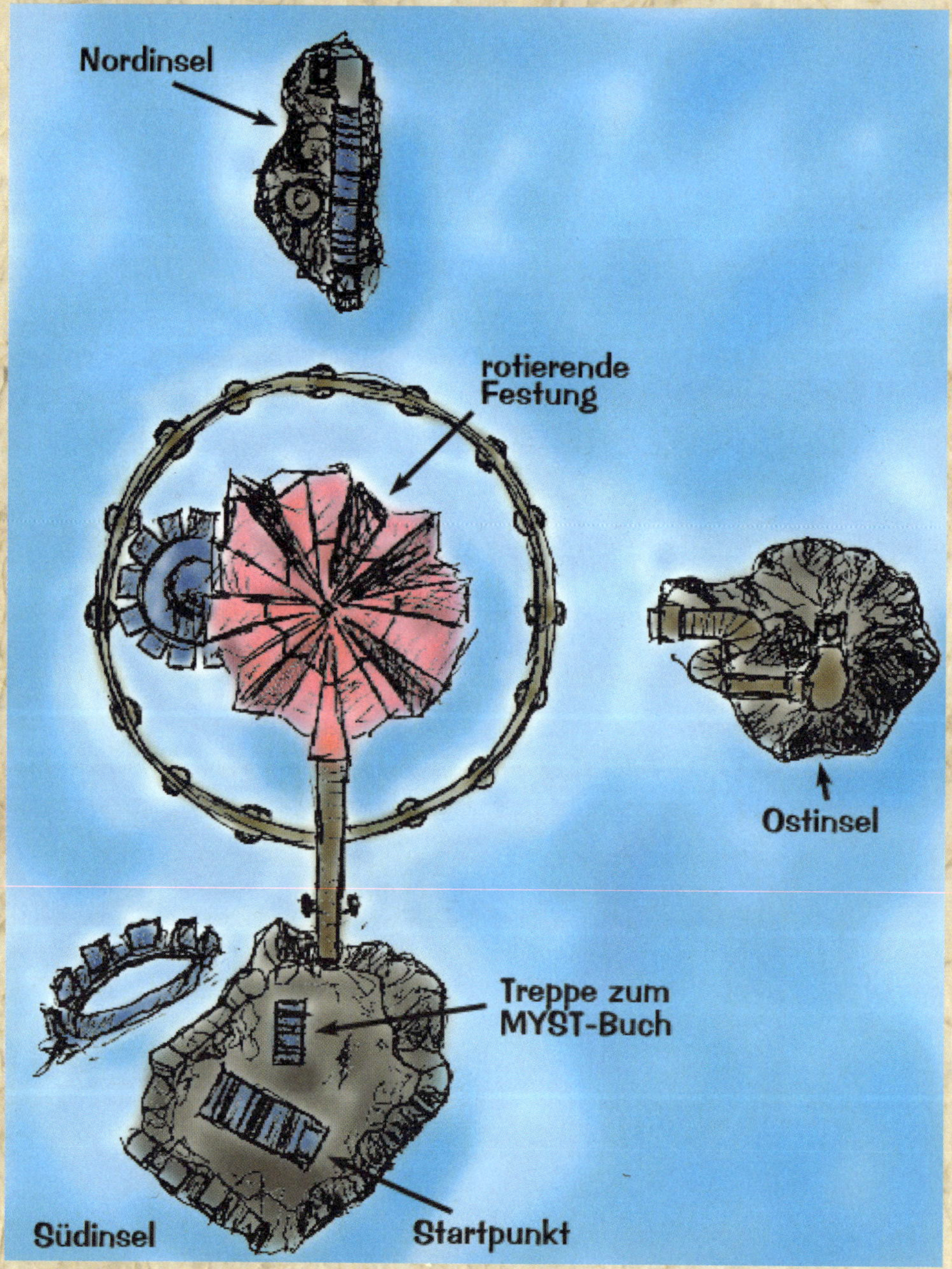
Nordinsel
rotierende
Festung
Ostinsel
Treppe zum
MYST-Buch
Südinsel
Startpunkt

In der Mechanischen Welt

1. Erforschen Sie zunächst die Zimmer der beiden Brüder. Die rote und die blaue Seite befinden sich jeweils in einem geheimen Raum direkt hinter den großen Zimmern. In Sirrus Raum finden Sie gleich rechts neben dem Stuhl eine Metalltür, auf die Sie klicken müssen.

Die Seite befindet sich auf der Kiste. Achenars Metalltür ist links vom Stuhl plaziert. Auf einem Regal mit diversen Ingredienzien liegt die blaue Seite.

2. Drücken Sie auf den roten Knopf in dem Gang zwischen den Räumen der Brüder, und gehen Sie nach unten zu den Kontrolleinheiten für den Lift.

3. Bringen Sie die Aussparungen der Kreise nebeneinander, so daß sich die Kreise rot färben.

4. Nachdem Sie wieder nach oben gegangen sind, betätigen Sie erneut den roten Knopf. Betreten Sie den Lift, und fahren Sie nach oben.

5. Sobald Sie im obersten Stockwerk angekommen sind, drücken Sie auf den Knopf für die mittlere Etage und springen schnell aus dem Aufzug, der nun nach unten fährt und Kontrollen für die Rotation des Gebäudes freigibt.

6. Auf der Nord- bzw. der Ostinsel finden Sie jeweils die Hälfte eines geheimen Codes. Um dorthin zu gelangen, drehen Sie die Brücke des Gebäudes zu der jeweiligen Insel. Der rechte Hebel steuert die Drehung, der linke die Energie. Mit ein wenig Übung bekommen Sie die Rotation perfekt in den Griff.

7. Zeichnen Sie die Symbole auf den Inseln auf, drehen Sie die Brücke zu der ursprünglichen (südlichen) Insel zurück, und füttern Sie das Kontrollgerät mit der Kombination.

8. In dem Raum, der sich nun öffnet, befindet sich das Myst-Buch. Klicken Sie darauf, und Sie finden sich auf der Myst-Insel wieder.

5. Kapitel

Die Kanalwelt

Der Weg in die Kanalwelt

1. Aktivieren Sie den Schalter vor der Holzhütte im Wald.

2. Sehen Sie sich das grünrote Buch an, das sich im obersten Buchregal der Bibliothek auf der linken Seite befindet. Auf der letzten Seite finden Sie eine wichtige Karte, die Sie sich unbedingt einprägen sollten.

3. Drehen Sie den Turm mit Hilfe der Karte in der Bibliothek in Richtung der Holzhütte, und fahren Sie in den Turm hoch.

4. Dort erhalten Sie den Hinweis 7, 2, 4, was der Safe-Kombination in der Holzhütte entspricht und Ihnen eine Streichholzschachtel in die Hände gibt.

5. Klicken Sie auf die Streichholzschachtel, um ein Streichholz herauszunehmen und erneut, um es anzuzünden.

6. Entfachen Sie nun das Feuer in dem kleinen Fach des Ofens auf der anderen Seite des Raumes.

7. Mit Hilfe des Rades auf der rechten Seite legen Sie den Dampfdruck fest, der die Höhe des großen Baums hinter der Hütte beeinflußt. Wenn Sie das Rad ganz nach rechts drehen, wird der Baum nach oben gedrückt.

8. Drehen Sie das Rad nun so lange zurück, bis das Feuer ausgeht. Laufen Sie nun sofort zum Baum!

9. Klicken Sie auf die Aussparung im Baum, sobald sie an Ihnen vorbeikommt, und Sie werden in einen Raum unter der Oberfläche befördert. Dort liegt das Kanalwelt-Buch, auf das Sie klicken müssen, um in diese Welt transferiert zu werden.

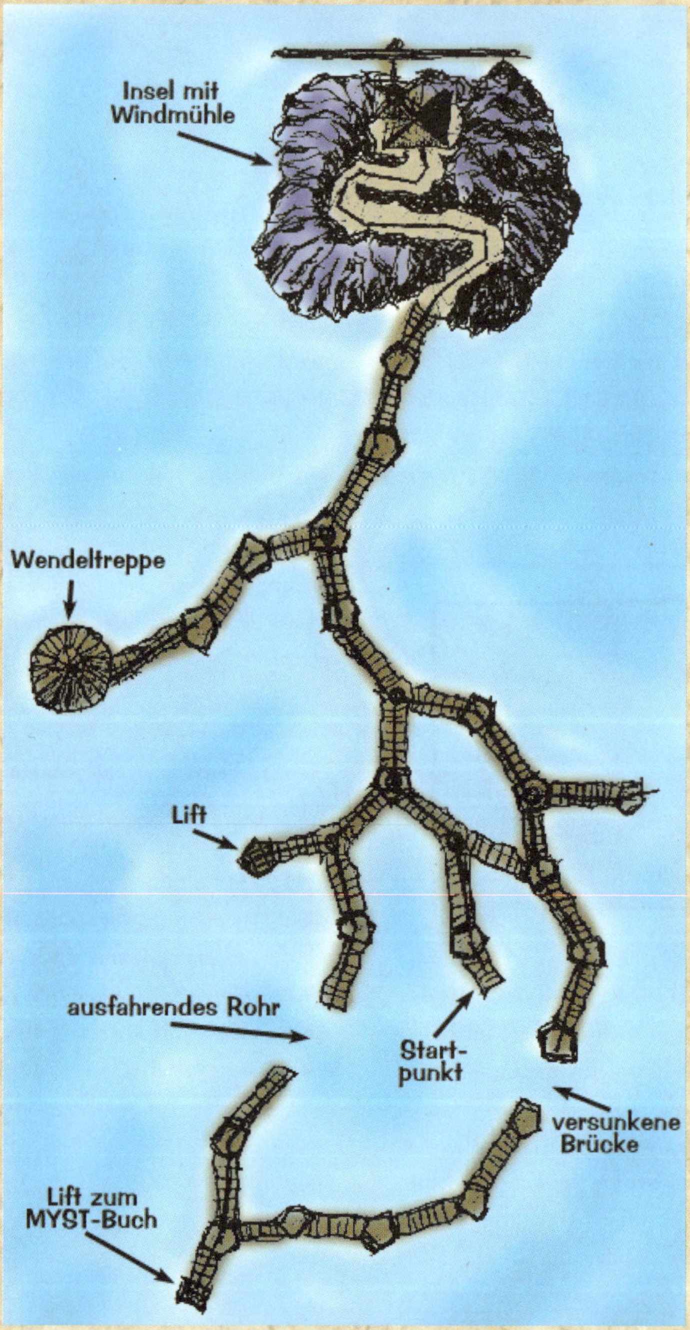
Insel mit
Windmühle
Wendeltreppe
Lift
ausfahrendes Rohr
Start-
punkt
versunkene
Brücke
Lift zum
MYST-Buch

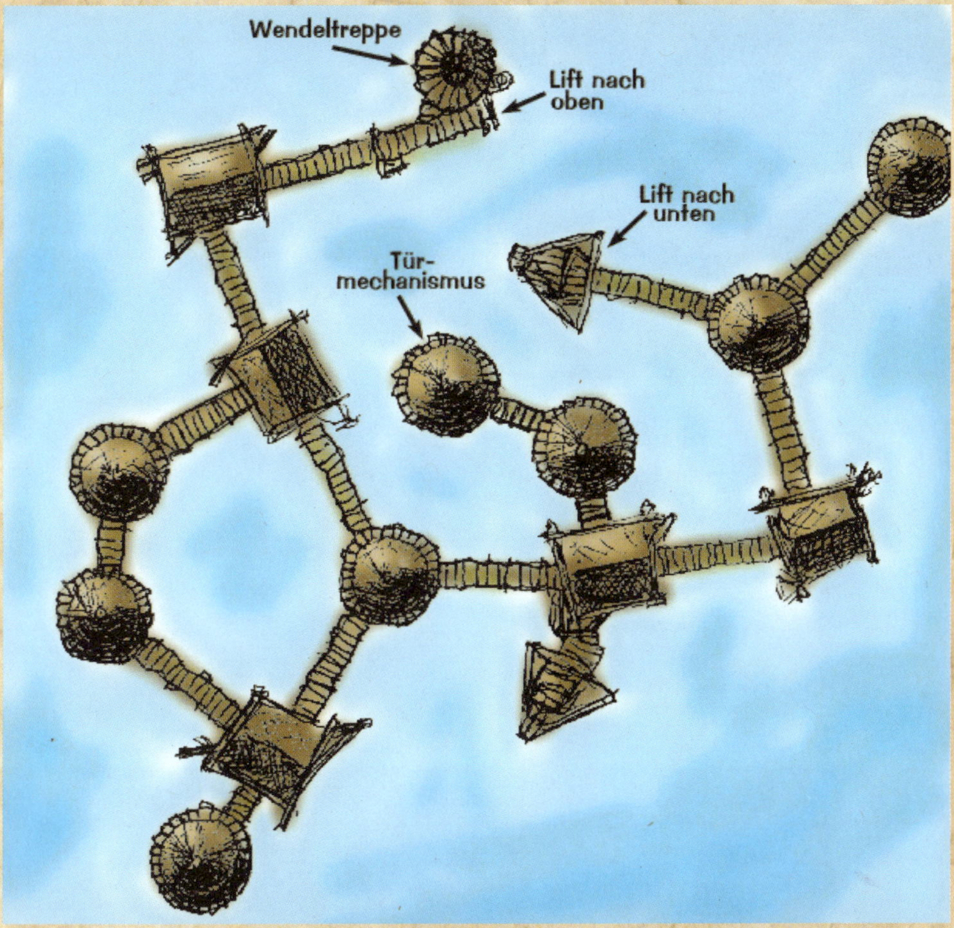

In der Kanalwelt

1. Gehen Sie zur Windmühle, und öffnen Sie den Wasserhahn des großen Tanks. Sie sollten ab sofort ein leises Plätschern in den Leitungen hören.

2. Leiten Sie das Wasser zum Aufzug, der zur zweiten Etage fährt. Dazu legen Sie den Schalter der ersten Gabelung nach der Windmühle nach links um. Die weiteren drei Gabelungen müssen Sie jeweils nach rechts einstellen.

3. Fahren Sie mit dem Lift in die zweite Etage. Wenn Sie nun auf die Karte sehen, wird Ihnen eine beschriftete Hütte auffallen. Nehmen Sie den folgenden Weg vom Lift

aus, um zu der Hütte zu kommen: geradeaus, rechts, rechts, rechts und geradeaus.

4. Wenn Sie in der Hütte angekommen sind, betätigen Sie den Schalter, um das Tor am oberen Ende der Wendeltreppe zu öffnen.

5. Gehen Sie die Wendeltreppe hinunter, und öffnen Sie das Tor am unteren Ende.

6. Folgen Sie nun dem Weg zurück zur ersten Gabelung, wo Sie das Wasser nach rechts umleiten.

7. Nachdem Sie die Wendeltreppe wieder nach oben gestiegen sind, nehmen Sie den Lift zur dritten Etage.

8. Der zweite Raum auf dem Weg ist Achenars Zimmer. Die blaue Seite liegt auf dem Boden neben dem Hologramm-Projektor.

Auf der anderen Seite der Wege befindet sich Sirrus Raum. Die rote Seite ist in einer Schublade im Schreibtisch versteckt. In der Kommode unter dem Bett finden Sie die zweite Hälfte von Achenars Notiz

9. Fahren Sie mit dem Lift wieder nach unten, und kehren Sie auf dem Weg zur ersten Gabelung zurück. Das Wasser muß nun zu einer versteckten Brücke umgeleitet werden. Der Reihenfolge nach müssen die Gabelungen wie folgt eingestellt werden: links, links, rechts.

10. Betätigen Sie nun den Hebel am Ende des Weges, und gehen Sie zum Lift. Nehmen Sie den rechten Weg, bis Sie in eine Sackgasse kommen. Der dortige Mechanismus ermöglicht es Ihnen, das Wasser zum letzten Aufzug zu leiten.

11. Gehen Sie wieder zurück zur ersten Gabelung, und leiten Sie das Wasser in der folgenden Reihenfolge nach: links, rechts, rechts und links.

12. Fahren Sie im dritten Lift nun auf die nächste Ebene, wo Sie das Myst-Buch finden und per Mausklick wieder zur Insel zurückkehren können.

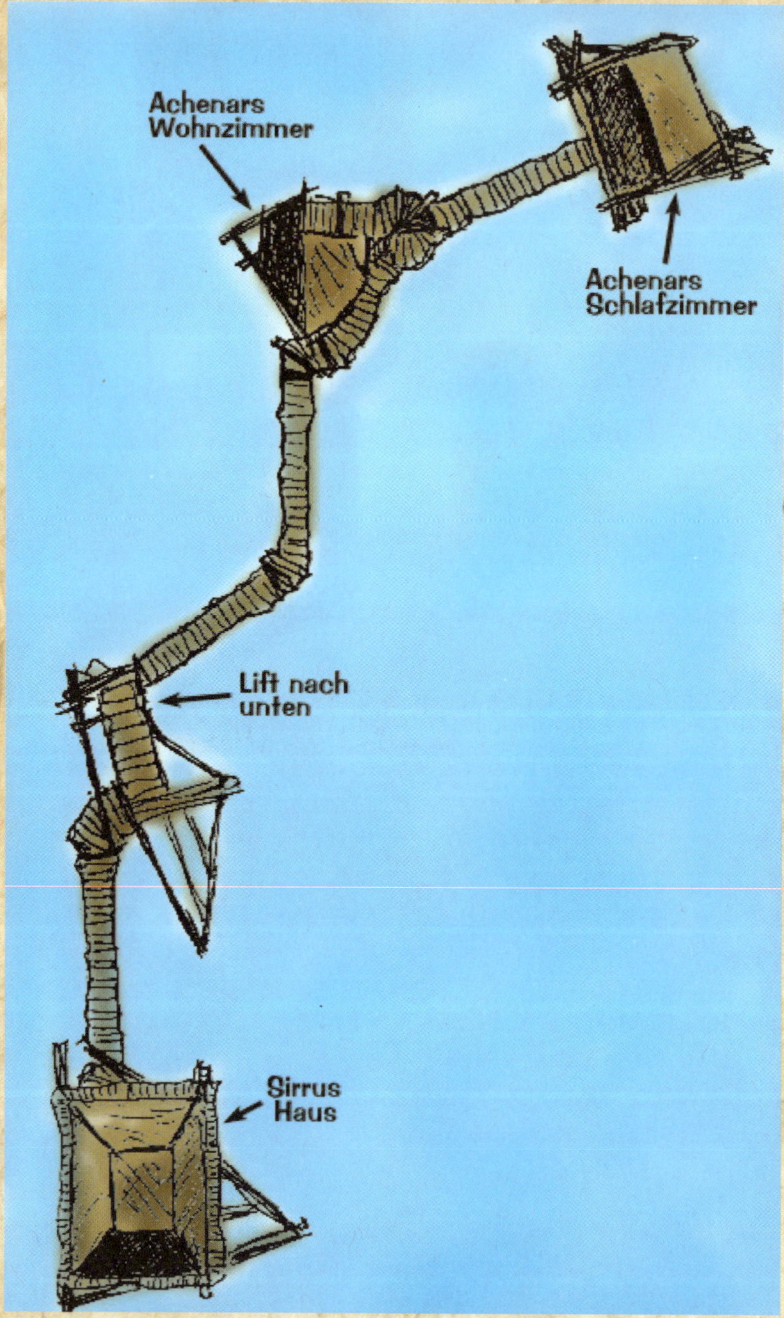
Achenars
Wohnzimmer
Achenars
Schlafzimmer
Lift nach
unten
Sirrus
Haus

Das Ende des Spiels

1. Aktivieren Sie alle übrigen Schalter auf der Insel, und deaktivieren Sie den Schalter beim Pier. Aus dem nun offenen Schalterkästchen am Pier können Sie die weiße Seite entnehmen.

2. Suchen Sie nun das Buch auf der rechten Seite des mittleren Regals in der Bibliothek. Auf Seite 158 finden Sie ein Muster. Diese Quadratkombination ist der Code für den Mechanismus, den Sie hinter dem Kamin finden, nachdem Sie auf den dort befindlichen Knopf gedrückt haben.

3. Nachdem Sie mit dem Lift nach unten gefahren sind, müssen Sie lediglich aussteigen und auf das grüne Buch klicken, wenn Sie beiden Brüdern mißtrauen.

4. Geben Sie Atrus die weiße Seite, und die Myst-Welten sind von nun an Ihr privater Freizeitpark.

Anhang

Hintergrund

Was für Genies stecken hinter einem Spiel, das sich nach 20 Monaten eine Million Mal verkauft hat? Myst ist inzwischen zu einer Sucht geworden. Die Presse hat das einmal ganz anschaulich dargestellt: »Echtes Leben ist das, was zwischen Myst und Myst passiert.«

Myst ist das gemeinsame Werk der Brüder Rand und Robyn Miller, die sich schon seit der High School für Computer, Macs und Programmieren interessieren. Ihr Ziel war es, eine Unterhaltungs-Software für Leute in ihrem Alter zu erstellen. Übrigens kommt die Hälfte aller Myst-Einnahmen aus östlichen Ländern, vom japanischen Konsolenspielvertrieb Sunsoft.

Der Titel Myst stammt wahrscheinlich von Jules Vernes Buch »Die mysteriöse Insel«. Robyn Miller hatte dieses Buch gerade gelesen, als er und sein Bruder mit dem Spiel-Projekt begannen. Doch wer nun glaubt, selbst solch einen Erfolgshit landen zu können, dem sollten zunächst einige Dinge bewußt werden: Myst wurde nicht an einem Wochenende programmiert. Insgesamt zwei Jahre lang werkelten die Autoren an ihrem Projekt, angefangen bei den allerersten Ideen bis hin zur Realisation, Kombination und dem Vertrieb.

Allein für die Stoffsammlung und die Koordination der Ideen waren einige Monate nötig. Die Rätsel sollten ja schließlich weder zu schwer noch zu simpel sein, gerade richtig, um einen flüssigen Spielverlauf zu gewährleisten. Die Integration und die Beständigkeit des Handlungsplots mußte dabei ebenfalls immer wieder überprüft und berichtigt werden. Was nützen die kniffligsten Rätsel, wenn sie einfach keinen Sinn machen und überhaupt nichts zum Gameplay beitragen?

Der Schlüssel für die gesamte Handlung sollte ein Spielverlauf sein, der niemals enden sollte. Der Spieler sollte niemals das Gefühl haben, eine Handlung von vorne bis zum Schluß durchzuspielen. Vielmehr sollte er sich in einer Welt bewegen, die ihm alle Möglichkeiten bietet, (fast) unbegrenzt frei zu handeln.

Die Realisation der Ideen war natürlich eine weitere Schwierigkeit. Letztendlich wurde im Computer eine dreidimensionale Landschaft erschaffen, in der eine Art virtuelle Kamera jeden beliebigen Blickwinkel herausfotografieren kann. Auf diese Weise war es möglich, fotorealistische Bilder aus dem Blickwinkel des Spielers zu erstellen.

Sound- und musiktechnisch waren sich die Designer dagegen überhaupt nicht klar, wie man die Sache anpacken sollte. Anfangs wollten die Miller-Brüder gar keine Musik integrieren, nach einigen Synthesizer-Experimenten stellten sie jedoch fest, daß diese die Stimmung gelungen untermalen konnten. Da fehlten eigentlich nur noch die Soundeffekte. Hier mußte ein Spezialist heran, der Toiletten und Werkzeuge so stark verfremdete, daß dabei Geräusche erzeugt wurden, die man in Wirklichkeit nur sehr schwer hätte reproduzieren können.

Daß bei der Entwicklung aber nicht nur Kreativität, sondern auch technisches Geschick notwendig ist, wurde Robyn und Rand bewußt, als sie es mit der Geschwindigkeit der CD-ROM-Laufwerke zu tun bekamen. Bei 300 Kbyte pro Sekunde bleibt nicht viel Raum für megabytegroße Grafiken. Letztendlich schafften es die Jungs, die Grafiken auf bis zu 80 Kbyte herunterzukürzen. Klar, daß die Apple-Technologie QuickTime dabei eine große Hilfe war, nicht nur bei der Aneinanderreihung der Bilder – was hauptsächlich mit Hypercard geschehen ist –, sondern auch bei der Integrierung von kleinen Animationen in die an sich statischen Bilder.

Wo ist die Myst-Insel

Wenn man so auf der Myst-Insel und in den übrigen vier Welten herumspaziert, ist man geneigt zu fragen: Wo befindet sich diese Insel überhaupt? Schließlich ist nirgendwo die Rede davon, daß sich die beiden Brüder einen Sommer lang mit ihrer Videokamera auf eine einsame Insel verzogen haben. Das Geheimnis liegt im sogenannten Raytracing. In speziellen 3-D-Programmen erstellt man dabei eine virtuelle Welt im Computer, z.B. ein komplettes Zimmer mit Tischen, Stühlen, Regalen und Details wie Büchern, Nägeln und Kugelschreibern. Dieses Gittermodell wird dann mit aufregend echt aussehenden – an sich flachen – Texturen, also Grafikmustern belegt. Das muß man sich so ähnlich vorstellen, wie wenn ein Auto nach dem Zusammensetzen der Karosserie lackiert wird. Eine virtuelle Kamera wird nun anstelle der Augen in der Szene plaziert, und der Computer beginnt mit der schwierigsten Aufgabe: dem Rechnen. Das Raytracing basiert auf dem Verfahren der Strahlenverfolgung. Dabei sieht sich der Rechner jeden einzelnen Bildpunkt ganz genau an und verfolgt sein Material und seine Licht- und Farbeigenschaften zu allen existenten Lichtquellen zurück. Auf diese Weise können recht einfach Spiegel und sogar Glasscheiben berechnet werden, auf alle Fälle erreicht man dadurch jedoch ein super-fotorealistisches Aussehen der berechneten Grafiken – wie eben in Myst.

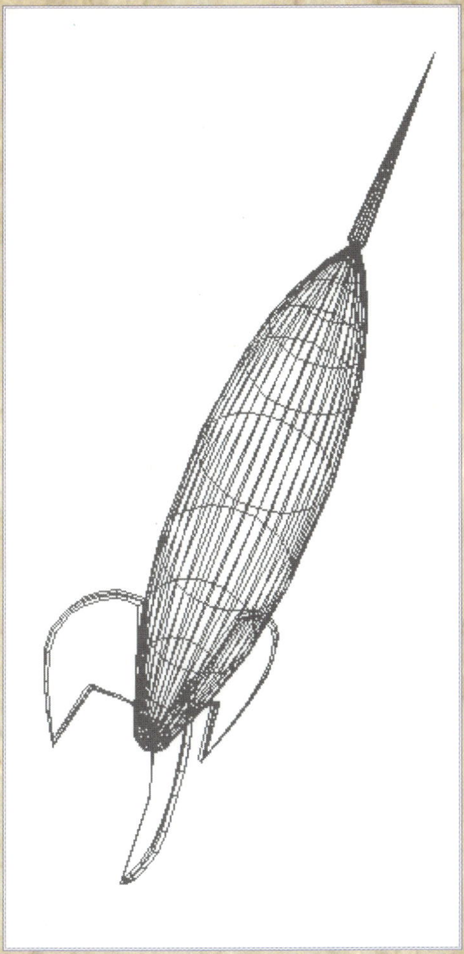

Zukunft von Myst

Derzeit sind sogar Myst-Bücher in Planung. Mit etwas Glück halten wir bald drei Romane in den Händen, die in der grenzenlosen Welt von Myst angesiedelt sind. Vielleicht beschert uns der Filmemacher Buena Vista sogar eines Tages einen Zelloloidstreifen über die mysteriösen Abenteuer.

Ganz sicher dürfen wir uns aber auf einen zweiten Software-Teil freuen, der nahtlos an Myst anschließen soll. Wieder sehen wir alles aus der Perspektive des Abenteurers. Aber die Grafik wird besser, und die Handlung soll wesentlich mehr Sinn machen. Daß uns ein Multimedia-Spektakel erwarten wird, läßt sich allein daraus schließen, daß das nun zehnköpfige Entwicklerteam nicht mehr an Macs, sondern an Silicon Graphics-Workstations arbeitet – Super-Computern für High-End-Grafikberechnungen.

Glossar

59 Volt: Diese Stromspannung muß im Generatorhaus auf der Myst-Insel eingestellt werden, um das Raumschiff anwerfen zu können. Mögliche Schalterkombinationen sind 1, 3, 8, 9 oder 1, 2, 3, 6, 7, 8, 10.

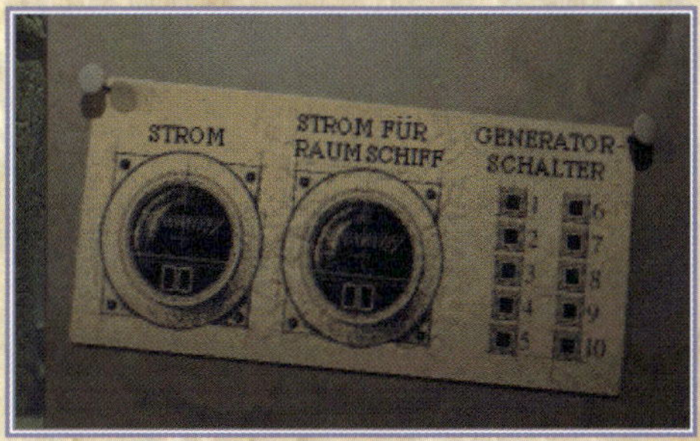

Achenar: Einer der beiden Brüder. Hat einen leichten Schaden, Waffenhang und Sklavenhaltungstrieb. Für ihn sind die blauen Seiten bestimmt.

Atrus: Von seinem Vater hat Atrus eine Technik erlernt, mit der er das geschriebene Wort in seinen Büchern real werden lassen kann. Atrus erstes Buch – Myst – umfaßt eine ganze Insel, von der aus man in vier andere Welten gelangen kann. Zur Zeit scheint sich Atrus aber noch in einer fünften Welt aufzuhalten.

Atrus Notiz: 1. Atrus Notiz an Katharina beschreibt einen Weg, eine Videobotschaft von ihm auf dem holografischen Bildgenerator abspielen zu können. 2. Die Hinweise, woher man die weiße Seite bekommt, die man zum Schluß des Spieles benötigt, befinden sich auf einer Notiz, die in zwei Hälften aufgeteilt versteckt wurde. Die erste Hälfte befindet sich in der Schublade der Truhe in Achenars Zimmer in der Steinschiff-Welt. Die andere Hälfte ist in der Kommode unter Sirrus Bett in der Kanalwelt.

Batterien: Um die Höhlen in der Steinschiff-Welt beleuchten zu können, müssen zunächst die Batterien im Leuchtturm durch Drehen einer Kurbel aufgeladen werden.

Baum-Aufzug: Der große Baum auf der Myst-Insel wird mit Dampfdruck einige Etagen nach oben geschoben und fällt bei mangelndem Druck wieder nach unten. Eine kleine Aussparung im Baum dient dabei als Aufzug, so daß es mit etwas Geschick möglich ist, unter die Erde zu gelangen.

Bibliothek: Die Bibliothek bildet das Zentrum des ganzen Spiels. Dort erhält man die ersten Hinweise (vier Bücher im Regal) und das Lösungsmuster für den Kamin zum Ende des Spiels. Außerdem hängt an der Wand eine Karte der Myst-Insel, mit der das Observatorium gedreht wird. Die blauen und roten Seiten der Brüder werden in die Bücher gelegt, die sich in der Bibliothek befinden. Das Bücherregal ist in Wirklichkeit ein Durchgang zum Lift, der zum Observatorium führt.

Blaue Seiten: Die Seiten für Achenar. Sie befinden sich auf seinem Bett, bei der Oase, im Geheimraum und auf dem Boden neben dem Hologramm-Projektor.

Channelwood (Kanalwelt): Eine der vier Welten. Man gelangt in die Kanalwelt, indem man mit dem Baumaufzug unter die Erde fährt. In der Kanalwelt ist es das Ziel mittels geschickter Steuerung des Wasserlaufes in den Rohren in die oberste Baumhüttenetage zu gelangen, wo sich die Räume der Brüder befinden.

Geheimräume: In der Mechanischen Welt findet man die Seiten der Brüder in den zwei Geheimräumen unmittelbar neben den Thronen. Ein einfacher Mausklick genügt, um die Türen zu diesen Geheimräumen zu öffnen.

Generatorhaus: Im Generatorhaus der Myst-Insel werden die notwendigen 59 Volt eingestellt, die zum Betreiben des Raumschiffs notwendig sind. Mögliche Schalterkombinationen sind: 1, 3, 8, 9 oder 1, 2, 3, 6, 7, 8, 10.

Hologramm-Projektor: Der holografische Bildgenerator zeigt nicht nur einige dreidimensionale Ansichten von Gegenständen und Landschaften (40, 47 und 67), sondern auch eine Video-Nachricht von Atrus an Katharina (Zahl 08).

Holzhütte: In der Holzhütte auf der Myst-Insel befindet sich der Safe, der Streichhölzer enthält, um den Ofen anzuwerfen. Dieser erzeugt dann Dampfdruck, mit dem man den großen Baumaufzug steuern kann.

Kamin: Gibt man im Kamin zum Schluß des Spiels die richtige Kombination ein, gelangt man in einen Geheimraum, von dem aus man in die Welt von Atrus gelangt oder eine weitere blaue oder rote Seite bekommt.

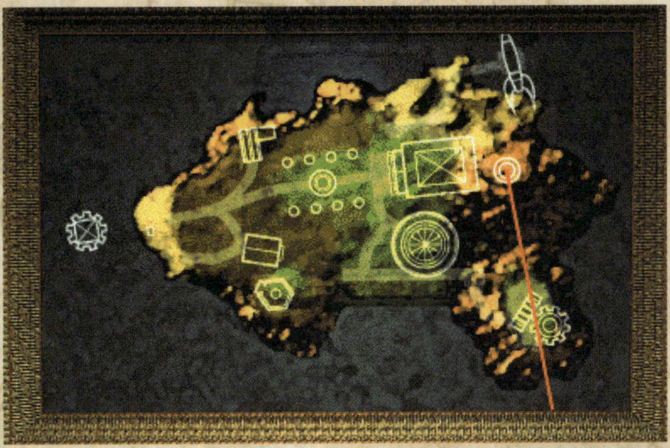

Karte: Durch die Karte in der Bibliothek steuert man die Rotation des Observatoriums. Das ist notwendig, um entscheidende Hinweise zu bekommen, wie man in die entsprechenden Welten gelangt.

Klaviatur: Im Raumschiff befindet sich eine Klaviatur, auf der die Notenfolge gespielt werden muß, die in einem der Bücher in der Bibliothek aufgezeichnet ist. Die darauffolgenden Töne müssen dann als Schalterkombination auf der anderen Konsole im Raumschiff eingestellt werden.

Kompaß: Der Kompaß in der Steinschiff-Welt muß auf 135 Grad eingestellt werden, um die Unterwasserhöhlen besser beleuchten zu können.

Labyrinth: Durch das Labyrinth in der von Meteoritenschauern gepeinigten Welt gelangt man über die Route: N, W, N, O, O, S, S, W, SW, W, NW, NO, N, SO.

Leuchtturm: Im Leuchtturm der Steinschiff-Welt befinden sich Generator und Batterie, mit der die Beleuchtung in den Höhlen der Brüder versorgt wird. In die obere Etage des Leuchtturms gelangt man, indem man das Wasser aus dem Leuchtturm, dann aus der Kiste abläßt, den Leuchtturm wieder mit Wasser füllt und die Kiste schließlich mit dem festgebundenen Schlüssel aufsperrt. Der dort enthaltene Schlüssel öffnet die obere Luke.

Mechanische Welt: Eine der vier Welten. In dieses Zeitalter gelangt man durch Eingabe der richtigen Kombination (2, 2, 1) im Uhrenturm der Myst-Insel, nachdem man die richtige Uhrzeit eingestellt hat (2:40 Uhr). Im mechanischen Zeitalter ist das größte Rätsel das Zusammensetzen eines Codes, der auf rund um die Festung verteilte kleinere Inseln aufgeteilt wurde. Dies bewerkstelligt man durch die Rotation der Festung mittels eines trickreichen Mechanismus. Der Code öffnet eine kleine Höhle, in der sich das Myst-Buch für die Rückkehr zur Insel befindet.

Mikrophone: Wo immer sich Mikrophone befinden, ist das unmittelbar zu hörende Geräusch extrem wichtig für die Empfänger auf der kleinen Insel in der Kraterbucht.

Observatorium: Im Oberservatorium erhält man Hinweise, wie man in die vier Welten gelangt. Es handelt sich um kleine Schilder: (Planetarium) 11. Oktober 1984, 10:04 am, 17. Januar 1207, 5:46 am und 23. November 9791, 6:57 pm; (Safe) 7, 2, 4; (Uhrenturm) 2:40 Uhr, 2, 2, 1; (Raumschiff) 59 Volt.

Planetarium: Im Planetarium sieht man sich die Sternenkonstellationen für die Daten 11. Oktober 1984, 10:04 am, 17. Januar 1207, 5:46 am und 23. November 9791, 6:57 pm an. In einem der Bücher in der Bibliothek erhält man schließlich die drei Symbole für diese Konstellationen.

Raumschiff: Um in das Raumschiff zu gelangen, muß es vom Generatorhaus mit exakt 59 Volt versorgt werden.

Rote Seiten: Die Seiten für Sirrus. Sie befinden sich in der unteren Schublade der Komode, beim Felsenwald, im Geheimraum und in der Schublade im Schreibtisch.

Safe: Die Kombination für den Safe lautet 7, 2, 4.

Seite 158: Auf Seite 158 des Buches auf der rechten Seite des mittleren Regals in der Bibliothek befindet sich die richtige Quadrat-Kombination für das Kamin-Rätsel.

Sirrus: Der gesündere der beiden Brüder – was nicht heißen will, daß ihm zu trauen ist. Für ihn sind die roten Seiten bestimmt.

Steinschiff-Welt: eine der vier Welten. Man gelangt in sie, indem man die Sternenkombinationen für die Daten 11. Oktober 1984, 10:04 am, 17. Januar 1207, 5:46 am und 23. November 9791, 6:57 pm im Planetarium einstellt. Die daraus resultierenden Symbole müssen beim Brunnen mit dem Miniaturschiff aktiviert werden – daraufhin kann man das große Schiff betreten. In dieser Welt findet man die Seiten sowie das Myst-Buch in den drei Unterwassergewölben, die vorher zunächst beleuchtet werden müssen.

Streichholzschachtel: Durch Entnahme eines Streichholzes aus der Schachtel und Entzünden dieses Hölzchens kann man das Feuer im Ofen entfachen, um den Baum-Aufzug zu steuern.

Uhrenturm: In den Uhrenturm der Myst-Insel kommt man, indem man die große Uhr mit Hilfe der zwei Räder auf 2:40 Uhr einstellt. Im Turm muß die Kombination 2, 2, 1 aktiviert werden.

Wasserrohre: Die Rohre in der Kanalwelt leiten Wasser immer zu genau einem Ziel, das daraufhin hydraulisch betrieben werden kann, z.B. ein Lift. Unter Umständen ist es notwendig, kleine Hürden zu überwinden, um den Wasserfluß zu ermöglichen.

Wendeltreppe: Die Wendeltreppe in der Kanalwelt macht man begehbar, wenn man mit dem Aufzug in die nächste Etage fährt, mit einem versteckten Schalter die obere Tür öffnet und die untere Tür von der Wendeltreppe aus aufschließt. Nun braucht man nicht mehr den ersten Aufzug, um in diese Etage zu gelangen, sondern kann die wertvolle Wasserenergie woanders verwenden.

Weiße Seite: Die Weiße Seite ist die Seite, die Atrus am Schluß des Spieles braucht, um die ganze Geschichte erfolgreich abzuschließen. Sie befindet sich im Gehäuse des Schalters

beim Pier. Das Gehäuse öffnet sich zum Schluß des Spieles, wenn man alle Schalter auf der Insel außer dem Schalter beim Pier aktiviert.

Zahnräder: Unter den großen Zahnrädern auf der Myst-Insel verbirgt sich das Buch, das in die Mechanische Welt führt. Um den Mechanismus zu öffnen, muß das Rätsel um den Uhrenturm gelöst werden.

RIVEN

Übersetzung & Bearbeitung: Anton Conrad

RIVEN

THE SEQUEL TO MYST

X GAMES

Inhalt

KAPITEL 1
EINLEITUNG

EINFÜHRUNG

Die grelle Sonne taucht das azurblaue Meer in ein Spiel aus Licht und Schatten. Über sich hören Sie die schrillen Schreie der Möwen und das Summen der Insekten in der üppigen Vegetation. Sie stehen einsam an der felsigen Küste einer Insel und können in der Ferne sonderbare und wunderbare Geräte erahnen, die Ihnen Geheimnisse und Abenteuer verheißen und Sie in ihren Bann ziehen.

Es ist schon lange her, daß Sie die Geheimnisse der Insel von Myst entschlüsselt und Atrus aus seinem dunklen Gefängnis im Labyrinth auf der Insel D´ni befreit haben. Nun erwarten Sie eine neue Prüfung und neue Abenteuer. Machen Sie sich bereit für eine Welt voller mystischer Rätsel und aufregender Abenteuer, seltsamer Kreaturen und teuflischer Gerätschaften.

Willkommen im Fünften Zeitalter! *Riven* erwartet Sie, die Welt der Wunder!

Riven ist ein komplexes Spiel voller Herausforderungen und Gefahren, gespickt mit Rätseln von einer geradezu diabolischen Verschlagenheit und Tücke. Das Buch *Riven: Tips und Tricks* wurde geschrieben, um Ihnen überall auf Ihrem Weg durch das Fünfte Zeitalter als treuer Weggefährte zu dienen, ohne Ihnen dabei die einzelnen Entscheidungen abzunehmen.

Möchten Sie nur einen klitzekleinen Hinweis, der Sie auf die richtige Fährte lockt? Oder bevorzugen Sie eher eine Schritt-für-Schritt-Lösung mit allen Örtlichkeiten, die Sie aufsuchen müssen, und allen Dingen, die Sie tun müssen, um die einzelnen Rätsel zu lösen? Dieses Buch hält für jeden Spielertyp eine passende Lösung parat.

DARF ES EIN BIßCHEN MEHR SEIN?

Wir haben jedes Kapitel dieses Buches in eine von mehreren Gruppen eingeteilt, je nachdem, wieviel es preisgibt. Lassen Sie sich von uns auf eine kleine Rundreise durch die wundersame Tierwelt von *Riven* entführen, um mehr über die grafischen Symbole zu erfahren, die Sie davon abhalten sollen, versehentlich zu viel zu erfahren.

Der Käfer

Ein kleines und harmloses Wesen, das am liebsten im Dschungel umherfliegt oder auf Baumstämmen herumkrabbelt.

Ein Käfer am Kapitelanfang bedeutet, daß dieses Kapitel *sehr wenig* preisgibt. Es gibt weder Tips noch Lösungen irgenwelcher Art; allerdings kann die Hintergrundinformation auf Ihrer Reise von Nutzen sein.

Der Frosch

Vielleicht begegnen Sie einem Frosch auf Ihrer Reise, vielleicht auch nicht. Frösche sind harmlos, stehen aber in der Nahrungskette eine Stufe über den Käfern.

Ein Kapitel, das mit einem Frosch markiert ist, enthält Tips; es werden aber keine direkten Lösungen verraten. Lesen Sie hier nach, wenn Sie einen subtilen Hinweis oder einen sanften Klaps in die richtige Richtung brauchen.

Der Sunner

Wenn Sie viel Glück haben, stoßen Sie in *Riven* auf Sunner. Sunner sind bizarre, außerirdische Kreaturen, die einer unbeschreiblichen Mischung aus Pinguinen, Walen und Plesiosauren ähneln. Sie sind entschieden größer als Frösche und viel geheimnisvoller. Ein Sunner bedeutet, daß der damit versehene Abschnitt einiges verrät. Er wird zwar nicht die exakten Lösungen für die Rätsel verraten, aber Sie ganz nahe heranführen. Wenn Sie also Wert darauf legen, die Rätsel selbst zu lösen, dann schauen Sie besser nicht in diese Kapitel!

Der Wahrk

Sie werden auf Ihren Reisen nie einem Wahrk begegnen; aber überall finden sich Anhaltspunkte für die Existenz des Wahrk und seine rituelle Bedeutung für die Inseln von *Riven*. Es handelt sich um ein aquatisches Lebewesen, eine Mischung aus Wal und Hai, und eine zweifellos gefährliche noch dazu.

Das Wahrk-Symbol ist solchen Abschnitten vorbehalten, die *alles* preisgeben. Wenn Sie auch nur einen Hauch Geheimnisvolles der wundersamen Welt von *Riven* bewahren und Ihr Gehirn auch nur ein bißchen martern wollen, lesen Sie nicht weiter!

KAPITEL FÜR KAPITEL: DAS BUCH RIVEN: TIPS UND TRICKS

Nachdem Sie nun mit der Tierwelt von *Riven* vertraut sind und sich entscheiden können, welche Kapitel Sie persönlich interessieren, lassen Sie uns einen Blick darauf werfen, wie die Kapitel in diesem Buch aufgebaut sind.

KAPITEL 1: EINFÜHRUNG

Diese Einführung ins Spiel und in das Buch verrät nichts Bedeutsames. Sie enthält eine Beschreibung der einzelnen Kapitel und einen Abschnitt darüber, wie man dieses Buch benutzt.

Kapitel 2: Das Reisen durch Riven

Auch dieses kurze Kapitel gibt sehr wenige Geheimnisse preis. Es beschreibt kurz die Bedienung des Spiels und die verschiedenen Cursor-Arten und schildert, wie man sich in den Welten von *Riven* fortbewegt.

Kapitel 3: Die Inseln von Riven: Tips und allgemeine Überlegungen

Dieses Kapitel besteht aus sieben Abschnitten, jeweils einen für die sieben Orte, die Sie bei Ihren Reisen besuchen können. Jeder Abschnitt beginnt mit einer kurzen Beschreibung der Örtlichkeit, gefolgt von Tabellen mit Tips & Tricks, die von oben nach unten immer exakter und detaillierter werden. Die Lösungen der Rätsel und Probleme werden allerdings *nicht* direkt verraten. Sie müssen also selbst noch ganz schön ackern!

Kapitel 4: Die Inseln von Riven: Karten und Beschreibungen

Genau wie Kapitel 3 ist auch dieses Kapitel in Abschnitte unterteilt, die jedes Gebiet von *Riven* abdecken. Diesmal wird jedes Gebiet allerdings detailliert dargestellt. Wenn Sie beispielsweise auf eine Karte der Dschungelinsel blicken, werden Sie mit Sicherheit einige der Überraschungen erkennen, allein schon deshalb, weil Sie wissen werden, was sich auf der anderen Seite dieses Tunnels befindet oder welchen Weg Sie an jener Kreuzung einschlagen müssen, um zu einem bestimmten Regler zu gelangen.

Dieses Kapitel enthält ferner Übersichten der Rätsel und Probleme, die gelöst werden müssen, um im Spiel voranzukommen. Daneben finden sich einige spezifische Tips & Tricks, die Ihnen die Lösungen nahebringen sollen. Lesen Sie dieses Kapitel mit Bedacht, wenn Sie das Geheimnis und die Spannung bis zum Ende des Spiels aufrechterhalten wollen!

Kapitel 5:
Eine Reise durch das Fünfte Zeitalter

Dieses Kapitel stellt ein Tagebuch dar, das ein Abenteurer bei seinem Weg durch das ganze Spiel aufgezeichnet hat. Beachten Sie allerdings, daß die Erfahrungen einer Person (die Reihenfolge, in der sie die verschiedenen Rätsel löst; die Richtung, die sie einschlägt; die Entscheidungen, die sie trifft) mit ziemlicher Wahrscheinlichkeit von Ihren eigenen abweichen werden! Benutzen Sie dieses Kapitel als einen Leitfaden, sowohl zu der Atmosphäre von *Riven* als auch zu den logischen Gedankengängen, der Sie auf Ihrem Weg zu den richtigen Schlußfolgerungen führt.

Dieses Kapitel deckt *keine* Rätsel direkt auf, aber es *regt* Handlungen und Gedankengänge *an*, die ziemlich vieles offenbaren. Lesen Sie dieses Kapitel nicht, wenn Sie Wert darauf legen, daß viele Geheimnisse und Überraschungen verborgen bleiben!

Kapitel 6:
Rätsel und Probleme: die Lösungen

Der Torraum. Der Galgen. Das Fenster mit dem Sternenriß. Dieses Kapitel listet sämtliche wichtigen Rätsel und Probleme im Spiel auf und verrät Ihnen, wie man sie löst. Bedenken Sie allerdings, daß ein Großteil des Vergnügens beim Spielen von *Riven* darin besteht, die unscheinbaren und weit verstreuten Hinweise zusammenzusetzen, um die Antworten selbst herauszufinden. *Bitte* lassen Sie dieses Kapitel linksliegen, wenn Sie nicht gerade absolut auf der Leitung stehen und das Problem beim besten Willen nicht lösen können!

Kapitel 7:
Ein kompletter Durchgang

Das ist das Kapitel für die Spielverderber, das *alles* zeigt. Es führt Sie Schritt für Schritt durch das ganze Spiel, löst dabei jedes Rätsel und erklärt Ihnen genau, was Sie machen müssen, um auch ohne hellseherische Fähigkeiten vom Anfang bis zum Ende zu gelangen. Am Ende des Kapitels finden sich auch die verschiedenen möglichen Endungen der Sage von *Riven*.

»Ein kompletter Durchgang« wird für Sie äußerst nützlich sein, nachdem Sie das Spiel durchgespielt haben. Es wird Ihnen dabei helfen, die großen Zusammenhänge zu entdecken und zu sehen, was Sie hätten anders machen können. Lesen Sie dieses Kapitel nicht, wenn Sie eine Chance haben wollen, etwas selbst herauszufinden.

WIE BENUTZT MAN DAS BUCH »RIVEN«?

Vielleicht haben Sie soeben *Riven* gekauft und wissen nicht, wie Sie anfangen sollen. Wahrscheinlich haben Sie aber bereits gespielt und sind auf ein verflucht raffiniertes Rätsel gestoßen, das Sie auch nach stundenlanger Hirnmarter partout nicht lösen können. Eventuell haben Sie einfach nur etwas von *Riven* gehört, und Sie lesen dieses Buch, um zu erfahren, ob Sie tatsächlich in diese faszinierende alternative Realität eintauchen wollen.

Was immer Sie bewegt: *Sie* entscheiden, wieviel Sie von den Autoren dieses Buchs erfahren wollen. Lesen Sie bitte einige Seiten zuvor den Abschnitt »Darf es ein bißchen mehr sein?«, um sich über die vier Symbole zu informieren, die eine Aussage über die Spielverderbereigenschaft der einzelnen Kapitel treffen.

Wenn Sie einfach nur einen allgemeinen Überblick über die Funktionsweise des Spiels erhalten möchten (was bedeuten die einzelnen Cursorarten, und wie bewege ich mich herum?), dann lesen Sie Kapitel 2, »Das Reisen durch Riven«. Es enthält auch einige allgemeine Tips zum Spiel und weist Sie auf Dinge hin, die Sie beim Reisen von einem Ort zum anderen nicht vergessen sollten.

Sie stecken fest, wollen aber nicht, daß wir Ihnen die Lösung verraten. Wenn Sie einfach nur einige harmlose Hinweise brauchen, schauen Sie ins Kapitel 3, »Die Inseln von *Riven*: Tips und allgemeine Überlegungen«. Die Tips sind von oben nach unten nach Ort, Rätsel oder Problem sortiert und reichen von vagen Andeutungen bis zu eher spezifischen und direkten Hinweisen. Vielleicht möchten Sie die jeweils darunterliegenden Tips abdecken, damit Sie einen Hinweis nach dem anderen entdecken können, ohne zu früh zuviel zu erfahren.

Selbst mit unseren sorgfältig formulierten Hinweisen erweist sich ein bestimmtes Rätsel oder eine Reihe von Hinweisen als ein zu harter Brocken? Was Sie brauchen, sind ein paar deutliche Worte über die Lösung des Problems, ohne daß man Ihnen die Trophäe auf einem goldenen Tablett serviert. Wenn Sie Karten der verschiedenen Örtlichkeiten oder Übersichten der Rätsel und Probleme benötigen, die Sie an jedem einzelnen Ort lösen müssen, garniert mit einigen Hinweisen, wie Ihnen das gelingt, sollten Sie einen Blick ins Kapitel 4 werfen, »Die Inseln von *Riven*: Karten und Beschreibungen«.

Ziehen Sie statt dessen die Lektüre eines Tagebuchs vor, das einiges von den Geheimnissen, der Atmosphäre und der hinter dem Spiel steckenden Logik enthüllt, sollten Sie es mit Kapitel 5, »Eine Reise durch das Fünfte Zeitalter«, versuchen. Sie könnten aber auch eine Erzählung über die Hintergründe von *Riven*, die die Bedeutung und den Sinn der einzelnen Örtlichkeiten und Rätsel darstellt, im Anhang 1 lesen, »Der Anfang von allem«.

Alles klar! Genug der Hinweise, vagen Andeutungen und des anderen neunmalklugen Zeugs! Wenn Sie die Worte »Haben Sie den ganzen Raum sorgfältig nach Hinweisen abgesucht?« noch einmal lesen, lösen Sie sich in einer schwefligen Rauchwolke auf? Sie stehen mit dem Rücken zur Wand und können dieses #?@**§! Rätsel locker binnen der nächsten zwanzig oder dreißig Jahre lösen?

Sie brauchen harte Fakten – die genauen Lösungen zu jedem Rätsel in *Riven* und Schritt-für-Schritt-Anleitungen für jedes Problem? Lesen Sie Kapitel 6, »Rätsel und Probleme: die Lösungen«. Ziehen Sie statt dessen einen kompletten Durchgang vor, der Sie vom Anfang zum Ende in der kürzestmöglichen Zeit führt und dabei jedes noch so kleine Fitzelchen Geheimnis offenbart, sind Sie in Kapitel 7 genau richtig, »Ein kompletter Durchgang«.

Schneller kommen Sie nicht durch *Riven*, doch seien Sie gewarnt! Das Spiel wird auf diese Weise viel von seinem Flair einbüßen, und Sie noch mehr von Ihrem Spaß! Lesen Sie Kapitel 7 am besten *nach* dem vollständigen Durchgang des Spiels, und überprüfen Sie, wie gut Sie sich geschlagen haben und wie das Spiel anders hätte enden können.

Und nun, bevor Sie loslegen, noch ein letzter kostenloser Ratschlag, wenn Sie *Riven* spielen: Lassen Sie sich Zeit! Genießen und *bewundern* Sie jeden Ort. Versetzen Sie sich dort hinein. Denken Sie darüber nach. Drehen Sie ihn in Ihrem Kopf hin und her. Atmen Sie die rauhe Seeluft, und lauschen Sie den fremden und bekannten Geräuschen. Nehmen Sie sich Zeit, um jedes Geheimnis herauszufinden, anstatt jedesmal nach dem Buch zu greifen, wenn Sie auf ein Problem stoßen, das auf den ersten Blick unlösbar scheint.

Riven ist ein Universum voller erstaunlicher Komplexität und Realismus. Es ist logisch und durchdacht aufgebaut. Einige der Probleme sind außerordentlich schwierig, aber Sie *können* auf die Lösung kommen, wenn Sie darüber nachdenken. Es gibt keine zeitlichen Beschränkungen, aber eine volle Ladung Zufriedenheit, in die Sie mit jeder erfolgreichen Lösung, jedem verwerteten Hinweis, jeder korrekten Annahme und jedem gefundenen Bindeglied eintauchen.

Viel Spaß!

KAPITEL 2
REISEN DURCH RIVEN

DAS REISEN DURCH RIVEN

Anders als so viele andere Spiele auf CD-ROM ist *Riven* einfach, direkt und auf natürliche Weise zu bedienen, so als ob Sie körperlich in der Welt anwesend wären, die Sie erforschen. Um sich zu bewegen, müssen Sie einfach mit dem Mauszeiger deuten und klicken.

Haben Sie den handförmigen Mauszeiger auf dem Bildschirm gesehen? Das Erscheinungsbild dieses Cursors ändert sich, je nachdem, welche Aktionen Sie ausführen können.

UM NACH VORNE ZU LAUFEN ...

... zeigen Sie mit dem Cursor auf diejenige Stelle auf dem Pfad, zu der Sie gehen wollen, und klicken dann auf die Maustaste. Die Ansicht auf Ihrem Bildschirm wird sich verändern, um sich an Ihren geänderten Standort anzupassen. Manchmal werden Sie auf einen besonderen Teil des Bildschirms klicken müssen, um nach vorne zu gehen.

Beachten Sie, daß es Gelegenheiten geben kann, bei denen es einfach unmöglich ist, weiter voranzukommen. Wenn das Klicken auf die Ansicht vor Ihnen wirkungslos bleibt, drehen Sie sich nach links oder nach rechts, oder versuchen Sie, nach oben oder unten zu schauen, um einen anderen Weg zu finden.

Nach links oder rechts abbiegen

Wenn Sie sich einer Kreuzung nähern, können Sie wählen, welchen Weg Sie einschlagen, indem Sie mit dem »Cursor nach vorne« auf den gewünschten Pfad deuten und klicken. Bei scharfen Abzweigungen müssen Sie sich neben die Kreuzung stellen, sich drehen und dann normal nach vorne laufen.

Nach links oder rechts drehen

Bewegen Sie den Cursor auf die linke oder rechte Bildschirmseite, bis er in die gewünschte Richtung zeigt. Nach einem Mausklick dreht sich Ihr Standpunkt um 90 Grad.

Sich umdrehen

In offenen Räumen drehen Sie sich zweimal nach rechts oder links und blicken dorthin, wo Sie hergekommen sind. In engen Gegenden (z.B. in einer Höhle oder einem Tunnel) wird der nach links oder rechts zeigende Finger gekrümmt sein, so als ob er über Ihre Schulter nach hinten zeigt. Wenn Sie bei diesem Cursor klicken, drehen Sie sich um 180 Grad.

Nach oben schauen oder gehen

Bewegen Sie den Cursor auf die obere Seite des Bildschirms. Wenn sich die nach oben zeigende Hand so dreht, daß die Handfläche nicht mehr von Ihnen wegzeigt, sondern zu Ihnen hin, dann können Sie durch Klicken in die Richtung schauen oder gehen, in die die Hand deutet. Beachten Sie, daß es nicht immer möglich ist, nach oben zu schauen oder zu gehen.

Nach unten schauen oder gehen

Bewegen Sie den Cursor auf die Unterseite des Bildschirms. Wenn der Cursor sich in eine nach unten deutende Hand verwandelt, können Sie durch Klicken nach unten schauen (z.B. über den Rand einer Klippe), nach unten gehen (eine Leiter hinabsteigen) oder zurückweichen (von einer Nahansicht zurückgehen). Auch diese Aktionen sind nicht immer möglich.

Drücken/aufheben/bearbeiten/ manipulieren

Behalten Sie den Cursor im Auge. Wenn etwas auf dem Bildschirm manipuliert werden kann (beispielsweise ein Schalter, der umgelegt werden kann), werden Sie sehen, daß sich das Symbol in eine offene Hand verwandelt. Klicken Sie auf das Objekt bzw. klicken und ziehen Sie es, um es zu manipulieren.

Teleport

Wenn die Teleport-Funktion in der Menüleiste angewählt wurde, kann sich der Cursor in einen kleinen Blitz verwandeln, sobald er auf einen besonderen Teil der Landschaft bewegt wird. Sofern Sie den Blitz sehen, können Sie sich direkt an diesen Ort teleportieren lassen. Auf diese Weise können Sie viel Zeit sparen, weil Sie die gleichen Wege nicht immer wieder zurücklegen müssen.

Behalten Sie aber stets im Hinterkopf, daß es in der Landschaft viel zu entdecken gibt – verpassen Sie nicht etwas vor lauter Eile!

Die Welt von *Riven* steht Ihren Entdeckungsreisen offen. Experimentieren Sie! Versuchen Sie alles! Die Cursor-Bedienung wird Ihnen schon bald in Fleisch und Blut übergehen. Und denken Sie immer daran: Wenn etwas nicht funktioniert, versuchen Sie etwas anderes. Es muß einen Weg geben, um dorthin zu gelangen, wohin Sie gehen wollen!

ALLGEMEINE TIPS BEI DER ERFORSCHUNG VON RIVEN

Dies ist ein Lösungsbuch. Daher folgen gleich einige sehr allgemeine Tips. Es handelt sich um Dinge, die Sie bei der Erforschung der komplexen, wunderschönen und faszinierenden Welt von *Riven* im Auge behalten sollten.

Untersuchen Sie alles

Es gibt viele Objekte in *Riven*, mit denen Sie Gegenstände näher betrachten können. Klicken Sie darauf, um eine bessere Sicht zu bekommen. Einige Geräte können präziser bedient werden, indem man sie öffnet oder einschaltet. Dies kann sehr wichtig sein! Spielen Sie mit allem und beobachten Sie dabei, was passiert. Viele Geräte verfügen über Okulare, Gucklöcher oder Bereiche, in denen Sie Bilder betrachten können. Klicken Sie einfach darauf, um in die Nahansicht zu wechseln.

Sehen Sie sich um

Das Meer und die Landschaften von *Riven* bieten ein spektakuläres und atemberaubendes Panorama. Bleiben Sie öfter einmal stehen, um sich gründlich umzusehen. Bewunderen Sie die Landschaft, aber vergessen Sie dabei nicht, nach geographischen Hinweisen zu suchen. Versuchen Sie, sich in der Landschaft zu orientieren, und achten Sie besonders auf die verschiedenen Gebäude und Strukturen und ihre Position auf den diversen Inseln. Sie werden solche geographischen Details später brauchen, sei es nun die Lage bestimmter Brücken, wohin sie führen, ob sie offen oder geschlossen sind und dergleichen.

Im Zweifel einschalten

Versuchen Sie alles, legen Sie jeden Schalter um, ziehen Sie an jedem Hebel, und beobachten Sie, was passiert. Es gibt einige Mechanismen in *Riven*, die mit anderen Mechanismen in einer bestimmten Kombination eingestellt werden müssen bzw. die ausgeschaltet werden müssen, damit etwas anderes eingeschaltet werden kann. Im allgemeinen liegt es in Ihrem ureigensten Interesse, alles einzuschalten.

Begreifen Sie die Mechanismen

Sie werden in *Riven* auf viele Mechanismen treffen – sonderbare Geräte, die Sie manipulieren müssen, um sie zu öffnen, einzuschalten oder in sie hineinzuschauen. Untersuchen Sie alle diese Maschinen sorgfältig, indem Sie sie mit dem Cursor abfahren und nach Bereichen Ausschau halten, die irgendeine Art von Bedienung erlauben. Klicken Sie auf die verschiedenen Regler, oder ziehen Sie daran. Probieren Sie unterschiedliche Kombinationen aus. Versuchen Sie, den Nutzen bzw. die Funktion der verschiedenen Dinge zu verstehen.

Es mag subtile Hinweise geben – ein neues Geräusch oder eine Veränderung in der Umgebung. Achten Sie auf diese Hinweise, und versuchen Sie, sie zu einem ganzen Bild zusammenzusetzen, um zu erfahren, wie die Maschine funktioniert und warum.

Gehen Sie systematisch vor

Ein einziger Hebel kann den Strom an einer ganzen Reihe von Örtlichkeiten ein- oder ausschalten, je nachdem, in welcher Position er sich befindet. Sie werden experimentieren müssen, indem Sie den Hebel umlegen und dann die Umgebung untersuchen. Auf diese Weise können Sie feststellen, was ein- und was ausgeschaltet wurde. Erst danach kehren Sie zurück, um eine andere Position zu probieren.

Seien Sie auf der Hut

Nichts wurde in *Riven* ohne Hintergedanken plaziert. Achten Sie auf so kleine Details, wie z.B. den Ort, an dem ein Dampfrohr im Fels verschwindet, und finden Sie heraus, an welcher Stelle dasselbe Rohr auf der anderen Seite zum Vorschein kommt. Stellen Sie fest, womit es verbunden ist, und Sie könnten draufkommen, wofür es gut ist! Spitzen Sie auch Ihre Ohren! Einige Geräusche sind sehr wichtig, und vielleicht müssen Sie sich später an sie erinnern.

Geben Sie nicht auf

Einige Rätsel werden sehr viele Anläufe bis zur Lösung brauchen. Bei einigen werden Sie zwischen weit entfernten Teilen einer Insel hin- und herreisen müssen, vielleicht sogar zwischen verschiedenen Inseln, bevor Sie alle notwendigen Hinweise gesammelt haben. Vielleicht stellen Sie an einem Ort immer wieder Neues fest, wenn Sie dorthin kommen. Geben Sie nicht auf!

Lies die Tagebücher

Atrus gibt Ihnen am Anfang des Spiels sein Tagebuch. Später kommen Sie vielleicht in den Besitz der Tagebücher von Catherine und Gehn. Lesen Sie sie! Sie dienen nicht nur der Atmosphäre oder der Hintergrundgeschichte. Es könnten darin Hinweise verborgen sein, vielleicht sogar Codes oder Lösungen für einzelne Rätsel.

Machen Sie sich Notizen

Verlassen Sie sich nicht auf Ihr Gedächtnis, besonders dann nicht, wenn sich das Spiel über mehrere Wochen oder Monate erstreckt! Bei Ihren Abenteuern werden Sie verschiedene Symbole kennenlernen und mit verschiedenen Dingen kombinieren müssen. Wenn Sie ein Symbol sehen, das offensichtlich nicht nur der Dekoration dient, zeichnen Sie es auf. Wahrscheinlich brauchen Sie es später!

Erstellen Sie Karten

Alte Hasen brauchen den nachfolgenden Rat nicht: Fertigen Sie Karten von Ihren Reisen an, und schreiben Sie auf, was Sie auf Ihrem Weg entdecken. In Kapitel 4 dieses Handbuchs finden Sie Karten aller Örtlichkeiten; die Spannung bei der Entdeckung und die Freude über eine als richtig erwiesene Schlußfolgerung sind jedoch viel intensiver, wenn Sie dieses Kapitel einstweilen links liegenlassen und im Zuge Ihrer Erkundungen Ihre eigenen Karten erstellen. Die Anordnung bestimmter Bauwerke enthält Hinweise, und die Funktion mancher Regler kann durch das Aufzeichnen von Rohrverbindungen oder Verbindungswegen beeinflußt werden.

Führen Sie ein Tagebuch

Atrus, Gehn und Catherine halten ihre Experimente, Gedanken und Entscheidungen in einem Tagebuch fest. Warum sollten Sie nicht das gleiche tun? Manche Rätsel lassen sich nur nach sorgfältigen Überlegungen lösen oder durch das Sammeln von Hinweisen an weit entfernten Örtlichkeiten. Viele gefundenen Hinweise werden Sie erst später im Spielverlauf benötigen, wenn sich die einzelnen Bruchstücke der Handlung langsam zu einem Gesamtbild formen. Ein Tagebuch mit Ihren Gedanken, Überlegungen und Annahmen kann Ihnen dabei helfen, winzige, aber wichtige Hinweise wieder aufzugreifen.

Speichern Sie häufig den Spielstand ab

Auch das ist für alte Hasen nichts Neues: Speichern Sie oft den Spielstand ab! In diesem Abenteuer müssen Sie viel reisen, um die unterschiedlichen Rätsel und Probleme zu lösen. Es wäre wirklich schade, wenn Sie ganz weit vordringen und *erst dann* feststellen sollten, daß Sie einen Fehler gemacht haben oder das Opfer einer vorschnellen Annahme wurden und damit ganz an den Anfang zurückkehren müßten, um von vorne zu beginnen!

Im allgemeinen empfiehlt es sich, das Spiel vor der Reise zu einer anderen Insel oder einem tieferen Vordringen in die Geheimnisse eines neuen Rätsels abzuspeichern. Auf diese Weise können Sie den Spielstand wiederherstellen, wenn etwas schiefgehen sollte. Sie brauchen dann nicht noch einmal von vorne anzufangen.

Lassen Sie sich Zeit!

Riven ist eine außerordentlich faszinierende und komplexe Welt. Es gibt keinen Zeitdruck und keine Hetze. Lassen Sie sich Zeit, und genießen Sie die Erfahrung! Vielleicht brauchen Sie mehrere Sitzungen, um ein Rätsel zu lösen. Vielleicht müssen Sie mehrmals das Spiel wiederherstellen oder mehrere Methoden ausprobieren, um die richtige Abfolge oder den richtigen Code zu finden.

Und denken Sie daran! Wenn sich die Dinge zuspitzen und die Situation unlösbar erscheint, haben Sie ja immer noch dieses Buch in petto, nicht wahr?

KAPITEL 3
DIE INSELN VON RIVEN

TIPS & ALLGEMEINE ÜBERLEGUNGEN

Dieses Kapitel versorgt Sie mit Hinweisen und Tips, um Ihre Erkundung der Welt von *Riven* voranzutreiben. Es ist in sieben Abschnitte eingeteilt, von denen fünf den Inseln von *Riven* gewidmet sind und die anderen den … nennen wir sie einstweilen den »anderen Orten«. Wenn Sie an einem bestimmten Ort oder zur Lösung eines bestimmten Problems Hilfe brauchen, suchen Sie einfach den entsprechenden Abschnitt heraus und lesen die Überschriften, bis Sie diejenige Liste von Hinweisen finden, die Sie brauchen.

Die Hinweise sind von oben nach unten angeordnet und werden immer spezifischer. Vielleicht sollten Sie daher die weiter unten liegenden Hinweise mit einem Blatt Papier abdecken. Damit decken Sie nur das auf, was Sie sehen *wollen*, und nicht etwa die ganze Lösung.

Dieses Kapitel ist mit einem Frosch-Symbol markiert. Es gibt einige der Geheimnisse von *Riven* preis und wird es Ihnen sicherlich erleichtern, einige der Rätsel zu lösen. Allerdings bietet es *keine* konkreten Lösungen.

DIE TEMPELINSEL

Ihre Reise beginnt auf der Tempelinsel. Es gibt hier eine ganze Reihe von Orten und Maschinen, die alle für die Spiellösung wichtig sind.

Das Eröffnungsspiel

Bei Ihrer Ankunft sind Sie im Käfig eingesperrt. Es erscheint ein Mann, der in eine schmutzige weiße Uniform gekleidet ist und ein Messer sowie ein Kurzschwert in der Scheide trägt. Er versucht, Sie in einer fremden Sprache anzusprechen, und schnappt sich dann Ihr Fallenbuch. Einen Augenblick später greift er sich an den Hals, als ob er gestochen worden wäre, und bricht dann zusammen. Er ist das Opfer eines Pfeils aus einem Blasrohr geworden. Sodann erscheint ein anderer Mann, dessen Gesicht von einer Maske verhüllt ist. Er nimmt das Buch, zieht den Hebel, der Ihren Käfig öffnet, und zerstört anschließend den Käfigmechanismus.

- Haben Sie daraus etwas über die Bevölkerung von *Riven* erfahren?
- Der erste Mann trägt eine Uniform. Er scheint sich darin aber nicht sonderlich wohl zu fühlen.
- Sagt Ihnen das etwas über die örtlichen Macht- oder Regierungsstrukturen?
- Er wird von jemanden angegriffen, der sich vorsichtig bewegt, ein Guerilla oder ein Aufständischer. Was sagt Ihnen das über die Gesellschaft von *Riven*?

TIP: Es gibt im Moment nichts, was Sie in bezug auf den Rivenianer unternehmen können; Sie können auch nicht Ihr Fallenbuch wiedererlangen. Allerdings müssen Sie die rivenianische Kultur und das Leben hier im Auge behalten. Gehn rühmt sich, der Schöpfer dieser Welt und ihres Volkes zu sein. Könnte es hier vielleicht *Meinungsverschiedenheiten* geben?

Der erste Mechanismus

Wenn Sie aus dem Käfig befreit werden, in dem Sie seit Ihrer Ankunft in *Riven* eingesperrt waren, sehen Sie einen interessanten Mechanismus direkt vor Ihnen – eine Art Waffeleiskrem aus Stahl.

- Wofür könnte das gut sein?
- Untersuchen Sie sorgfältig das Gerät und das Fundament.
- Die Regler funktionieren nicht. Sie müssen offensichtlich erst an anderer Stelle die Energiezufuhr wiederherstellen.
- Gibt Ihnen das Rohr einen Hinweis darauf, woher der Strom kommen könnte?
- Dieses Gerät scheint auf einen bestimmten Punkt gerichtet zu sein. Was befindet sich an dieser Stelle?
- Offensichtlich brauchen Sie eine Art Code, um die Abdeckung zu öffnen.
- Was befindet sich vorne an der Maschine? Ein Okular? Es sieht fast aus wie ein Okular für eine sonderbare Art Mikroskop oder Teleskop ... sicherlich für eine Art Beobachtungsinstrument.

TIP: Dies sollte Sie darauf einstimmen, daß nicht alles in *Riven* bereits dann mit Strom versorgt ist, wenn Sie es vorfinden. Sie werden bei Ihrem Aufenthalt hier nach einer Reihe von Ventilen oder Schaltern Ausschau halten müssen, um die Dinge zum Laufen zu bringen.

Der Torraum

Ihre erste ernsthafte Herausforderung nach der Ankunft in *Riven* ist der Torraum, ein fünfeckiger Raum, der sich jedesmal um 72 Grad dreht, wenn Sie den Knopf im Vorraum drücken.

- Studieren Sie den Raum, und versuchen Sie, die Geometrie zu begreifen. Vielleicht möchten Sie eine Karte zeichnen?
- Es gibt nur zwei Türen im Innern des Torraums, aber sie können in verschiedenen Kombinationen mit den fünf Ausgängen zusammentreffen und so Zugang zu unterschiedlichen Richtungen gewähren.
- Jedesmal, wenn das Tor geschlossen ist, können Sie durch das Guckloch schauen und Hinweise darauf bekommen, was gerade passiert und wie dieser Raum funktionieren soll.
- Der Raum bietet Zugang zu fünf unterschiedlichen Toren. Zu einem bestimmten Zeitpunkt können Sie immer nur zwei davon betreten, weil es in dem rotierenden Raum nur zwei Türen gibt.
- Merken Sie sich das Tor, in das Sie zuerst gegangen sind, als Position 1. Die anderen Tore können dann als Positionen im Uhrzeigersinn 2, 3, 4 und 5 bezeichnet werden.
- Wenn Sie den Torraum zum ersten Mal betreten, befinden sich die offenen Türen bei 1 und 3. Der Zugang zum Tor 3 ist durch ein Metallgitter versperrt, das woanders geöffnet werden muß.
- Wenn Sie den Raum dreimal rotieren lassen, können Sie die offenen Türen mit den Toren 1 und 4 zusammenführen. Doch auch der Zugang zum Tor 4 ist durch ein Metallgitter versperrt.

- Um zu einem anderen Tor als 1, 3 oder 4 zu gelangen, müssen Sie offensichtlich einen anderen Weg finden, um in den Torraum zu gelangen. Entweder müssen Sie 3 oder 4 von der anderen Seite her betreten, nachdem Sie einen Weg gefunden haben, sie zu öffnen, oder Sie müssen 2 oder 5 betreten.
- Untersuchen Sie das Ganze. Versuchen Sie, sich die Gestalt des Raums und der Umgebung bildlich vorzustellen. Wo könnte sich Tor 2 in bezug auf die Außenseite des Hügels befinden. Wo könnte Tor 5 sein?
- Ziehen Sie aus irgendeinem Grunde das Betreten eines dieser genannten Tore vor?
- Wenn Sie Zugang zu einem anderen Tor finden, können Sie den Raum durch dieses Tor betreten.
- Behalten Sie die 1-2-3-4-5-Geometrie im Kopf, während Sie den Raum rotieren. Um zu einer bestimmten Position zu gelangen, müssen Sie den Raum eventuell mehrmals rotieren lassen, woanders hingehen und von dort aus wieder rotieren lassen, um die gewünschte Konfiguration einzustellen.

TIP: Halten Sie während Ihrer Erkundungen nach Schaltern, Hebeln und Ventilen Ausschau, die Ihnen bei Ihrer Suche dienlich sein können. Sie werden die Metallgitter hochheben müssen, die die Tore 3 und 4 im Torraum versperren. Vielleicht finden Sie ja auch einige Stromschalter, die Sie später brauchen!

Die große goldene Kuppel

Diese gigantische Kuppel thront hoch über der Tempelinsel und scheint ein wichtiger Ort zu sein.

- Offensichtlich kann man die Kuppel durch den Torraum betreten.
- Sie werden das Rätsel des Torraums lösen müssen, um die Kuppel betreten zu können.
- Wenn Sie einen Weg finden, durch den Torraum das Tor 3 zu betreten, können Sie die Brücke überqueren und den Dom betreten.
- Untersuchen Sie jeden zugänglichen Steg. Suchen Sie nach Dampfventilen, die Sie drehen können. Stellen Sie fest, womit die Dampfrohre verbunden sind.
- Beachten Sie den Hebel im Innern des Eingangs zur Kuppel – der Strom ist abgeschaltet. Können Sie herausfinden, wie er sich einschalten läßt?
- Welche Funktion hat der Hebel?
- Beachten Sie die Lücke im Steg im Innern der Kuppel.
- Jenes große Rad könnte der Regler sein, mit dem sich die Stege verbinden lassen; aber Sie können es von hier aus nicht erreichen.
- Offensichtlich gibt es auch von anderer Stelle aus einen Zugang zur goldenen Kuppel. Vergessen Sie das nicht, während Sie weitere Ermittlungen anstellen.

TIP: Versuchen Sie, bei Ihren Erkundungen grobe Karten von dem anzufertigen, was Sie vorfinden. Die relative Position der Entdeckungen

kann wichtige Hinweise enthalten. Dies gilt übrigens auch für die anderen Inseln, die Sie in der Ferne sehen können. Wenn Sie in der Nähe eine Insel mit Brücken oder anderen Bauwerken sehen, dann versuchen Sie, sich die relative Position zu der Insel einzuprägen, auf der Sie sich gerade befinden.

Die Feuermurmelkuppel

Der Grund für den sonderbaren Namen wird später klar. Im Moment müssen Sie einfach nur herausfinden, wie man sie öffnet.

- Sie wissen nicht, wie man dorthin gelangt? Untersuchen Sie den Weg, der von der goldenen Kuppel zu den beiden Ventilen führt.
- Der Knopf läßt sich vielleicht später betätigen, wenn Sie die anderen Inseln untersucht und die goldene Kuppel von anderer Seite her betreten haben.
- Die Kuppel dreht sich schnell um die eigene Achse, und es scheint keine Möglichkeit zu geben, sie zu betreten. Fällt Ihnen an der Kuppel etwas Besonderes auf, vielleicht etwas, was auf der Oberfläche eingraviert ist?
- Was ist das für ein Gerät mit dem rotierenden verschlossenen Rad, das auf die rotierende Kuppel gerichtet ist? Wie funktioniert es?
- Das Gerät ist ein Kinetoskop, ein Gerät, das einzelne Bilder, die durch den rotierenden Schließmechanismus an der Linse vorbeilaufen, zu einem bewegten Film zusammensetzen kann.
- Der Druckknopf oben auf dem Gerät fängt ein einzelnes Bild des Films ein, eines der vorbeifliegenden Symbole.
- Gibt es etwas an den rotierenden Symbolen, was zu der Annahme verleitet, daß ein Symbol wichtiger ist als die anderen?
- Können Sie den Knopf auf dem Kinetoskop drücken, um das eine, hervorgehobene Symbol einzufangen?
- Jetzt ist es soweit! Die Kuppel ist offen. Im Innern befindet sich eine blendende, polierte goldene Kugel – eine riesige Feuermurmel. Können Sie erkennen, was sich im Innern der Feuermurmel befindet, wenn Sie durch das Glasfenster schauen?

- Welchen Zweck hat der Mechanismus, der aus den Gleitreglern und dem Knopf besteht? Wie funktioniert er?
- Sie brauchen einen besonderen Code, um dieses Gerät zu bedienen.
- Wo könnte man einen solchen Code finden? Wer hat die Kuppel erbaut und wofür?

TIP: Vergessen Sie nicht, das Symbol aufzuzeichnen, das die Kuppel geöffnet hat. Sie könnten es später brauchen.

Der Tempel und seine Umgebung

Auf der anderen Seite der Brücke, die vom Haupteingang des Torraums wegführt, befindet sich das, was auf den ersten Blick wie eine eigene Insel aussieht, sich aber auf den zweiten Blick als Halbinsel entpuppt, die durch das Meer beinahe von der Hauptinsel getrennt ist. Früher oder später wird Sie Ihr Abenteuer dorthin führen.

- Untersuchen Sie sorgfältig den Gang, während Sie hinabsteigen.
- Was befindet sich hinter der Tür?
- Nehmen Sie alles gründlich in Augenschein. Drücken Sie die Knöpfe, ziehen Sie an den Hebeln, und stellen Sie fest, was welche Wirkung zeigt.
- Wenn Sie alles untersucht haben, was Sie können, folgen Sie weiter dem Hauptgang. Was finden Sie dort vor?
- Wenn die große Tür im Haupttempel geschlossen ist, müssen Sie zurückgehen, um den Öffnungsmechanismus zu finden. Wo könnten die Regler sein?

- Der große Raum am Ende des Ganges ist ein Tempelbereich. Der kleinere Raum weiter oben im Gang scheint eine Art Projektionsraum zu sein.
- Denken Sie an den »Zauberer von Oz« und den »Mann hinter dem Vorhang«. Was besagt Ihnen diese Einrichtung über denjenigen, der hier die Fäden zieht?
- Der Hauptweg zum Tempel führt zu einer Art Förderband. Wohin könnte es Sie führen?

TIP: Lernen Sie Ihren Feind kennen. Gehn hat diesen Ort erschaffen. Halten Sie Ihre Augen offen, um die Psychologie dieses Mannes zu erkennen und ihn richtig einschätzen zu können.

Nachdem Sie den Torraum, die große goldene Kuppel und die Tempeltür gemeistert haben, sind Sie hier auf der Tempelinsel fertig – zumindest fürs erste. Sie können auch die äußere Hülle der Feuermurmelkuppel öffnen, obwohl dies zum gegenwärtigen Zeitpunkt nicht erforderlich ist.

DIE DSCHUNGELINSEL

Eine kurze Untersuchung der Steuertafel der Mag-Lev-Tram hinter der Tempeltür sollte genügen, um sich mit der Funktionsweise vertraut zu machen. Eine wilde und aufregende Fahrt mit der Tram führt Sie über den Ozean zu der benachbarten Dschungelinsel.

Augen und Tiere – der erste Ort

Sobald Sie auf der Dschungelinsel ankommen, untersuchen Sie sorgfältig die Station, in der die Tram stehenbleibt.

- Können Sie in der Nähe der Tram irgend etwas Ungewöhnliches finden?
- Welche Funktion hat die Augenform?
- Ist an dem Auge etwas Interessantes oder Ungewöhnliches zu erkennen?
- Gehen Sie die Treppen ein Stück hoch, drehen Sie sich um, und schauen Sie nach hinten. Können Sie irgend etwas Ungewöhnliches am Tunneleingang entdecken?
- Sehen Sie eine Tiergestalt mit einem Holzauge an der Stelle, an der sich ein echtes Auge befinden würde?

TIP: Wie sonst auch, notieren Sie alles, was Sie sehen oder hören. Die Hinweise, die Sie benötigen, sind oft ziemlich subtil.

Augen und Tiere – der zweite Ort

Gehen Sie die Treppen hinauf, dann wieder hinunter, und biegen Sie an der Einmündung links ab.

- Beobachten Sie. Was sehen Sie vor Ihnen?
- Sie leben. Jedesmal, wenn Sie sich bewegen, heben sie die Köpfe, als ob sie aufgeschreckt würden.
- Sie können den Pfad verlassen und versuchen, näherzukommen. Können Sie sich an sie heranschleichen, ohne sie in Furcht zu versetzen?
- Wie nah können Sie herankommen?
- Wenn Sie sich bewegen, während ihre Köpfe oben sind, werden Sie sie vertreiben.
- Versuchen Sie, so nah an sie heranzukommen, daß Sie einen von ihnen plötzlich scharf bellen hören.

- Untersuchen Sie den Rest des Strandes. Gibt es da noch etwas Interessantes?
- Können Sie ein weiteres bemaltes Holzauge entdecken?
- Hängt dieses Auge mit einer anderen tierischen Gestalt zusammen?
- Was ist an *diesem* Auge ungewöhnlich? Schreiben Sie auf, was Sie sehen und hören.

TIP: Denken Sie nach. Wer hat hier überall diese Holzaugen mit den kryptischen Silhouetten hinterlassen? Gehn? Scheint ziemlich unwahrscheinlich zu sein. Erinnern Sie sich an den Angriff, dessen Zeuge Sie nach der Ankunft auf *Riven* wurden. Könnte hier eine Untergrund- oder Geheimorganisation am Werk sein?

Augen und Tiere – der dritte Ort

Gehen Sie zurück zu dem Ort, an dem Sie den Pfad verlassen haben, und biegen Sie dann nach links ab. Folgen Sie diesem Pfad entlang einer Bergseite, und klettern Sie hinauf, bis Sie den Kratersee überblicken können.

- Untersuchen Sie sorgfältig die erhobene Plattform und die Leitern. Sehen Sie etwas Ungewöhnliches?
- Sie sollten ein steinernes Becken mit einem unregelmäßigen Boden erblicken.
- Drehen Sie den Hahn nach rechts. Das Wasser formt sich zu einer deutlich erkennbaren Silhouette. Freilich kann es schwierig sein, festzustellen, was dies genau darstellen soll.
- Können Sie ein weiteres Holzauge finden?
- Schreiben Sie auf, was Sie auf dem Holzauge sehen und was Sie hören, wenn Sie es drehen. Zeichnen Sie die Gestalt der Silhouette im steinernen Becken auf.

TIP: Sehen Sie sich um, während Sie hier sind, und versuchen Sie festzustellen, was das nächste Ziel sein könnte.

Das U-Boot

Von dem steinernen Becken können Sie nach oben links schauen und ein sonderbares kugelförmiges Gefährt aus Eisen entdecken. Wenn Sie nach unten ins schimmernde Wasser des Kratersees sehen, erblicken Sie etwas, das wie eiserne Gleise aussieht, die den Seegrund überqueren. Könnte es da eine Verbindung geben?

- Gibt es eine weitere Leiter auf der anderen Seite des Beckens? Wohin führt sie?
- Sie sind auf diesem Weg so weit gegangen, wie es möglich ist. Vergessen Sie diesen Ort nicht, Sie werden später noch hierher zurückkehren müssen.
- Sie müssen einen weiteren Weg finden, um zum U-Boot zu gelangen.
- Wandern Sie auf demselben Weg zurück (an der Lagune und den Sunnern vorbei, die sich auf einem Fels in der Sonne aalen, den Hügel hinauf und über die Spitze hinweg sowie über die Seilbrücke). Gehen Sie zu dem Holzpier (Pfad), der von der anderen Seite des Kratersees zu sehen ist. Vor Ihnen sollten Sie das Dorf vorfinden.

- Vom steinernen Becken am anderen Ende des Pfads können Sie das Dorf und das U-Boot sehen. Können Sie die relative Position Ihres früheren Standortes und den Standort des U-Boots herausfinden?
- Irgendwann müssen Sie damit anfangen, Leitern hinaufzusteigen und Holzbrücken zu überqueren. Schließlich gelangen Sie zum U-Boot, das auf einem Felsvorsprung ruht, eine Art Kultstätte.
- Es gibt einen Hebel. Welche Funktion hat er?
- Wie können Sie *nun* das U-Boot erreichen?
- Sie müssen nun wieder ganz zurückgehen, vorbei am Sunnerfels, dem steinernen Becken und die Leitern hinunter. Nun stellen Sie fest, daß das U-Boot am Boden eines Lochs im Wasser liegt.

TIP: Wenn Sie nicht gerade anfangen, ständig im Kapitel 7 dieses Buches nachzuschauen, müssen Sie hier viele Wege zurücklegen! Machen Sie sich aber keine Sorgen – das gehört alles zum Spaß dazu, und hilft Ihnen obendrein, diese Welt *wirklich gut* kennenzulernen. Lassen Sie sich jedoch nicht von dieser Vertrautheit blenden, und achten Sie auf Dinge, die Sie beim ersten Durchgang vielleicht übersehen haben!

Die Fahrt mit dem U-Boot

Es ist einfach, herauszufinden, wie das U-Boot funktioniert. Allerdings müssen Sie viele Karten erstellen, um zu bestimmen, wohin die Gleise am Seeboden führen.

- Können Sie die Richtungen der abzweigenden Gleise mit der Form der Docks und Piers in Einklang bringen, die Sie auf der Oberfläche gesehen haben?
- Können Sie zu allen Docks gelangen?
- Wenn in dem jeweiligen Dock die Leiter nicht abgesenkt ist, können Sie auch nicht aussteigen und die Umgebung erkunden.
- Vielleicht sollten Sie eine Art Steuerraum finden.
- Wenn Sie den Steuerraum entdecken, zeigen zwei Schalter nach oben und drei nach unten.
- Hat das etwas mit der Anzahl der abgesenkten oder angehobenen Leitern zu tun?
- Was passiert, wenn Sie alle Schalter umlegen?

TIP: Karten sind hier ungemein hilfreich, besonders wenn Sie das an der Oberfläche Gesehene mit den möglichen Richtungen der Unterwassergleise kombinieren können.

Der Schulraum

Hier lernen rivenianische Kinder anscheinend Buchstaben und Zahlen. Auch Sie könnten hier etwas Nützliches lernen.

- Sagen Ihnen einige der Artefakte im Schulraum etwas über Gehns Charakter oder über das Leben seiner Untertanen aus?
- Welchen Sinn hat wohl das aufgehängte Wahrk-Spielzeug, außer einen psychologischen Druck auf die Kinder auszuüben?
- Spielen Sie das Spiel, und studieren Sie die Symbole.
- Gibt es einen Zusammenhang zwischen diesen Symbolen und jenen, die Sie an anderen Orten gesehen haben?

TIP: Das rivenianische Zahlensystem basiert auf der Zahl 5. Versuchen Sie, die Zahlen zwischen 1 und 10 zu lernen, und finden Sie heraus, nach welchem System die Folge 6 bis 10 auf der Folge 1 bis 5 aufbaut.

Die Feuermurmelkuppel auf der Dschungelinsel

Es ist schon ein Problem, herauszufinden, wie man zu dieser Kuppel gelangt, die sich auf ihrem felsigen Sockel neben dem düsteren Glühen der mit Magma gefüllten Spalte dreht.

- Welches Bauwerk befindet sich neben der Kuppel?
- Könnte es etwas damit zu tun haben, wie man zur Kuppel gelangt?
- Tatsächlich gibt es zwei Wege dorthin. Wenn Sie den Pfad nicht während Ihrer ersten Inselerkundung gefunden haben, sollten Sie später einen anderen Weg finden können.

TIP: Nachdem Sie den Weg zur Kuppel aufgespürt haben, notieren Sie das Symbol, das sie mit Hilfe des Kinetoskops öffnet. Beachten Sie, worauf die Feuermurmelkuppel gebaut ist. Sie müssen sich später daran erinnern.

Der Thron von Gehn

Wenn Sie einen Weg zur Feuermurmelkuppel auf der Dschungelinsel finden, können Sie auch dieses Gebäude erreichen, das auf einer Klippe hoch über dem Kratersee ruht. Es ist kein großes Kunststück, herauszufinden, welche Funktion die Hebel haben. Was aber sollen Sie tun, wenn Sie erst einmal drinnen sind?

- Der Thron ist direkt in Blickrichtung auf den Wahrk-Galgen aufgestellt, eine Hinrichtungsstätte. Dieser Ort muß etwas mit dem Galgen und dem zu tun haben, was dort passiert.
- Haben Sie schon versucht, den Wahrk-Galgen vom U-Boot aus zu erreichen?
- Konnten Sie bis zur Mitte der Plattform mit dem Galgen vordringen? Warum nicht?
- Gibt es einen besonderen Grund dafür, in dieser Richtung weitere Nachforschungen anzustellen?
- Löst einer der Hebel am Thron Ihr Problem?

TIP: Erinnern Sie sich an den Rat, jeden Hebel umzulegen und jeden Regler auszuprobieren.

Das vierte Auge

Drei der Holzaugen auf der Dschungelinsel sind relativ einfach zu finden, besonders wenn Sie dieses Buch in der Hand halten. Die Suche nach dem vierten Auge gestaltet sich da schon etwas schwieriger.

- Haben Sie die ganze Insel sorgfältig untersucht?
- Können Sie sich erinnern, wie Sie beim Sunnerfels ein Stück weit vom Weg abgewichen sind?
- Könnte es andere Orte geben, wo Sie den Pfad verlassen können?
- Haben Sie den riesigen Metalldolchen, die über ganz *Riven* verstreut sind, bisher irgendeine Bedeutung beigemessen?
- Jene Dolche wurden nicht von Gehn hinterlassen.
- Die Dolche haben mit jemandem zu tun, der *gegen* Gehn kämpft … jemandem, der für einen anderen subtile Hinweise hinterläßt.
- Versuchen Sie, die Pfade im Dschungel abzusuchen. Halten Sie nach Orten Ausschau, an denen Sie den Pfad verlassen können.

TIP: Das vierte Auge ist im Gegensatz zu den vorangegangenen drei nicht mit einer Tierform verbunden. Können Sie dieses Tier anhand des Geräusches identifizieren, das es von sich gibt?

Denken Sie darüber nach. Eine Zahl hat bisher bei Ihren Erkundungen eine große Rolle gespielt. Welche ist es? Wie viele Holzaugen und damit verbundene Tiere könnte es insgesamt geben?

Sie sind mit der Dschungelinsel fertig, wenn Sie folgende Aufgaben beendet haben: Sie haben die Holzaugen gefunden und jedes von ihnen mit einem Tier und einem Symbol in Verbindung gebracht; Sie haben gelernt, was die Symbole bedeuten; Sie haben erfahren, wie man die Feuermurmelkuppel erreicht, und Gehns Thronturm betreten; Sie sind hinter das Geheimnis des Wahrk-Galgens gekommen und haben ein neues Tor entdeckt.

Möglicherweise müssen Sie der Insel noch einige weitere Besuche abstatten, um das alles zu entdecken. Bleiben Sie dran!

DIE INSEL DER BUCHHERSTELLUNG

Es gibt mehrere Möglichkeiten, von der Dschungelinsel wegzukommen, aber nehmen wir einmal an, daß Sie das Holzfällerfahrzeug in dem Kahlschlag in der Nähe des Dschungels gefunden haben. Dieses Fahrzeug bringt Sie nach einer wilden und surrealistischen Fahrt unter Wasser auf eine Nachbarinsel – die Insel der Buchherstellung. Tatsächlich haben Sie vielleicht diesen Weg per Zufall bereits früher während der Erkundungen der Dschungelinsel entdeckt, denn alles, was Sie machen müssen, ist, dem Pfad zu einem Tunnel zu folgen, nach unten zu klettern und einen Hebel zu drücken.

Das zentrale Energieventil

Nichts funktioniert, ehe Sie das Energieventil einschalten, das sich in der Mitte des Sees befindet.

- Wie viele Rohre gibt es?
- Ein Rohr unterscheidet sich von den anderen und scheint die Geräte auf der weit entfernten Klippe ständig mit Energie zu versorgen.
- Drei Rohre verlaufen zu unterschiedlichen Orten und werden nacheinander eingeschaltet, indem man den Energieventilhebel bewegt.
- Wohin führen die drei Rohre?

Experimentieren Sie. Schalten Sie eine Maschine nach der anderen an, und überprüfen Sie, was passiert.

Das Rätsel mit dem Boiler

Wenn Sie mit dem Holzfällerfahrzeug ankommen, können Sie als erstes Gebäude auf der Insel einen riesigen Boiler sehen, der Holzschnipsel zu einer Art Paste, die der Papierherstellung dient, verarbeitet. Sie müssen herausfinden, wie diese Maschine funktioniert, um irgendwohin auf der Insel zu gelangen.

- Untersuchen Sie den Strand in beiden Richtungen, soweit Sie laufen können. Sieht wie eine Sackgasse aus, nicht wahr?
- Deutet irgend etwas am Boiler auf einen anderen Ausgang hin?
- Können Sie ins Innere des Boilers gelangen?
- Ist der Ofen an? Können Sie ihn ausschalten?
- Können Sie eine Kombination für die Einstellung finden, die Sie ins Innere des Tanks gelangen läßt?
- Können Sie das Hauptrohr und die Leiter erreichen?
- Was passiert, wenn Sie das Gitter heben?

TIP: Um zur Leiter im Innern des Tanks zu laufen und die Leiter hinabzusteigen, muß das Gitter angehoben, das Wasser aus dem Tank geleert und der Ofen ausgeschaltet sein.

Sie müssen lange im dunklen Gang kriechen, ehe Sie genauso lang eine Leiter hinaufklettern. Schließlich steigen Sie aus einem Drainagerohr hoch oben im Gebirge. Von hier aus müssen Sie einen Weg finden, der Sie über den Kamm und hinunter zu einer bewehrten Plattform führt.

Frösche fangen

Sie kommen auf dem Balkon mit dem Geländer an und finden die abgeschlossene Luke, die zur Leiter zum Strand führt. Zumindest brauchen Sie nicht wieder durch das Drainagerohr zu kriechen, wenn Sie wieder zur Energiesteuerung im See gelangen wollen. Gehen Sie nun durch die Doppeltür in der Klippe.

- Können Sie herausfinden, wie der Fallenmechanismus funktioniert?
- Es ist ziemlich einfach. Das kugelförmige Gerät, das sich von oben öffnet, ist eine Falle. Die winzigen Pellets auf der rechten Seite sind Nahrung.
- Je nachdem, wie Sie die Energiezufuhr am See eingestellt hatten, müssen Sie eventuell zurückkehren, um das Froschfanggerät mit Energie zu versorgen.
- Versuchen Sie, einen Frosch zu fangen. Am besten lassen Sie die Falle nach unten fahren und untersuchen derweil gründlich die Umgebung. Nach ein paar Minuten haben Sie bestimmt auch etwas gefangen. Können Sie den Ruf hören?

Loch in der Decke, die wie ein Kraterschlund aussieht? Merken Sie es sich! Sie werden diese Information später brauchen.

Gehns Labor

Die Vordertür des Labors ist abgesperrt. Dies stellen Sie fest, wenn Sie dem Weg durch die verborgene Tür auf der rechten Seite der Doppeltür folgen. Wie könnte man sonst hineinkommen?

- Kombinieren Sie den Ruf des Frosches mit dem Auge, das Sie auf der Dschungelinsel gefunden haben – jenem in der Froschsilhouette in den Felsen. Zu welchem Zweck fängt Gehn Frösche ein?
- Haben Sie auf dem Weg zurück zu der Doppeltür etwas verpaßt?
- Es gibt hier auch andere Wege. Können Sie sie finden?
- Versuchen Sie, die Türen zu schließen.

TIP: Sie haben vielleicht die Psychologie dieses Türendesigns schon zuvor in Aktion erlebt. Türen, die beim Öffnen *andere* Türen abschließen. Sehr sparsam und ungemein *tückisch* …

Die Feuermurmelkuppel auf der Insel der Buchherstellung

Wenn Sie auf die Vordertür sehen, befindet sich zu Ihrer Linken die Kammer, in der die Feuermurmelkuppel dieser Insel verborgen ist.

- Können Sie den Standort des Kinetoskops ausfindig machen?
- Können Sie die Linse lokalisieren, auch wenn Sie das zugehörige Gerät nicht sehen?
- Wo könnte sich das Kinetoskop verbergen?
- Wie können Sie dorthin gelangen?
- Passen Sie auf! Der Architekt spielt mit Ihnen das gleiche Spiel wie zuvor!

TIP: Während Sie sich in der Feuermurmelkuppel auf der Insel der Buchherstellung befinden, sollten Sie nach oben blicken. Sehen Sie das

- Untersuchen Sie den Pfad, der sich auf der rechten Seite der Doppeltür öffnet, während Sie hinausgehen.
- Können Sie auf diesem Weg in Gehns Labor gelangen?
- Haben Sie auf dem Pfad ein Geräusch gehört, das Sie von früher kennen? Wie klang es?
- Verändert sich das Geräusch, wenn Sie den Schalter umlegen?
- Was haben Sie gerade getan?
- Überprüfen Sie das Froschfanggerät, nachdem Sie den Schalter umgelegt haben. Hat sich etwas verändert?
- Können Sie den Lüftungsschacht hinaufklettern?
- Wohin kommen Sie auf diese Weise?

TIP: Wenn Sie einmal ins Labor gelangt sind, lassen Sie sich Zeit und untersuchen es sorgfältig. Es gibt hier viel zu entdecken, darunter auch Informationen, die für den erfolgreichen Abschluß Ihrer Suche unabdingbar sind.

Sie haben die Insel der Buchherstellung abgeschlossen, wenn Sie Folgendes erreicht haben: Sie sind durch den Boiler zu der Doppeltür gelangt; Sie haben das Problem mit der Froschfangmaschine, dem Ventilator und dem Motorschalter des Ventilators gemeistert, um Gehns Labor zu betreten; Sie haben die Feuermurmelkuppel betreten und die Zugbrücke zwischen der Insel der Buchherstellung und der großen goldenen Kuppel herabgesenkt.

TIP: Nachdem Sie die große goldene Kuppel von der Insel der Buchherstellung aus betreten haben, gehen Sie vielleicht hindurch und nach links zu der Stelle, an der die Erweiterung des Stegs zurückgezogen wurde. Drehen Sie das Rad, um den Steg wieder zusammenzufügen, und öffnen Sie den ganzen Weg zurück zum Torraum. Jetzt funktioniert auch der Knopf für die Metallplatte einen Stock tiefer, so daß Sie zur Feuermurmelkuppel der Tempelinsel gelangen können.

Und wenn Sie schon dabei sind: Ziehen Sie doch am Hebel, der die Brücke vom Torraum zu einem Ort über Ihrem Kopf in der goldenen Kuppel zieht. Dies wird Ihnen später einige Umwege ersparen.

Schließlich ist Ihre Chance gekommen, zum Steg außerhalb der Kuppel zum Tor 4 des Torraums zu gelangen. Kippen Sie den Schalter, der Sie daran hinderte, auf die andere Seite zu gelangen.

Es stehen Ihnen nun drei mögliche Ziele zur Auswahl: Sie können mit dem Holzfällerfahrzeug zur Dschungelinsel zurückfahren, indem Sie die Leiter daneben hochsteigen. Sie können den Weg an Gehns Labor vorbei zurück zur goldenen Kuppel nehmen (wenn Sie zuvor auf der Dschungelinsel den Hebel so eingestellt haben, daß die westliche Zugbrücke mit Energie versorgt wird, können Sie sie bewegen, wenn Sie beim Kontrollregler ankommen). Sie können aber auch eine Mag-Lev-Tram zu einer neuen Insel nehmen. Wir gehen jetzt davon aus, daß Sie Letzteres tun.

INSEL DER GEOGRAPHISCHEN VERMESSUNG

Hier sammeln Sie einige wichtige Hinweise zu den Hauptträtseln, die Sie auf dem Weg zum Abschluß Ihrer Reise lösen müssen. An dieser Stelle fangen Sie an, *alle* Teile zusammenzusetzen.

Die Plateaukarte

Wenn Sie aufgepaßt haben, erkennen Sie dies als Karte von *Riven*.

- Drücken Sie jede Figur auf der Schalttafel am Geländer.
- Was passiert mit der entsprechenden Insel?
- Können Sie die Inseln auf der Plateaukarte den Inselfiguren am Kontrollpult zuordnen?
- Was passiert, wenn Sie jedes Inselsymbol auf der Steuertafel drücken? Hier vollziehen sich ziemlich verschrobene physikalische Prozesse!

TIP: Haben Sie erkannt, daß es insgesamt *fünf* rivenianische Inseln gibt? Es gab zuvor schon Hinweise darauf (z.B. das Kartenschild auf dem Geländer der ersten Tür, die Sie in der goldenen Kuppel betreten haben), aber diesmal liegt das alles zum ersten Mal klar auf der Hand.

Das Rätsel des Kartenraums

Offensichtlich sollen Sie hier etwas erfahren. Was es genau ist, kann Sie allerdings ziemlich viel Überlegungszeit gekostet haben. Es ist klar, daß die Plateaukarten zu diesen Rasterkarten der fünf Inseln von *Riven* in Beziehung stehen, und daß ein Anklicken eines Planquadrats eine 3D-Karte dieser Region erscheinen läßt. Aber wozu? Was sollen Sie damit anfangen?

- Zuerst können Sie vielleicht den Kartenraum gar nicht finden. Haben Sie schon den Ort aufgesucht, von dem aus Sie die Plateaukarte überblicken können?

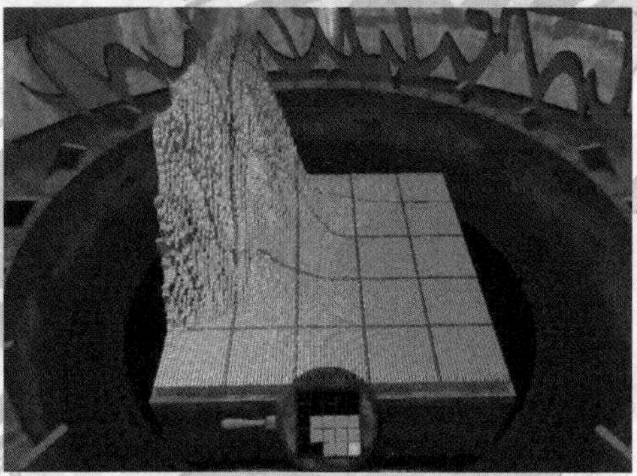

- Experimentieren Sie. Was passiert im Kartenraum, wenn Sie einen Knopf auf der Plateaukarte drücken?
- Was passiert, wenn Sie eines der Planquadrate drücken, in die die Insel aufgeteilt ist?
- Der Schöpfer von *Riven* hat nichts ohne Hintergedanken gemacht. Es muß etwas auf jeder der fünf Inseln gegeben haben, was er kartographiert hat.
- Welches besondere Artefakt oder Bauwerk haben Sie bisher auf *jeder* besuchten Insel angetroffen?
- Könnte es einen Grund dafür geben, alle diese Details der Inseln zu kartographieren?
- Sie müssen in jeder Inselkarte die Koordinate für jenes Objekt herausfinden, das allen Inseln gemein ist.
- Die 3D-Bilder sind in 5-mal-5-Raster eingeteilt, aber sonst nicht gekennzeichnet. Sie müssen entweder Ihre eigenen Karten zeichnen oder Ihr eigenes Rastersystem erfinden – etwas Einfaches wie A, B, C, D, E waagerecht und 1, 2, 3, 4, 5 senkrecht. Damit könnten Sie das untere rechte Planquadrat als »E-5« bezeichnen.
- Untersuchen Sie sorgfältig jedes Kartensegment, manchmal aus unterschiedlichen Winkeln, um sich zu vergewissern, daß Sie das richtige Planquadrat ausgesucht haben.
- Ein Hinweis darauf, was Sie suchen, kann sich daraus ergeben, daß Sie das Gebiet neben den Feuermurmelkuppeln auf der Dschungelinsel, der Insel der Buchherstellung und hier auf der Insel der geographischen Vermessung untersuchen.
- Auf der Dschungelinsel ruht die Feuermurmelkuppel auf einer zylindrischen Felssäule.
- Auf der Insel der geographischen Vermessung liegt die Feuermurmelkuppel am Rande eines steilen, vertikalen Abgrundes in der Felswand, die den See umgibt.
- Auf der Insel der Buchherstellung befand sich die Feuermurmelkuppel unter der Erde, lag aber direkt unter einem Krater oder einem Spalt in der Felsdecke, der zum Himmel hin offen war.
- Diese geographischen Eigenschaften sollten genügen, um die Position der Feuermurmelkuppeln auf diesen drei Inseln exakt festzustellen.
- Können Sie die Position der Feuermurmelkuppel auf der Tempelinsel bestimmen?
- Zu diesem Zeitpunkt haben Sie wahrscheinlich vier Inseln besucht, nicht aber die fünfte. Dies bedeutet, daß Sie in bezug auf die Position dort raten müssen. Ein Glück, daß die Insel klein ist!

TIP: Erstellen Sie unbedingt Kopien der Karten mit der Position der Kuppeln, oder notieren Sie sich die Koordinaten. Sie werden sie später brauchen!

Der See und die Feuermurmelkuppel

Der Kartenraum liegt inmitten eines Kratersees. Eine weitere Feuermurmelkuppel ist in der Ferne am Rande eines Abgrunds im Fels zu sehen. Es gibt hier einige Hinweise, die Sie zur Lösung des Farbenrätsels benötigen.

- Was können Sie im See neben dem Gebäude mit dem Kartenraum sehen?
- Wie viele davon sind da?
- Können Sie die verschiedenen Farben unterscheiden?
- Das Kinetoskop ist defekt und nicht mehr mit der Kuppel synchronisiert. Es kann nicht repariert werden.
- Können Sie die Kuppel trotzdem anhalten?
- Das Problem mit dem beschädigten Kinetoskop kann nur mit Brachialgewalt gelöst werden.

TIP: Um die Drehung der Kuppel anzuhalten, müssen Sie den Knopf auf dem Kinetoskop schnell hintereinander drücken (klicken Sie auf die Maus so schnell Sie können) und versuchen Sie, das richtige Symbol per Zufall zu erwischen. Dies funktioniert übrigens mit *jeder* Feuermurmelkuppel, wenn Sie Schwierigkeiten haben, das

richtige Symbol im Vorbeifliegen einzufangen.

Da das Kinetoskop defekt ist, können Sie nicht das Symbol der Feuermurmelkuppel darin sehen. Sie müssen sich die Kuppel genau anschauen, während sie noch geschlossen ist und sich dreht (wenn Sie sie schon geöffnet haben, müssen Sie sie wieder schließen). Versuchen Sie, das gelbe Symbol zu identifizieren oder wenigstens die Möglichkeiten einzuschränken.

Der Unterwasserbeobachtungsraum

Sie müssen vielleicht eine Zeitlang darüber nachdenken, wie man von der einen Seite des Raums mit der Mag-Lev-Tram zur anderen gelangt. Es muß möglich sein, dorthin zu kommen, schließlich können Sie ja aus der Tramkabine eine Tür auf der Seite sehen. Aber wie geht das nun genau?

- Die Lösung ist offensichtlich, wenn Sie das Problem in Ihrem Kopf hin und her drehen.
- Wenn Sie dorthin kommen, gehen Sie einen langen, orangefarbenen Korridor entlang. An einer Stelle werden Sie einen von Gehns Schreibern erblicken, der wieselflink in eines der Seitenzimmer verschwindet, sobald er Sie sieht. Folgen Sie ihm, und Sie werden rechtzeitig ankommen, um zu sehen, wie er in eine andere Tram an einer anderen Station einsteigt und davonbraust. Sie können ihn jetzt nicht erwischen, aber merken Sie sich für später diese Station.
- Gehen Sie weiter den Hauptgang entlang, bis Sie zu Gehns Beobachtungsraum vorstoßen.

Gehns Beobachtungsraum: das Farbenrad

- Sie können zwei Geräte bedienen. Welchen Zweck hat jedes von ihnen?
- Das Gerät zu Ihrer Rechten ist mit Symbolen auf der Skala versehen. Erkennen Sie einige dieser Symbole wieder?
- Worauf könnten sich die Symbole beziehen?
- Können Sie die Symbole der Farbe des Lichts im Display zuordnen?
- Die Farblichter, die beim Drücken der Knöpfe angehen, passen zu den Farben, mit denen die Wahrk-Totems auf der Seeoberfläche bemalt sind.
- Sie suchen nach fünf Farben, die zu fünf Symbolen passen. Leider fehlt eines der Totems, und das Licht funktioniert nicht.

SPASS MIT WAHRKS: Das rechte Licht ruft augenscheinlich einen Wahrk zur Fütterung. Schalten Sie das rote Licht ein, blicken Sie nach oben, um zu sehen, wie der Wahrk sich annähert. Wenn Sie mit dem Wahrk Schabernack treiben wollen, rufen Sie ihn einige Male – mit jedem Mal, wenn Sie das Licht anmachen und er kein Futter vorfindet, wird er gereizter. Beim vierten Mal wird er richtig sauer und kehrt erst nach sehr langer Zeit wieder.

Gehns Beobachtungsraum: der Bildschirm

- Das Rad auf der linken Seite verfügt über zwei Knöpfe, die anscheinend Bilder von zwei unterschiedlichen Kameras zeigen. Was genau zeigen sie?
- Das eine zeigt eine einsame Frau in irgendeinem Raum. Um wen könnte es sich handeln?
- Sowohl Atrus´ als auch Gehns Tagebuch erwähnen eine Frau. Wo könnte sie sich befinden?
- Der andere Knopf zeigt einige Ansichten des Kratersees auf der Dschungelinsel.
- Die Bilder von der Dschungelinsel scheinen von der kleinen Insel inmitten des Sees zu stammen, auf der sich eine Linse oder Kamera befindet.
- Erscheinen einige der Bilder außergewöhnlich?
- Ein Bild scheint eine Art Silhouette zu sein.
- Haben Sie nach einer fünften Tiersilhouette gesucht?
- Können Sie im Umriß der Silhouette ein winziges und unscheinbares Auge erkennen?

TIP: Sie können nicht zum Holzauge gelangen, das diese Ansicht offenbart. Nachdem Sie aber die Bedeutung der Zahlen kennen, sollten Sie erraten können, welches Zahlensymbol auf der Rückseite dieses Auges eingraviert ist. Sie haben jetzt die erforderlichen Informationen, um das Rätsel der 25 Steine zu lösen.

Sie sind mit der Insel der geographischen Vermessung fertig, wenn Sie folgendes getan haben: Sie haben das Rätsel des Kartenraums durchschaut, den Beobachtungsraum gefunden, die verschiedenen Feuermurmelkuppelsymbole bestimmten Farben zugeordnet und die fünfte Tiersilhouette bemerkt.

Sie können nun entweder mit der Tram zurück zur Insel der Buchherstellung reisen oder dem Schreiber zur Dschungelinsel folgen. Wenn Sie zuvor nicht das Problem mit dem Wahrk-Idol gelöst, die Feuermurmelkuppel auf der Dschungelinsel betreten und Gehns Thronturm gefunden haben, sollten Sie dies jetzt in Angriff nehmen.

Wahrscheinlich werden Sie zur Dschungelinsel zurückkehren wollen, weil Sie alle Informationen gesammelt haben, um das Rätsel der fünfundzwanzig Steine zu lösen und das Zeitalter der Moiety-Rebellen zu erreichen.

DAS ZEITALTER DER MOIETY-REBELLEN

Wie finde ich die Welt der Rebellen?

Dies ist vielleicht eines der zwei oder drei schwierigsten Probleme im Spiel, aber Sie müssen den Weg dorthin finden, um das Spiel erfolgreich abzuschließen.

Die Natur der Moiety

Zu irgendeiner Zeit müssen Sie eine Gruppe Eingeborener finden, die sich »die Moiety« nennen. Wer sind sie? Wie sollen Sie diese Aufgabe bewerkstelligen?

- Haben Sie bei Ihren bisherigen Erkundungen Zeichen der Unzufriedenheit in der örtlichen Bevölkerung entdeckt? Zeichen der Furcht? Der Aufruhr?
- Haben Sie Hinweise entdeckt, die Ihnen etwas über die Natur von Gehns Herrschaft über die Rivenianer verraten?
- *Moiety* ist der Name, den eine Gruppe von Rebellen auf *Riven* sich selbst gegeben hat. Wogegen oder gegen wen könnten sie rebellieren?
- Die Moiety müssen eine sichere Basis haben, von der aus sie ihre Operationen in der Welt *Riven* ausführen. Ist es wahrscheinlich, daß diese Basis auf einer der Inseln liegt?
- Die Moiety müssen buchstäblich unter der Nase von Gehn operieren, dem Schöpfer und Herrscher dieser Welt. Wie kommunizieren sie miteinander und mit den Ureinwohnern, die sie befreien wollen?
- Sie werden außerordentlich subtile Hinweise hinterlassen, um den Ureinwohnern mitzuteilen, wie sie sie erreichen können, die aber Gehn wahrscheinlich übersehen würde.

Gestalten, Geräusche und Symbole

Jemand hat sich sehr viel Mühe gegeben, subtile Hinweise für etwas Wichtiges auf einer bestimmten Insel zu plazieren. Diese Hinweise umfassen auffällige Gestalten, spezifische Geräusche und bestimmte kryptische Symbole.

- Gibt es ein hartnäckiges Artefakt, das im Laufe Ihrer Erkundungen mehrmals aufgetaucht ist? Etwas, das scheinbar mit einem größeren Geheimnis zusammenhängt?
- Es gibt einige Orte auf der Dschungelinsel, an denen ein Holzartefakt zu finden ist.
- Jedes Artefakt ist wie ein Auge bemalt.
- Jedes Holzauge produziert ein auffälliges Geräusch, wenn es gedreht wird.
- Das Geräusch, das ein Auge von sich gibt, unterscheidet sich von den Geräuschen aller anderen Augen.
- Jedes Holzauge trägt auf der Rückseite ein anderes Symbol. Können Sie feststellen, wofür diese Symbole stehen?
- Dies kann außerordentlich subtil sein: Einige Augen hängen mit einer Gestalt zusammen, jeweils einer anderen Gestalt für jedes Auge. Können Sie die Gestalten bestimmen und raten, wofür sie stehen?
- Hängt das Geräusch, das ein Auge macht, irgendwie mit den Gestalten zusammen?
- Ein Holzauge hängt mit keiner Gestalt zusammen, erzeugt aber ein Geräusch, das Sie während Ihrer Reise irgendwo gehört haben könnten. Können Sie das Tier anhand seines Rufs identifizieren?
- Die fraglichen Gestalten sind Tiergestalten.
- Die Holzaugen erscheinen manchmal an der Stelle, an der die wirklichen Tiere ihre echten Augen haben.
- Die Geräusche, die die Holzaugen erzeugen, sind die Geräusche, die jene Tiere machen.
- Am Ende sollten Sie eine Liste mit vier Tieren haben, jeweils mit dem zugehörigen Geräusch und einem unterschiedlichen Symbol.
- Denken Sie daran, vielleicht ist die Liste nicht vollständig.
- Es gibt eine fünfte Tiergestalt. Sie müssen woanders hinsehen, um sie zu sehen.

Die fünfte Gestalt

Nachdem Sie vier Gestalten und Symbole lokalisiert und die Bedeutung der Symbole herausgefunden haben, brauchen Sie nach wie vor ein weiteres Puzzleteil – die fünfte Tierform.

- Sie müssen lange suchen, um sie zu finden.
- Achten Sie bei Ihren Reisen auf eine Ansicht, die eine ungewöhnliche oder auffällige Gestalt zeigt.
- Sie können die Gestalt identifizieren, wenn Sie nach dem Auge suchen. Wenn es etwas gibt, was einem Holzauge an der richtigen Stelle des Objekts ähnelt, handelt es sich um eines der Puzzleteile für die Welt der Moiety.
- Sie müssen die Gestalt des fünften Tieres kennen. Sie brauchen nicht wirklich an das Auge heranzukommen, so wie es bei den anderen der Fall war.
- Tatsächlich *können* Sie das Holzauge in diesem Fall auch *gar nicht* erreichen. Sie können es nur von einem bestimmten Blickpunkt aus sehen.
- Dieser Blickpunkt befindet sich *nicht* auf der Dschungelinsel.
- Allerdings befindet sich die gesuchte Gestalt *sehr wohl* auf der Dschungelinsel.
- Dieser Gestalt ist kein Geräusch zugeordnet.
- Sie brauchen das Symbol auf der Rückseite des mit dieser Gestalt zusammenhängenden Holzauges nicht zu sehen, was auch gut ist, weil Sie es nicht erreichen können. Wenn Sie erst die Gestalt identifiziert und mit den bereits gesammelten Informationen kombiniert haben, ist die Identität des notwendigen Symbols mehr oder weniger offensichtlich.

Die Suche nach dem Tor zu den Moiety

Nachdem Sie den Code herausgefunden haben (eine Liste von Tieren und Symbolen, die Ihnen sagen sollten, wie Sie sie benutzen), müssen Sie immer noch feststellen, wo Sie sie benutzen müssen.

- Und wieder einmal: Haben Sie bei Ihren Erkundungen etwas über die Herrschaft Gehns über *Riven* gelernt?
- Sind die Menschen unter dieser Herrschaft glücklich? Sind sie verängstigt?
- Die Moiety haben einen Kampf gegen Gehn begonnen. Was könnte seine Antwort auf ihren Aufruhr sein?
- Gibt es Hinweise darauf, was Gehn mit gefangenen Rebellen macht?
- Untersuchen Sie die Kraterinsel auf der Dschungelinsel. Ein auffälliges Bauwerk scheint der spektakulären Entsorgung von Rebellen zu dienen.
- Die Untersuchung des Schulraums gibt Aufschluß darüber, auf welche Weise Rebellen hingerichtet werden.
- Nennen wir das Gerät den Wahrk-Galgen. Können Sie sich ihm nähern? Läßt es sich benutzen, um einen anderen Ort zu erreichen?
- Können Sie einen Ort finden, in dem gefangene Rebellen eingesperrt werden, während sie auf ihr Schicksal warten?
- Der Gefangene! Er ist entflohen!
- Sie haben auf die Gefängnistür geschaut, als Sie den Knopf drückten. Wohin ist er verschwunden? Jedenfalls nicht durch die Vordertür.
- OK. Wenn eine Gruppe Aufständischer auf der Insel operiert, könnten sie ein Mittel gefunden haben, diejenigen zu retten, die in die Klauen Gehns gefallen sind?
- Vielleicht verdient die Gefängniszelle eine nähere Untersuchung.
- OK. *Das* ist offen, aber sonst tut sich nichts. Warum? Kann man hier noch etwas lernen? Überprüfen Sie *alles*!
- Wenn Sie die Geheimtür gefunden haben, wird es sehr dunkel. Gehen Sie weiter vorwärts, bis Sie schließlich auf etwas Licht stoßen.
- OK. Eine Sackgasse. Aber vielleicht gibt es hier etwas, was Licht ins Dunkel bringen kann?
- Zurück in den Tunnel. Überprüfen Sie alles sorgfältig. Haben Sie etwas übersehen, während Sie im Dunkeln gelaufen sind?

TIP: Nein, das Programm ist nicht abgestürzt. Wenn Ihr Bildschirm vollkommen schwarz ist, liegt das daran, daß Sie in einem stockfinsteren Tunnel sind. Gehen Sie einfach weiter vorwärts!

Wie benutze ich das Tor?

Glückwunsch! Sie haben einen sonderbaren, gut verborgenen Raum mit noch seltsamerer Dekoration gefunden. Das Dolchsymbol auf der entfernten Wand ist mit Wasser bedeckt, das ziemlich seltsamen physikalischen Gesetzen zu gehorchen scheint. Könnte dies das Tor sein, nach dem Sie gesucht haben?

- Untersuchen Sie den Raum. Wie viele Steine gibt es hier? Was ist auf den Steinen?
- Haben Sie diese Gestalten zuvor gesehen?
- Haben diese Gestalten etwas mit den Tierformen zu tun, die Sie zuvor gesehen haben?
- Wie viele Gestalten haben Sie entdeckt?
- Haben Sie schon herausgefunden, was die Symbole bedeuten, die mit jeder Gestalt zusammenhängen?
- Versuchen Sie, die Steine zu berühren. Offensichtlich müssen sie in einer bestimmten Reihenfolge berührt werden.
- *Welche Reihenfolge ist es?*
- Haben Sie alle Gestalten, die Sie benötigen?
- Es gibt insgesamt 25 Gestalten. Welche Zahl ist bisher in *Riven* deutlich in Erscheinung getreten?
- Dies ist das Fünfte Zeitalter. Es gab fünf Seiten im Torraum, fünf Zacken im Sternsymbol, fünf Käfer auf den fünf Säulen und fünf Inseln.
- Sie müssen fünf Tiergestalten in einer bestimmten Reihenfolge berühren.
- Es *ist* möglich, das Rätsel mit Brachialgewalt zu lösen, indem Sie verschiedene Kombinationen der Reihe nach ausprobieren, aber Sie werden dafür viel Zeit und noch mehr Geduld brauchen.
- Sie können auch später hierher zurückkommen, wenn Sie noch nicht alle fünf Gestalten entdeckt haben.

TIP: Drei der Gestalten, nach denen Sie suchen, sind ziemlich einfach. Eine Gestalt muß aus dem Geräusch des Holzauges ermittelt werden, weil es an jenem Ort keine Gestalt gibt. Die fünfte Gestalt ist teuflisch gut versteckt und kann nicht physikalisch erreicht werden. Sie können sie allerdings an einem – und nur an einem – Ort auf einer der Inseln sehen.

In der Welt der Aufständischen

Okay, Sie sind in die Welt der Rebellen vorgedrungen und wissen nicht, was Sie hier tun sollen.

- Untersuchen Sie Ihre Umgebung. Wo sind Sie?
- Im Laufe Ihrer Ermittlungen betritt eine junge Frau den Raum. Sie können ihre Sprache nicht verstehen, aber augenscheinlich will sie Ihnen *etwas* Wichtiges mitteilen.
- Achten Sie genau darauf, was sie sagt. Haben Sie einen Namen herausgehört, den Sie erkennen?
- Was gibt sie Ihnen?
- Was sollen Sie offenbar für sie tun?
- Sie kommen offensichtlich eine Zeitlang nicht vom Fleck. Vielleicht sollten Sie ihren Wünschen Folge leisten.
- Nach einer Weile kehrt die Frau mit etwas anderem zurück. Wie sieht es aus?
- Was sehen Sie auf dem Bild in dem Buch?
- Könnte dies der Weg zurück sein?

TIP: Was Ihnen die Frau gibt, ist lebenswichtig für die Vollendung Ihrer Reise.

Sobald Sie das Tagebuch und das Fallenbuch in Ihrem Besitz haben, können Sie zur Dschungelinsel zurückkehren. Dazu benutzen Sie das Verbindungsbuch, das die Frau auf dem Tisch hat offen liegen lassen.

GEHNS WELT

Der Zutritt zu Gehns Welt

Dies ist vermutlich das schwierigste Problem in dem ganzen Spiel – herauszufinden, wie man zu Gehns Welt gelangt. Die Hinweise sind subtil, die Bestandteile des Rätsels obskur und weit verstreut. Viel Glück!

Die Verbindungsbücher

- Reisen zwischen den verschiedenen Zeitaltern – den verschiedenen erschaffenen Welten – vollziehen sich durch besondere Bücher.
- Haben Sie auf Ihren Reisen außer den Tagebüchern oder dem Fallenbuch bisher Bücher gesehen?
- Solche Bücher wären sehr gut geschützt.
- Solche Bücher benötigen jede Menge Energie, um aktiviert zu werden.
- Solche Bücher werden wahrscheinlich überall verteilt an bequemen Orten auf *Riven* liegen, wo Gehn bei Bedarf schnell darauf zugreifen kann. Sie müssen aber an einem Ort liegen, zu dem die Einheimischen keinen Zutritt haben.
- Konnten Sie etwas in dem kleinen Glasfenster sehen, nachdem Sie alle Feuermurmelkuppeln geöffnet haben?
- Etwas, das einem Buch ähnelt?
- Die Feuermurmelkuppeln sind Aufbewahrungsorte für Bücher, die zu Gehns privatem Versteck führen.

TIP: Sie brauchen nur eine der Feuermurmelkuppeln zu öffnen, um zu einem Verbindungsbuch zu gelangen. Der einzige Grund, warum man alle Feuermurmelkuppeln öffnen sollte, besteht darin, das Codesymbol für jede einzelne herauszufinden. Sie können später jenes Codesymbol mit einer bestimmten Farbe kombinieren, indem Sie die Erkenntnisse aus der Untersuchung des Farbenrads in Gehns Beobachtungsraum unterhalb der Insel der geographischen Vermessung verwerten.

Wie öffne ich die Schlösser der Feuermurmelkuppeln?

Das Öffnen einer Feuermurmelkuppel mit dem zugehörigen Kinetoskop reicht nicht aus. Wenn Sie die Drehung der Kuppel beenden und die äußere Hülle öffnen, versperrt ein weiteres Schloß den Weg zum Verbindungsbuch – fünf vertikale Gleitregler, die auf einer horizontalen Skala an bestimmte Positionen geschoben werden müssen. Eines der wichtigeren Rätsel in dem Spiel besteht darin, herauszufinden, welche Positionen dies sind.

- Die horizontale Skala sieht wie ein Lineal aus, das in Fünfergruppen eingeteilt ist.
- Die Kuppeln wurden von Gehn erbaut. Wo könnte er eine Notiz für sich selbst hinterlassen haben, einen Hinweis auf die Kombination?
- Bis zu diesem Zeitpunkt müßten Sie die ersten 10 Zahlen des rivenianischen Zahlensystems gelernt haben.
- Sie sollten inzwischen auch einen Blick auf Gehns Laborjournal geworfen und es gründlich inspiziert haben.
- Gibt es etwas in Gehns Laborjournal, das wie eine Folge von Zahlen aussieht?
- Könnte das der Code sein?
- Die Gleitskala ermöglicht es Ihnen, Zahlen bis 25 einzugeben. Leider kennen Sie nur die ersten 10 Zahlen.
- Einige der Zahlen in Gehns Journal könnten höher als 10 sein.
- Gelingt Ihnen der Schluß von den Ihnen bekannten Zahlen des rivenianischen Zahlensystems auf die anderen Zahlen? Zumindest soweit, um die Zahlen in dem Journal erraten zu können?

TIP: Rivenianische Zahlen, die vom Zählsystem der untergegangenen D´ni abgeleitet sind basieren auf der Zahl Fünf. Statt in Zehnern zählen Rivenianer in Fünfern. »Fünf« wird wie eine Eins geschrieben, die um 90 Grad entgegen dem Uhrzeigersinn gedreht wurde; »Zehn« ist eine umgedrehte Zwei, »Fünfzehn« ist eine umgedrehte Drei, und »Zwanzig« eine umgedrehte Vier. Andere Zahlen werden durch Symbolkombina-

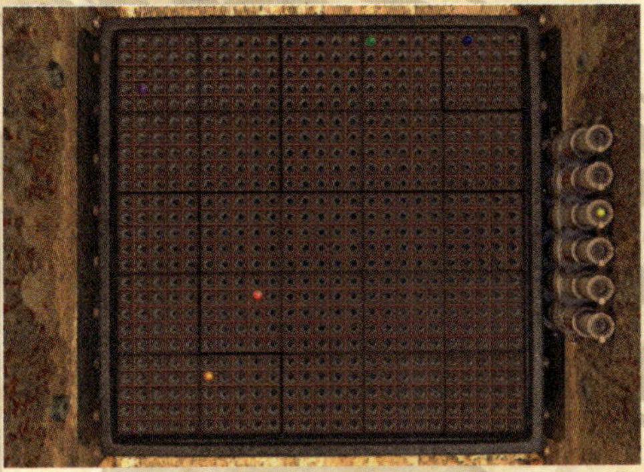

tionen dargestellt. »Acht« ist eine Kombination aus den Symbolen für Fünf und Drei. »Sechzehn« besteht aus Fünfzehn und Eins. Die einzige Ausnahme in der Serie ist die 25, die wie ein »X« in einem Quadrat aussieht. Glücklicherweise müssen Sie keine Zahlen herausfinden, die höher als 25 sind!

Wenn Sie glauben, daß Sie die Sequenz herausgefunden haben, schieben Sie jeden Gleitregler auf die entsprechende Position und drücken auf die Taste. Wenn Sie die Zahlen richtig ermittelt haben, wird sich der innere Teil der Kuppel öffnen und einen Zugang zum Verbindungsbuch freigeben.

Leider ist das immer *noch nicht* alles – das dicke Ende kommt noch. Das Buch ist offen, aber es benötigt Energie – viel Energie –, um zu funktionieren. Die Energie für alle Verbindungsbücher in den Feuermurmelkuppeln auf *Riven* kommt von einem einzigen Ort, und Sie müssen ein letztes Rätsel lösen, um zu erfahren, wie man die Energie aktiviert.

Wie finde ich das Rätsel der Feuermurmeln?

Sie müssen noch einen weiten Weg zurücklegen, um alle Feuermurmelkuppeln auf *Riven* mit Energie zu versorgen.

- Welche Einrichtung haben Sie bislang bei Ihren Reisen gesehen, die vermutlich jede Menge Energie für die Feuermurmelkuppeln auf den Inseln von *Riven* erzeugen könnte?
- Gibt es in dieser Einrichtung einen Teil, den Sie noch nicht erforscht haben?
- Sie müssen die Zugbrücke aus dem Innern der Einrichtung heben. Wenn Sie dies getan haben, als Sie die goldene Kuppel von der Insel der Buchherstellung her erreicht hatten, ist nun der Weg zur oberen Ebene des Doms vom Torraum auf der Tempelinsel offen.

TIP: Sie sind nicht bereit, dieses ultimative Rätsel zu lösen, wenn Sie nicht wissen (oder erraten können), welche Farben mit den unterschiedlichen Feuermurmelkuppeln zusammenhängen, und nicht wissen (oder durch die topologischen 3D-Karten auf der Insel der geographischen Vermessung erraten können), wo sich auf jeder Insel die jeweilige Feuermurmelkuppel befindet. Einige Rätselarbeit ist leider auch trotz dieser Kenntnisse unvermeidlich. Eine Farbe fehlt, und Sie haben eine Insel noch immer nicht besucht, so daß Sie nicht wissen, wo sich die fünfte Feuermurmelkuppel befindet.

Lösung des Feuermurmelrätsels

Nachdem Sie das Rätsel der Feuermurmeln im oberen Stock des goldenen Doms erreicht haben (über die angehobene Brücke vom Tor 3 im Torraum), können Sie versuchen, es zu lösen. Das Rätsel besteht aus Gattern von 25 Löchern in jedem der 25 größeren Quadrate.

- Sie sind diesem Quadratmuster zuvor begegnet.
- Früher einmal war diese Welt eine einzige große Insel. Doch weil Gehns Welten nicht von Dauer sind, wurde der ursprüngliche Kontinent seinerzeit in fünf verschieden große Stücke zerrissen.
- Können Sie die geographischen Umrisse jeder Insel auf dem großen Gatter darstellen?
- Können Sie auch die Positionen der Feuermurmelkuppeln auf den verschiedenen Inselformen bestimmen?
- Sie müßten die Lage jedes Doms auf der Insel der geographischen Vermessung herausgefunden haben.
- Vielleicht sollten Sie zur Insel der geographischen Vermessung zurückkehren und ganz besonders auf die Position der jeweiligen Feuermurmelkuppel achten.
- Das Rätsel stellt Ihnen sechs farbige Murmeln zur Verfügung.
- Sie brauchen nur fünf. Eine ist übrig. Welche könnte das sein?
- Versuchen Sie, jede der fünf farbigen Kugeln in die richtigen Löcher zu legen. Wenn Sie glauben, daß die Kombination richtig ist, gehen Sie zurück zur Passage, wo sich ein Schalter an der Wand befindet. Drücken Sie den Schalter, und eine gigantische Presse wird von oben herunterkommen und das Murmelgatter abdecken. Sobald ein weißer Knopf unter dem Schalter erscheint, klicken Sie darauf.

TIP: Wenn Sie die richtigen Murmeln an den richtigen Stellen plaziert haben, wird die Passage von einer riesigen Explosion aus Luft und Energie erfüllt, die wild an Kabeln und anderen losen Teilen reißt. Wenn nicht, passiert gar nichts. Gehen Sie dann zurück zum Murmelgatter, und versuchen Sie es noch einmal.

Sofern Sie die richtige Kombination gefunden haben und den Wind sehen und hören, haben Sie alle Verbindungsbücher mit Energie versorgt. Sie können nun zu jeder Feuermurmelkuppel gehen, das entsprechende Verbindungsbuch benutzen und zum Zeitalter von Gehns Versteck reisen.

Gehns Welt

Wenn Sie eines der Verbindungsbücher im Innern einer Feuermurmelkuppel öffnen, können Sie einen Blick auf eine andere Welt erhaschen … eine sonderbare Welt von Pyramiden, in ein rotes Licht getaucht, mit einem deutlich erkennbaren Bauwerk an der Spitze der höchsten Pyramide. Dies ist ein anderes Zeitalter – eine Welt, die Gehn zu seinem privaten Versteck auserkoren hat.

Berühren Sie das Bild, und Sie werden in Gehns Versteck teleportiert. Zum zweiten Mal auf Ihrer Reise finden Sie sich hinter Gittern wieder.

Um den Käfig herum sind weitere Verbindungsbücher angeordnet, von denen jedes mit einem anderen Inselsymbol versehen ist. Allerdings ist keines davon mit Energie versehen. Auf den Gitterstäben des Käfigs befindet sich eine Platte mit einem Sternsymbol. Wenn Sie den Knopf in der Mitte der Platte drücken, erscheint Gehn, um mit Ihnen ein Schwätzchen zu halten.

- Er scheint ziemlich freundlich zu sein und versucht, Ihnen den Eindruck zu vermitteln, daß Sie vermutlich falsche Informationen über ihn erhalten haben.
- Wenn Sie noch nicht das Fallenbuch von den Moiety geholt haben, wird er Sie bitten, dieses Buch für ihn zu finden – er erkennt seine wahre Natur nicht!
- Wenn Sie das Fallenbuch wiedererlangt haben (von dem er annimmt, es sei ein Verbindungsbuch zurück nach D´ni), erwägt er, es zu benutzen, fordert Sie aber auf, als erster hindurchzugehen.
- Wenn Sie Gehn in die Falle gelockt haben, bevor er die Verbindungsbücher mit Energie versorgt hat, müssen Sie den Stromschalter selbst finden.

- Wenn Sie das Buch nicht berühren, wird er Ihnen Zeit geben, darüber nachzudenken. Er wird auch den Strom für die Verbindungsbücher um Ihren Käfig herum einschalten, so daß Sie an jeden Ort von *Riven* gelangen können. Er bittet Sie allerdings, Catherine nicht zu besuchen, die er zu ihrer eigenen und zu seiner Sicherheit von den Rebellen trennen mußte.
- Können Sie herausfinden, welches Symbol Catherines Gefängnisinsel entspricht?
- Wem glauben Sie nun? Atrus, der Sie auf diese Reise geschickt hat? Catherine, der Anführerin der Moiety-Rebellen, einer Frau, der Sie nie begegnet sind? Oder Gehn, der zugibt, daß er einst seinen Sohn töten wollte, der aber jetzt Wiedergutmachung üben will und Ihre Hilfe braucht, um *Riven* und sein Volk zu retten?

TIP: Durch Ihre Erkundungen und nach der Lektüre der Tagebücher von Atrus, Catherine und Gehn sollten Sie eine Vorstellung davon haben, wer die Wahrheit sagt, wem Sie glauben und wem Sie helfen sollten.

Die Gefängnisinsel

Die fünfte Insel von *Riven* ist ein kleiner einsamer Fleck inmitten eines riesigen Ozeans, so weit von den anderen Inseln entfernt, daß Sie sie noch nicht einmal am Horizont sehen können. Der Großteil der Insel wird von einem gigantischen Baumstumpf umklammert, dessen Wurzeln über den nackten Fels kriechen und ins Meer hinabtauchen. Ein Gebäude – Catherines Gefängnis – erhebt sich aus dem Stumpf.

Diese Insel kann nur von Gehns Universum aus erreicht werden, wenn man das Verbindungsbuch für die Gefängnisinsel benutzt. Sie erscheint an der Feuermurmelkuppel der Insel, die parallel zur Hauptinsel aufgebaut und durch einem kurzen Gang damit verbunden ist.

Im Innern erwartet Sie ein Rätsel: Drei Schlüssel, von denen jeder ein auffälliges Geräusch macht, und ein Hebel, um das Schloß zu öffnen, wenn erst einmal die richtige Kombination eingegeben wurde. Rechts oben gibt es auch einen Aufzugknopf. Sie haben vermutlich noch nicht die notwendigen Informationen, um den Schließmechanismus zu bedienen, aber es ist möglich, mit dem Lift nach oben zu Catherines Gemächern zu fahren und mit ihr zu sprechen.

- Was für ein Gefühl haben Sie von Anfang an? Trauen Sie ihr?
- Was sollen Sie auf ihre Bitten hin machen?
- Sie hat Angst, daß Gehn Sie benutzt, Sie *beobachtet*. Können Sie sich an das Kamerabild in Gehns Beobachtungsraum erinnern?
- Wenn Sie das Fallenbuch und Catherines Tagebuch noch nicht von den Moiety geholt haben, müssen Sie sich jetzt darum kümmern.
- Wenn Sie bereits bei den Moety waren, haben Sie es nun in der Hand, Gehn zu fangen.

TIP: Sie müssen Gehn abermals gegenübertreten und ihn dazu bringen, daß er das Fallenbuch benutzt. Dadurch können Sie Catherine retten und das Spiel gewinnen.

Es ist auch möglich, Gehn einzufangen, *bevor* Sie Catherine besuchen. Wenn Sie den Code für ihr Verlies gefunden haben, ehe Sie sich zur Gefängnisinsel begeben, können Sie sie sofort befreien.

Spielende

Benutzen Sie die Feuermurmelkuppel neben Catherines Gefängnis, um zu Gehns Behausung zurückzukehren. Sie können ihn rufen, indem Sie erneut auf den Knopf an den Gitterstäben drücken. Sie haben nun zwei Ziele: Gehn dazu zu bringen, daß er das Fallenbuch benutzt, und die Kombination für das Schloß in Catherines Gefängnis herauszufinden.

Das Fallenbuch

Gehn muß das Bild im Fallenbuch berühren, wenn er darin eingekerkert werden soll.

- Wie funktioniert das Fallenbuch?
- Wenn Sie zuvor schon Myst gespielt haben, kennen Sie Fallenbücher von früher. Atrus´ Söhne Sirrus und Achenar waren, wie Sie sich sicher erinnern, in Fallenbüchern gefangen und versuchten zu entkommen.
- Wenn jemand bereits in einem Fallenbuch gefangen ist, wird er oder sie mit der *nächsten* Person tauschen, die das Bild auf dem Fallenbuch berührt.

- Kommt Ihnen eine Methode in den Sinn, wie man Gehn überzeugen könnte, das Bild zu benutzen.
- Gehn ist nicht so schlau, wie er Sie glauben machen will.

Der Gefängniscode

Nachdem Sie mit Gehn den Platz getauscht haben, befinden Sie sich außerhalb der Gitterstäbe und können seine Räume betreten. Ein Hebel auf einem Fensterbrett senkt die Gitter Ihres Gefängnisses und verschafft Ihnen Zugriff zu allen fünf Büchern.

- Sie müssen nach dem Code suchen.
- Er ist vermutlich gut versteckt.
- Der Code befindet sich nicht in Gehns Laborjournal. Wenn das Geheimnis überhaupt irgendwo zu finden ist, dann hier.
- Durchsuchen Sie gründlich seine Behausung. Gehn kommt sicher nicht zurück, um nach dem Rechten zu sehen!
- Die Leitersprossen an der Wand führen zu seinem Schlafzimmer im Untergeschoß.
- In seinem Schlafzimmer finden sich viele Kuriositäten und Privatgegenstände.
- Sie suchen nach etwas, das Ihnen einen Hinweis auf eine Folge von Geräuschen gibt, die das Schloß in Catherines Gefängnis öffnen.

TIP: Untersuchen Sie sorgfältig Gehns Habseligkeiten. Er würde solch bedeutende Informationen nicht in einem Tagebuch niederschreiben. Der Hinweis ist gut verborgen, aber jederzeit zugänglich.

Wenn Sie Gehn einfangen, *bevor* er den Strom für die Verbindungsbücher eingeschaltet hat, müssen Sie den Hebel für die Stromversorgung selbst finden.

Wenn Sie einmal den Code erlangt haben, können Sie zu Catherines Gefängnis zurückkehren und sie befreien. Sie erzählt Ihnen, daß *Riven* dem Untergang geweiht sei und daß die einzige Hoffnung darin bestehe, Atrus mit Hilfe des Teleskops ein Signal zu geben. Dazu sei es erforderlich, den mit Metallplatten verdeckten Sternenriß zu öffnen. Während Sie sich darum kümmern, wolle sie dafür sorgen, daß die Einheimischen im Zeitalter der Moiety in Sicherheit gebracht werden.

Wenn Sie an der Feuermurmelkuppel auf der Gefängnisinsel ankommen, ist diese wieder verschlossen und dreht sich – ein Beweis dafür, daß Catherine in Gehns Welt und dann auf einer der Inseln von *Riven* entkommen ist. Sie müssen hindurchgehen und irgendwie mit Hilfe des Teleskops den Sternenriß öffnen.

Das Teleskop

Jawohl! Das seltsame Gerät, das Sie gleich am Anfang auf *Riven* gesehen haben, ist eine Art Teleskop. Sie müssen es zum Funktionieren bringen, wenn Sie hier entkommen wollen!

WARNUNG! Versuchen Sie nicht, dieses Gerät vor dem Ende des Spiels in Betrieb zu setzen – ansonsten stecken Sie in ernsten Schwierigkeiten!

- Funktionieren die Regler? Haben Sie den Strom eingeschaltet?
- Dann mal los! Woher könnte die Energie stammen?
- Vielleicht gibt das Rohr, das zum Gerät auf der rechten Seite der Maschine führt, einen Hinweis. Wo kommt dieses Rohr her?
- Haben Sie die Luke auf dem Boden geöffnet?
- Haben Sie erfahren, wo die Information aufgezeichnet werden könnte?
- Wer könnte die Kombination haben?
- Wenn Sie Catherine von der Gefängnisinsel befreien, sagt sie Ihnen, wo die Kombination ist und was Sie tun müssen.
- Okay, das Ding hat Saft, und die Regler funktionieren. Sie versuchen, das Teleskop zu senken, um das Glas zu brechen und den Sternenriß zu öffnen. Irgend etwas scheint die Abwärtsfahrt des Teleskops entlang der Gleise zu blockieren.
- Untersuchen Sie sorgfältig die Stützen.
- Es gibt einen Hinweis in Catherines Tagebuch.
- Was Sie versuchen, ist im allgemeinen *nicht* zu empfehlen – das Glas zu zerbrechen und den Sternenriß zu öffnen. Ist die Annahme nicht gerechtfertigt, daß dieses Gerät über eine Art Sicherheitsvorrichtung verfügt?

- Suchen Sie nach einem Stift, der die Bewegung des Teleskops blockiert, und nehmen Sie ihn heraus.

TIP: Erinnern Sie sich an den Biologieunterricht? An das Mikroskop, das Sie damals benutzt haben? Sie drehen am Fokus herum, und plötzlich stößt die Linse durch das Glas mit dem Präparat? Genau das versuchen Sie auch hier. Sie müssen das Fenster öffnen, aber lassen Sie sich etwas Zeit, und beobachten Sie die Sterne durch das Okular. Benutzen Sie dann den Hebel auf der rechten Seite, um die Spitze des Geräts in das Glas hinabzustoßen.

Sie haben es geschafft! Das Glas ist zerbrochen, und dann werden die Stahlpanzerung, das gesamte Teleskop und das Fundament in einem Wirbelwind in den offenen Riß gesaugt. *Riven* liegt im Sterben und kollabiert um Sie herum, während der Himmel schwarz wird und die Erde bebt. Der von D´ni herbeigerufene Atrus erscheint, wenig später auch Catherine. Die Einheimischen sind in Sicherheit, und die Welten brauchen nicht mehr Gehns fehlgeleitete Einmischungen zu befürchten …

… dies natürlich aber *nur*, wenn es Ihnen gelungen ist, Gehn einzufangen und Catherine zu befreien. Der Schluß wird ziemlich anders sein, wenn Sie zuvor irgendwo versagt haben.

Aber dafür haben Sie ja dieses Buch gekauft! Gehen Sie zurück, und durchschreiten Sie *Riven* noch einmal. Genießen Sie die wilde Schönheit dieser fremden Welt.

Und sehen Sie, ob es Ihnen gelingt, diesmal das Tor zu einer *besseren* Welt zu öffnen.

KAPITEL 4

KARTEN & BESCHREIBUNG

DIE INSELN VON RIVEN: KARTEN & BESCHREIBUNGEN

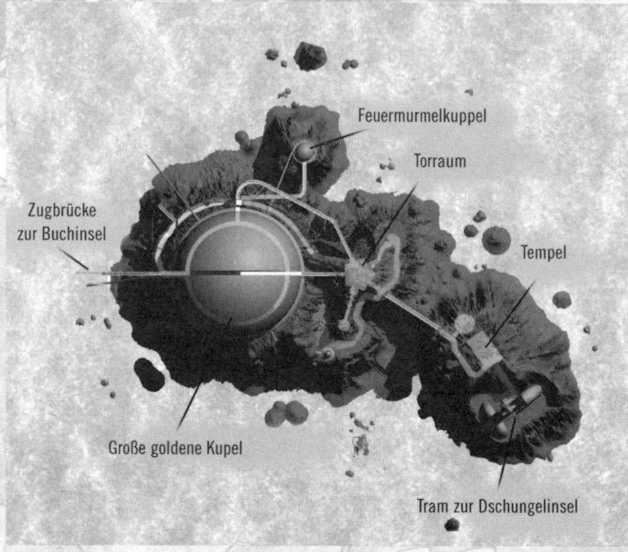

Dieses Kapitel steht im Zeichen des Sunners. Es enthält sowohl Tips und Tricks zum Spielen als auch spezifische Hinweise für die Lösung bestimmter Rätsel. Wenn Sie dieses Kapitel lesen, bevor Sie *Riven* spielen, bringen Sie sich um viel Spaß und Spannung.

Genau wie Kapitel 3 ist auch dieses Kapitel in Abschnitte unterteilt, die jedes Gebiet auf *Riven* beschreiben. Diesmal wird allerdings jede Karte detailliert dargestellt. Mit Hilfe dieser Karten können Sie feststellen, wo Sie sich befinden, wo Sie gewesen sind und wohin Sie als nächstes gehen sollten, aber Sie werden unterwegs jede Menge Spannung und Aufregung einbüßen.

Dieses Kapitel enthält auch Übersichten von Rätseln und Problemen, *die in dieser Reihenfolge* gelöst werden müssen, damit Sie im Spiel vorankommen. Daneben finden Sie auch zugehörige Lösungshinweise. Das Kapitel macht kurz davor halt, Ihnen die Gesamtlösung für jedes Problem zu verraten, aber es verrät schon furchtbar viel!

DIE TEMPELINSEL

Sie beginnen Ihr Abenteuer auf der Tempelinsel, südlich des Sternenrisses und des Teleskops. Sie müssen die Geheimnisse des Torraums, der großen goldenen Kuppel und des Tempels entwirren.

RÄTSEL UND PROBLEME AUF DER TEMPELINSEL

- Lösen Sie das Rätsel des Torraums. Wie kommen Sie dorthin, wo Sie hin wollen, und wie öffnen Sie die notwendigen Tore und Gitter?
- Versorgen Sie das Teleskop mit Strom.
- Wie gelangen Sie zur goldenen Kuppel?
- Was können Sie in der goldenen Kuppel einschalten?
- Das Rätsel der Feuermurmelkuppel. Wie öffnen Sie sie? Welches Symbol ist ihr zugeordnet?
- Der Tempel. Was erfahren Sie über seinen Erschaffer? Wie öffnen Sie die äußere Tempeltür?

Nachdem Sie die Erkundungen der Tempelinsel abgeschlossen haben, sollten Sie:

- herausgefunden haben, wie man den Torraum benutzt, um zu jeder der fünf Türen zu gelangen.
- die Gitter abgesenkt haben, die zwei der Türen versperren.
- das Teleskop mit Strom versorgt haben.
- die goldene Kuppel erforscht und den Strom für die westliche Brücke zur Insel der Buchherstellung sowie für die Zugbrücke zwischen dem Torraum und der Kuppel eingeschaltet haben.
- die Haupttür des Tempels geöffnet und die Tram zur Dschungelinsel gefunden haben.

Vielleicht ist es Ihnen auch schon gelungen, die Feuermurmelkuppel der Tempelinsel zu finden und zu erfahren, wie man sie öffnet. Falls dies nicht der Fall ist, läßt sich das aber auch bei einem der späteren Besuche nachholen.

RÄTSEL UND PROBLEME AUF DER DSCHUNGELINSEL

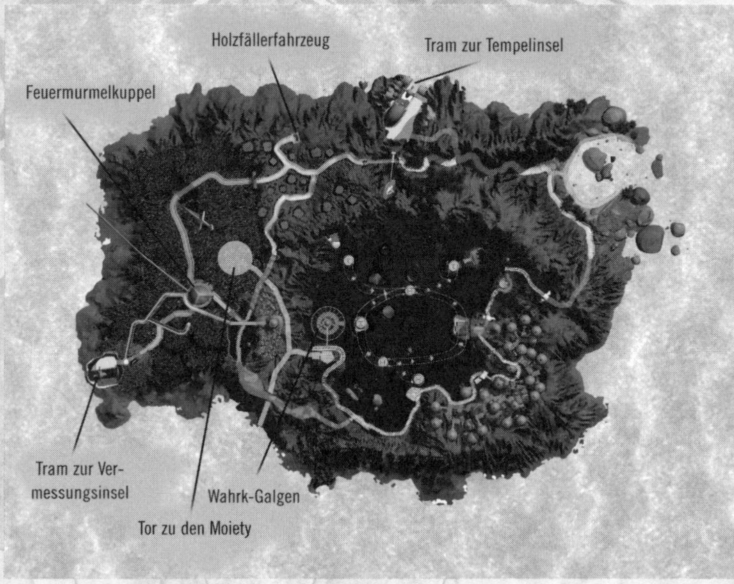

Fahren Sie mit der Mag-Lev-Tram von der Tempelinsel zur Dschungelinsel. Dieses Gebiet ist umfangreicher und enthält viel mehr Geheimnisse und Mysterien als die Tempelinsel.

- Welchen Sinn haben die Holzaugen?
- Können Sie jedes Auge mit einem bestimmten Tier in Verbindung bringen, sei es durch ein bestimmtes Geräusch, das das Tier macht, oder durch die Silhouette dieses Tieres?
- Gelingt es Ihnen, *vier* Holzaugen zu finden?
- Können Sie an einen Ort gelangen, an dem Sie die Bedeutung der Symbole auf der Rückseite jedes Holzauges erfahren können?
- Finden Sie heraus, wie man das U-Boot nach unten bringt. Lernen Sie, es dann im Kratersee zu bedienen.
- *Der Steuerraum*: Können Sie einen Weg finden, drei der fünf Leitern zu senken, um die wichtigen Anlegestellen im Innern des Kratersees betreten zu können?
- *Der Schulraum*: Können Sie das über D´ni-Zahlen lernen, was Sie wissen müssen?
- *Der Wahrk-Galgen*: Sie müssen die mittlere Öffnung des Wahrk-Galgens schließen, bevor Sie alle seine Geheimnisse erkunden können.
- Was ist das Geheimnis des Wahrk-Idols im Dschungel? Gelingt es Ihnen, einen Weg zu finden, um die Stege in den Bäumen oder die über Ihnen rotierende Feuermurmelkuppel zu erreichen?
- Tatsächlich gibt es mehrere Wege, die Feuermurmelkuppel zu betreten. Können Sie, wenn Sie dorthin gelangen, die Drehung beenden und das zugehörige Symbol herausfinden?
- Können Sie, nachdem Sie das Geheimnis des Wahrk-Idols durchschaut haben, Gehns erhobenen Thron finden? Was gibt es dort zu tun, um Ihre Erkundungen voranzutreiben?
- *Zurück zum Wahrk-Galgen*: Nachdem Sie die zentrale Öffnung geschlossen haben, können Sie die Gefängniszelle und das Geheimnis drum herum finden? Haben Sie alle notwendigen Informationen, um das Rätsel der fünfundzwanzig Steine zu lösen?
- Können Sie das Holzfällerfahrzeug finden, das Sie von der Dschungelinsel zur Insel der Buchherstellung bringt?

Nachdem Sie die Dschungelinsel erforscht haben, sollten Sie:

- vier Symbole von vier Holzaugen gesammelt und deren Bedeutung herausgefunden haben. Dies ist erforderlich, um das Rätsel des Tores zum Zeitalter der Moiety zu lösen.
- das U-Boot für eine Rundfahrt im See benutzt haben. Sie konnten vielleicht den Wahrk-Galgen nicht beim ersten Mal betreten, aber Sie müßten den Kontrollraum betreten haben, um die Leitern zu senken und den Schulraum zu betreten, um dort das zu lernen, was zu lernen ist.

- das Wahrk-Idol gefunden haben. Sie werden vielleicht sein Geheimnis beim ersten Mal gefunden haben; möglicherweise müssen Sie aber auch später unerwartet zur Dschungelinsel zurückkehren.
- Früher oder später müssen Sie auch die Feuermurmelkuppel auf der Dschungelinsel erreichen, das zugehörige Symbol herausfinden und Gehns Thron einen Besuch abstatten. Sie müssen Gehns Thron erreichen, um den Zugang zum Wahrk-Galgen zu öffnen.
- Wenn Sie an den Wahrk-Galgen herankommen, können Sie Gehns Gefängnis und das Tor zum Moiety-Zeitalter finden und langsam *daran denken*, wie Sie dieses tückische Rätsel lösen wollen.

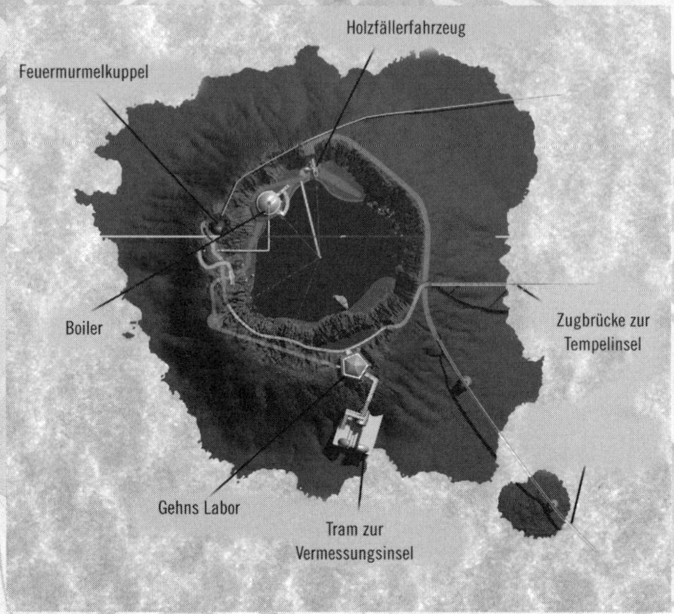

RÄTSEL UND PROBLEME AUF DER INSEL DER BUCHHERSTELLUNG

Sie fahren mit dem Holzfällerfahrzeug zu einer anderen Insel – die Insel der Buchherstellung. Ein Staatsempfang ist nicht anberaumt – Sie fallen auf einer Rutsche in einen Holzshredder, der glücklicherweise derzeit nicht in Betrieb ist.

- Können Sie das Rätsel des Boilers lösen? Um die Leiter und den Gang in der Mitte des Raums hinter der Tür zu erreichen, müssen Sie das Bodengitter anheben, sicherstellen, daß das Wasser aus dem Tank abgepumpt wurde und daß der Ofen aus ist.
- Wenn Sie das Gitter angehoben und das Drainagerohr in der Mitte des Boilertanks überquert haben, kommen Sie erst nach langem Kriechen und Klettern im Dunkeln hoch im Gebirge über dem See heraus. Können Sie einen Weg finden, der über den Gipfel des Hügels und hinab zu einem bewehrten Balkon führt?
- Das Gerät am Ende des langen Stegs, der ins Gebirge führt, dient dem Fangen von Fröschen. Können Sie einen davon mit Hilfe der Falle und der Beute fangen?
- Das große Gebäude, das Sie am Rande der Klippe sehen, ist Gehns Labor – die Stätte der Buchherstellung. Die einzige zugängliche Tür ist zugesperrt. Es ist ziemlich schwierig, hineinzugelangen; Sie müssen das Problem aus einer unerwarteten Richtung anpacken.
- Die Doppeltür über dem bewehrten Balkon auf der Klippe führt zum Froschfanggerät; doch es gibt dort noch mehr zu entdecken. Können Sie die Feuermurmelkuppel der Insel der Buchherstellung und das verborgene Kinetoskop zum Anhalten der Rotation finden?

TIP: Es gibt ziemlich viel Interessantes in Gehns Labor zu entdecken, wo er offensichtlich an der Buchherstellung und am Buchbinden herumexperimentiert hat. Sie können auch erraten, warum er Frösche gefangen hat: Er zieht aus ihnen einen Extrakt und raucht ihn in seiner Pfeife. Ja, unser Freund Gehn raucht Froschextrakt und tötet dieser Gewohnheit zuliebe hunderte der kleinen, wunderschönen Kreaturen. Sein Journal beschreibt seine Forschung nach einem besseren, milderen Froschextrakt. Was lernen wir daraus über den feinen Herrn?

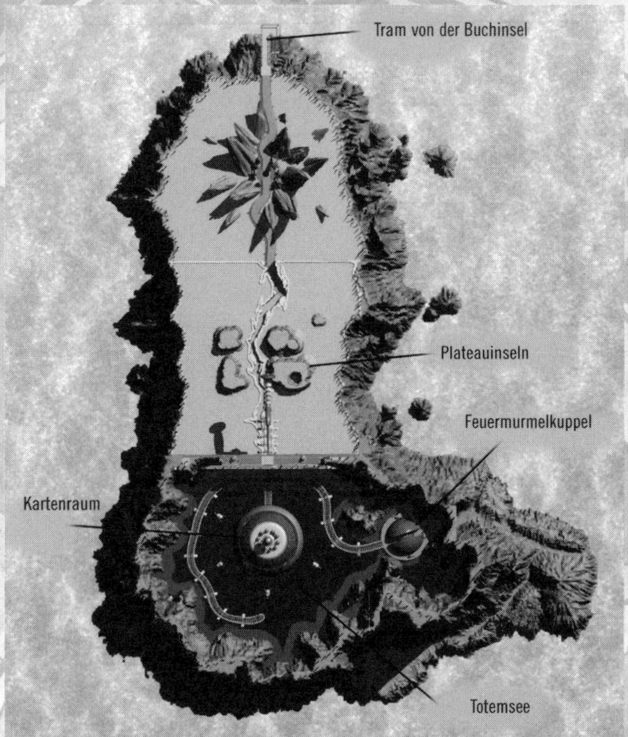

Nach den Erkundungen der Insel der Buchherstellung sollten Sie:

- die Rätsel des Boilers, des zentralen Energieventils und des Ventilatortrakts gelöst haben.
- die Position der Feuermurmelkuppel auf dieser Insel ermittelt haben.
- das Laborjournal von Gehn entdeckt und gelesen haben.
- eine Folge von rivenianischen Zahlen in Gehns Labortagebuch entdeckt haben.
- den Steg und die Brücke gefunden haben, die zurück zur großen goldenen Kuppel auf der Tempelinsel führen.
- die Tram neben Gehns Labor entdeckt haben.
- einiges über Gehn und seine persönlichen Vorlieben in Erfahrung gebracht haben.

Die Tram führt Sie zur nächsten unerforschten Insel, die Insel der geographischen Vermessung.

RÄTSEL UND PROBLEME AUF DER INSEL DER GEOGRAPHISCHEN VERMESSUNG

Die Tram aus Gehns Labor befördert Sie zur Insel der geographischen Vermessung. Achten Sie darauf, daß auf der rechten Seite eine Tür sichtbar ist, auch wenn Sie links aussteigen. Gehen Sie zuerst nach links, aber überlegen Sie, wie Sie auf die andere Seite der Tram gelangen könnten. Die Vermessungsinsel bietet so ziemlich die spektakulärste und großartigste Szenerie, die es bislang auf der Welt *Riven* zu sehen gab. Sie enthält überdies auch die Schlüssel zu den verschlagensten Rätseln von *Riven*.

- Die Ansicht der Plateauinseln und die korrespondierenden 3D-Ansichten jedes Teils jeder Insel im Kartenraum sind Rätsel und Problem zugleich. Was sollen Sie mit den hier enthaltenen Informationen anfangen?
- Die Feuermurmelkuppel dieser Insel sieht man am Rande eines Abgrunds im Fels direkt neben dem See, auf dem sich der Kartenraum befindet. Das vorgefundene Kinetoskop ist defekt. Können Sie trotzdem die Kuppel öffnen?
- Entdecken Sie eine Möglichkeit, wie Sie auf die andere Seite der Tram gelangen?
- *Die Rätsel des Beobachtungsraums.* Sobald Sie auf die andere Seite kommen, begegnen Sie einem von Gehns Schreibern, der schleunigst die Flucht ergreift. Während der Verfolgung sehen Sie, wie er in einer anderen Tram verschwindet – aber *nicht* in der, in der Sie angekommen sind. Die Passage hinter der Tramstation führt zu einem Beobachtungsraum unter Wasser, der einige wichtige Hinweise für die Rätsel von *Riven* enthält. Können Sie sie finden?

Wenn Sie die Vermessungsinsel hinter sich lassen, sollten Sie:

- eine ziemlich gute Vorstellung von der Identität der fünften Tiergestalt haben, damit Sie das Rätsel der Moiety – also das der 25 Steine – auf der Dschungelinsel lösen können.

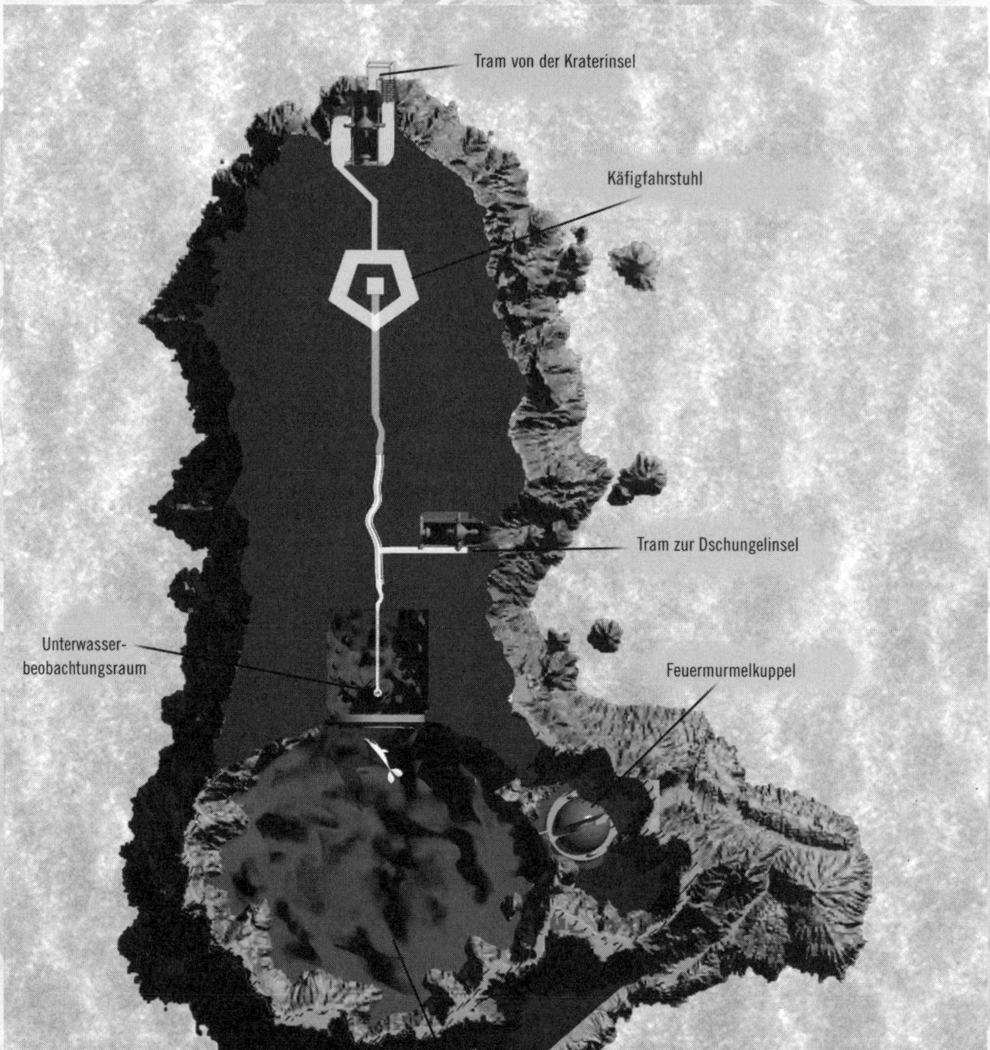

- die Feuermurmelsymbole notiert und die meisten davon einer Farbe zugeordnet haben. Dies wird Ihnen dabei helfen, das Rätsel von Gehns Zeitalter zu lösen.
- erfahren haben, welche Quadratmuster welche Inseln darstellen.
- das Kartenrätsel gelöst und herausgefunden haben, in welchem Sektor jeder Insel die Feuermurmelkuppel plaziert ist (auch dies ist erforderlich, um das Rätsel von Gehns Zeitalter zu lösen).
- die neu entdeckte Tram zur Dschungelinsel genommen haben, um das Geheimnis des Wahrk-Idols zu lüften, wenn Sie das nicht schon vorher erledigt haben.

RÄTSEL UND PROBLEME AUF DEM WEG ZUM ZEITALTER DER MOIETY

Der Ausgangspunkt für die Reise zum Zeitalter der Moiety ist die Dschungelinsel. Wenn Sie bei den Moiety ankommen, gibt Ihnen eine Frau namens Nelah Catherines Tagebuch und das Fallenbuch, das Ihnen am Anfang Ihrer Reise abgenommen wurde.

Allerdings ist es ziemlich aufwendig, alle Hinweise zu sammeln.

- Können Sie das Tor zum Zeitalter der Moiety finden? Sie müssen lernen, wie man das U-Boot benutzt, um zum Wahrk-Galgen zu gelangen. Sie müssen auch Gehns Thron und einen Weg gefunden haben, die Öffnung des Galgens zu schließen. Dann müssen Sie am Galgen bis zur Gefängniszelle vordringen, das dortige Geheimnis aufdecken, den Weg durch die Dunkelheit finden, den Rückweg beleuchten und schließlich (!) die Tür zum Tor finden.
- Wenn Sie das Tor gefunden haben, benötigen Sie den Code, um es zu öffnen. Sie müssen vier Holzaugen an verschiedenen Stellen der Dschungelinsel gefunden und inspiziert haben, um sie mit einer bestimmten Tiergestalt oder, in einem der Fälle, mit dem Ruf eines Tiers in Verbindung zu bringen, das Sie auf der Insel gesehen haben. Sie müssen jedem Tier ein Symbol zugeordnet haben, das Ihren Erkenntnissen aus dem Schulraum zufolge eine Zahl ist.
- Mit vier Tieren und vier Zahlen haben Sie es fast geschafft, aber Sie müssen auch in Erfahrung bringen, wie die *fünfte* Tiergestalt aussieht – diejenige in dem Unterwasserbeobachtungsraum auf der Insel der geographischen Vermessung. Sie können zwar nicht das zugehörige Holzauge berühren, aber durch Nachdenken die zugehörige Zahl ermitteln.
- Schließlich müssen Sie die richtigen Steine im Raum mit dem Tor in der richtigen Reihenfolge berühren. Die Reihenfolge ist offensichtlich und beruht auf der jeder Gestalt zugeordneten Zahl. Wenn Sie sich bei einem Symbol oder der Reihenfolge geirrt haben, wird nichts passieren, und Sie müssen die Steine in den ursprünglichen Zustand versetzen, indem Sie sie in der umgekehrten Reihenfolge berühren. Haben Sie die Steine in der richtigen Reihenfolge berührt, fließt das Wasser, das die Wand bedeckt, durch Seitenkanäle ab, das Dolchpaneel öffnet sich und gewährt Ihnen Zugang zu einem Verbindungsbuch, das Sie ins Zeitalter der Moiety befördert.

Sie werden von einem Blasrohrpfeil der Rebellen getroffen und verlieren das Bewußtsein. Später kommen Sie in einem kleinen Raum wieder zu sich. Zu diesem Zeitpunkt müssen Sie einfach nur raten, was die Frau von Ihnen will, und ihren Wünschen Folge leisten.

Nachdem Sie das Zeitalter der Moiety besucht haben, sollten Sie:

- das Fallenbuch wiedererlangt haben, das Ihnen am Anfang Ihrer Reise abgenommen wurde.
- Catherines Tagebuch in Besitz genommen haben, das wichtige Informationen für später enthält.

Die Frau kehrt mit einem weiteren Verbindungsbuch zurück. Berühren Sie das Bild auf dem Buch, und Sie kehren zum Raum der fünfundzwanzig Steine auf der Dschungelinsel zurück.

RÄTSEL UND PROBLEME AUF DEM WEG IN GEHNS ZEITALTER

Bis Sie in die alternative Realität vorgedrungen sind, in der Gehn lebt, wenn er nicht gerade Gott spielt und das Zepter über die Rivenianer schwingt, müssen Sie einige der knackigsten Rätsel im Spiel lösen.

- Können Sie das erste Geheimnis der Feuermurmelkuppeln lüften und die äußere Hülle öffnen?
- Können Sie an den fünfstelligen Code gelangen, der Ihnen Zugang zu einem Verbindungsbuch gewährt?
- Haben Sie gelernt, wie man die D'ni-Symbole für Zahlen zwischen 1 und 10 liest? Damit können Sie die Symbole herausfinden, die für die Zahlen zwischen 11 und 24 stehen. Wahrscheinlich steht ein Symbol für die Zahl 25. Wenn diese Zahl in der Zahlenfolge auftaucht, müßten Sie erkennen, welches Symbol es ist.
- Haben Sie jeder der vier Kuppeln ein bestimmtes Symbol zugeordnet?

- Haben Sie erfahren, welche Farben diesen Symbolen entsprechen? Drei davon sind einfach, aber die vierte muß erraten werden.
- Haben Sie den Kartenraum auf der Vermessungsinsel betreten, seine Geheimnisse entschleiert und die Position der fünf Feuermurmelkuppeln auf Riven aufgezeichnet? Drei davon sind ziemlich einfach, der vierte schwieriger; beim fünften müssen Sie einfach raten.
- Sind Sie auf die Idee gekommen, daß die Verbindungsbücher in den Feuermurmelkuppeln Energie benötigen? Haben Sie die Energiequelle lokalisiert und den Weg zu einem letzten Rätsel gefunden, das die Energiequelle einschaltet?
- Haben Sie das Murmelrätsel gelöst, das die Verbindungsbücher mit Energie versorgt? Sie müssen fünf der sechs farbigen Murmeln korrekt auf einem Raster von 625 Löchern plazieren. Sie kennen nur drei der Farben gewiß; die vierte und fünfte müssen aus den drei übrigen durch Raten herausgefunden werden. Sie kennen auch die Position der fünften Murmel nicht genau, obwohl die betreffende Insel ziemlich klein ist, was die Wahlmöglichkeiten einschränkt.

Wenn die richtigen Murmeln sich in den richtigen Löchern befinden, kommt es nach der Betätigung des Hebels an der Wand und dem Drücken des weißen Knopfes zu einem Knall am Murmelgerät. Dem können Sie entnehmen, daß die Verbindungsbücher jetzt mit Strom versorgt und bereit zur Benutzung sind.

Was nach der Ankunft in Gehns Zeitalter passiert, hängt davon ab, ob Sie bereits das Fallenbuch aus dem Zeitalter der Moiety wiedererlangt haben. Sie erhalten die Gelegenheit, die fünf verschiedenen Inseln von *Riven* zu betreten. Falls Sie noch nicht im Zeitalter der Rebellen waren und das Fallenbuch wiedererlangt haben, ist es jetzt an der Zeit, dies zu tun. Sie können aber auch Catherine auf der Gefängnisinsel besuchen; doch Sie kehren danach jedesmal in Gehns Zeitalter zurück, bis Sie ihn entweder eingesperrt haben oder er Sie umgebracht hat.

Wenn Sie Gehns Zeitalter abgeschlossen haben, sollten Sie:

- das Murmelrätsel gelöst haben, das Ihnen Zutritt zu Gehns Zeitalter durch jeden Feuermurmeldom gewährt.
- sich in einer Gefängniszelle in Gehns Behausung wiedergefunden haben.
- die fünf Verbindungsbücher gesehen und als Verbindung zu jeder der fünf Inseln von *Riven* erkannt haben, die am Anfang allerdings ohne Energie sind.
- einen Knopf entdeckt haben, der Gehn zu einem kleinen Plausch ins Zimmer ruft.
- Gehn angehört haben. Danach schaltet er entweder den Strom für alle Verbindungsbücher ein, oder Sie setzen ihn gefangen, entfliehen Ihrem Käfig und schalten selbst den Strom ein.
- das Fallenbuch benutzt haben, um Gehn gefangenzunehmen und aus Ihrer Zelle zu entkommen. Dies läßt sich auch bei einem späteren Besuch in Gehns Zeitalter bewerkstelligen.
- das Verbindungsbuch zur fünften Insel verwendet haben, um Catherine zu besuchen. Dabei haben Sie das kodierte Schloß auf ihrer Zelle gesehen. Dies kann jetzt oder bei einem späteren Besuch erfolgen.
- den Schlüssel (eine Folge spezifischer Geräusche) irgendwo in Gehns Behausung gefunden haben, mit dem Sie Catherines Zelle öffnen können.
- zu Catherines Insel zurückgekehrt sein und sie befreit haben.

Geben Sie jetzt nicht auf! Sie haben es fast geschafft!

WARNUNG! Wenn Sie Gehn rufen, nimmt er Ihnen das Fallenbuch weg und bietet Ihnen an, ihm vorauszugehen. Sie können ablehnen. Er gibt Ihnen jedoch nur drei Versuche, bevor er die Geduld verliert und Sie umbringt.

RÄTSEL UND PROBLEME AUF CATHERINES INSEL

Obwohl Gehn einen gegenteiligen Wunsch äußert, hindert Sie nichts daran, das Verbindungsbuch neben Ihrer Zelle zu benutzen. Reisen Sie damit zur Gefängnisinsel, auf der Catherine gefangengehalten wird. Sie können zwar mit ihr sprechen, sie aber nicht aus ihrer Gefängniszelle befreien, solange Sie nicht den Code zum dreiteiligen Schloß im Fahrstuhl knacken.

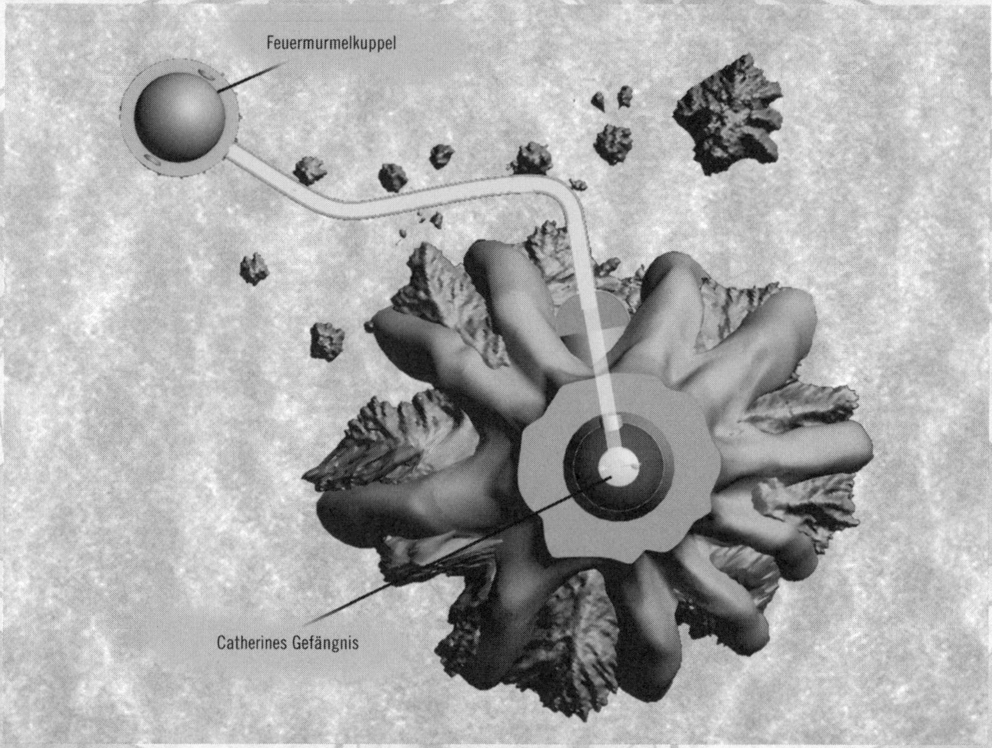

- Können Sie den Code zum Schloß irgendwo in Gehns Behausung finden? Dies gelingt Ihnen nur, wenn Sie Gehn erfolgreich in Atrus´ Fallenbuch eingesperrt haben.
- Können Sie den Hebel finden, der Ihre frühere Zelle öffnet? Sie müssen den Käfig öffnen, um an die fünf Verbindungsbücher heranzukommen.

Wenn Sie Catherines Insel zum letzten Mal verlassen, sollten Sie:

- Catherine aus ihrer Zelle befreit haben.
- von ihr Anweisungen für das Teleskop und den Sternenriß erhalten haben. Sie müssen ein letztes Rätsel lösen, um das Spiel erfolgreich abzuschließen.

DAS RÄTSEL MIT DEM TELESKOP

Sie sehen sich einem letzten Rätsel gegenüber, das sich ironischerweise nur ein paar Schritte weiter von genau jener Stelle befindet, an der Sie die Welt von *Riven* zum ersten Mal betreten haben. Das Teleskop ist jenes Gerät, das wie ein Waffeleisbecher aussieht und über einer runden Luke auf eisernen Platten auf dem Boden ruht. Ein Okular ermöglicht einen Blick auf die Luke ... oder gibt das preis, was sich dahinter verbirgt, wenn die Luke offen ist. Ein Knopf hebt oder senkt das Teleskop zur Fokussierung; ein Hebel bestimmt, in welcher Richtung sich das Gerät bewegt – nach oben oder nach unten.

Ihr Ziel besteht darin, die Luke zu öffnen und ein Glasfenster aufzudecken, das einen Sternencluster mit einem gewaltigen Riß zeigt. Sie müssen dann die Spitze des Teleskops benutzen, um das Fenster zu durchbrechen und das Zeitalter von *Riven* zu beenden.

- Haben Sie herausgefunden, wie man den Strom für das Teleskop einschaltet?
- Haben Sie herausgefunden, wo sich der Code für den Lukenschließmechanismus befindet, und die Luke geöffnet?
- Haben Sie den Sperrbolzen gefunden, der das Glas vor einem Herabfallen des Teleskops schützen soll?
- Haben Sie das Glas zerbrochen?

WARNUNG! Benutzen Sie das Teleskop erst, wenn Sie sicher sind, daß Sie das Spiel beenden wollen! Wenn das Glas einmal zerbrochen ist, gibt es keinen Weg zurück!

Sie haben Ihre Aufgaben vollständig erfüllt, wenn Sie:

- das Teleskop mit Strom versorgt haben.
- den Sicherheitsbolzen entfernt haben.
- das Teleskop benutzt haben, um das Glas zu zerbrechen.

Einige Augenblicke später beginnt *Rivens* Jüngstes Gericht. Atrus erscheint. Die folgenden Ereignisse und Artrus´ Worte hängen davon ab, ob Sie alle Aufträge erfüllt haben oder ob es noch etwas Unerledigtes gab, als Sie den Sternenriß geöffnet haben.

Den ultimativen Sieg haben Sie durch das Öffnen des Sternenrisses errungen, wenn Sie:

- Gehn gefangengenommen und
- Catherine befreit haben.

Bleibt eine der beiden Aufgaben unerledigt, kommt es zu einem anderen Schluß, der nicht ganz so glücklich ist wie im Falle des kompletten Erfolgs.

KAPITEL 5

DAS FÜNFTE ZEITALTER

DIE REISE DURCH DAS FÜNFTE ZEITALTER

Dieses Kapitel ist mit einem Sunner markiert. Wenn Sie dieses Kapitel lesen, *bevor* Sie das Spiel spielen, werden Sie einiges an Spannung und Überraschungen einbüßen, die die Geschichte von *Riven* für Sie bereithält.

Das Kapitel führt Sie Schritt für Schritt durch das gesamte Spiel und erzählt die Geschichte aus der Sicht eines Abenteurers. Vergessen Sie aber nicht, daß *Riven* sehr offen konzipiert ist. Es gibt keinen »richtigen Weg« und keine bestimmte Reihenfolge, in der die Rätsel gelöst werden müssen. Ihr Weg durch *Riven* wird sicherlich in vielem von demjenigen abweichen, der hier dargestellt ist.

✤ ✤ ✤

Die ganze Reise stand unter keinem glücklichen Stern. Die Dinge liefen gar nicht so, wie Atrus es geplant hatte …

Nachdem ich ihn aus seinem Gefängnis auf D´ni befreit hatte, verbrachte ich ziemlich viel Zeit damit, die Welten von Myst zu meinem eigenen Vergnügen zu erforschen. Obwohl ich die Ausflüge sehr genoß, muß ich gestehen, daß ich erleichtert war, als er sich mit mir in Verbindung setzte und darum bat, einen Auftrag für ihn zu erledigen. Der Sinnlosigkeit meiner Reisen überdrüssig, war ich bereit für ein neues Abenteuer.

Allerdings schien Gehn von Anfang an die Oberhand zu behalten. Ich erinnerte mich an einen alten Anwaltsgrundsatz, wonach man seinen Gegenspieler im Prozeß für mindestens genauso gewieft und beschlagen halten sollte, wie man sich selbst einschätzt.

Ich fürchtete, daß Atrus recht hatte, als er so besorgt war! Diese neue Krise schien schlimmere Ausmaße anzunehmen als jene mit seinen Söhnen. Gehn – Atrus´ Vater – war jener »größere Feind«, von dem Atrus sprach, als ich ihn aus der Myst-Affäre rettete. Ein Mann, den man daran hindern mußte, sein Unwesen auf der Welt *Riven* zu treiben.

Atrus übergab mir ein Fallenbuch (ich kannte solche Bücher noch von der Insel Myst!) und trug mir auf, Gehn damit einzufangen. Er überreichte mir auch sein persönliches Tagebuch in der Hoffnung, einige der darin enthaltenen Hinweise könnten auf meiner Reise von Nutzen sein.

Ich legte meine Hand auf das Verbindungsbuch und wurde auf *Riven* transportiert, wo ich mich in einer kleinen Kammer mit Ausblick auf schroffe Felsen und die dahinterliegende See wiederfand. Ein sonderbares metallisches Gerät fiel mir zwischen den Klippen auf. Für eine eingehendere Betrachtung blieb jedoch keine Zeit, denn vor mir hoben sich Gitterstäbe an, die mich zum Gefangenen machten!

Ich hatte keine Ahnung, ob Gehn von meiner Ankunft wußte oder ob jeder Neuankömmling in diesem Zeitalter so behandelt wurde. Beide Alternativen waren jedenfalls ähnlich unerfreulich! Der Erfolg meiner Mission war bereits gefährdet, kaum daß ich mit der Ausführung begonnen hatte.

Ich zermarterte mein Gehirn nach einem Ausweg – viele Möglichkeiten gab es ja nicht –, als jemand in mein eingeschränktes Gesichtsfeld trat. Seine Kleidung hatte einen militärischen Touch, obwohl er irgendwie unwohl bzw. gar unnatürlich wirkte, so, als ob die Uniform seine Handlungen bestimmte und nicht umgekehrt. Er war mit einem Messer oder Kurzschwert in der Scheide an seinem Gürtel bewaffnet, und ich nahm an, er sei eine Art Wache oder Miliz, die aus den Einwohnern von *Riven* rekrutiert wurde.

Er war ziemlich überrascht, mich zu sehen, näherte sich aber, nachdem er den Schock überwunden hatte, und plapperte unverständlich vor sich hin. Ich versuchte gerade, mir einen Reim darauf zu machen, als er zwischen die Gitterstäbe meines Käfigs griff und mir das Fallenbuch entriß. Seine Zufriedenheit war freilich nur von kurzer Dauer; kaum hatte er das Buch geöffnet, griff er sich an den Hals, so als ob er gestochen worden wäre, und brach dann auf dem Boden zusammen. Das Buch fiel dabei aus seinen Händen. Ich konnte nicht feststellen, ob er tot oder einfach nur bewußtlos war.

Nach einigen Augenblicken der Überraschung beobachtete ich, wie der Körper von jemandem fortgeschafft wurde, den ich nicht sehen konnte. Dann erschien eine maskierte Gestalt, die ganz in Schwarz mit einer roten Schärpe und einem roten Stirnband gekleidet war und an ihrem Gürtel ein langes Rohr trug – vermutlich ein Blasrohr für Giftpfeile. Er blieb stehen, nahm das Fallenbuch an sich und legte dann einen Schalter um, der langsam meine Gitterstäbe senkte, zerstörte daraufhin den Mechanismus mit einem Felsbrocken und verschwand. Als die Gitterstäbe unten waren und ich mich frei bewegen konnte, waren weder die Wache noch mein geheimnisvoller Wohltäter irgendwo zu sehen.

Meine Situation hatte sich nur geringfügig verbessert. Richtig – ich war nicht mehr hinter Gittern, aber ich hatte das Fallenbuch verloren, das einzige Werkzeug, das ich mit auf die Reise genommen hatte.

Doch da war ja noch das Tagebuch, das ich von Atrus bekommen hatte. Vielleicht gab es darin Hinweise, mit deren Hilfe ich die Mission auch ohne das Fallenbuch abschließen könnte? Ich beschloß, nach einer sorgfältigen Lektüre auch meine Entdeckungen festzuhalten. Nun aber mußte ich mich ganz auf das Tagebuch und meinen gesunden Menschenverstand verlassen.

✾ ✾ ✾

Es schien, als hinge jetzt vieles von meinen Anstrengungen ab: Die Rettung von Catherine und die Umsiedlung der Bewohner von *Riven*, bevor diese Welt unweigerlich untergehen würde. Ach ja – meine eigene Heimkehr natürlich auch! Alles hing davon ab, ob es mir gelingen würde, Gehn einzufangen. Nur dann konnte Atrus hier persönlich erscheinen; irgendwie mußte ich jenes Fallenbuch finden und wieder an mich nehmen.

Nachdem ich Atrus´ Tagebuch durchgelesen hatte, erforschte ich die nähere Umgebung. Ich war auf einem felsigen und unwirtlichen Teil *Rivens* gelandet, der nur spärlichen Pflanzenbewuchs aufwies. Es schien mir, als wäre ich auf einem Archipel gelandet, dessen Inseln durch dicke Kabel miteinander verbunden waren – viel-

leicht eigenwillige Gleise für irgendein Transportmittel. Hinter meinem früheren Gefängnis sah ich eine Insel mit vielen hohen Bäumen auf der einen Seite und einen großen Kahlschlag, wo augenscheinlich eine größere Baumfällaktion in Gang war.

Ich näherte mich dem sonderbaren Gerät, das ich von meiner Zelle aus erblickt hatte. Es bestand aus einem umgedrehten Kegel, der über einer Metalluke im Boden befestigt war. Ich schaute in das Okular, konnte aber nichts außer einem milchigen Nebel entdecken. Ich schloß messerscharf, daß das Teleskop der Beobachtung dessen diente, was sich unterhalb der verschlossenen Luke befand.

Neugierig drückte ich ein paar Knöpfe in zufälliger Reihenfolge, erkannte aber bald, daß jeder Versuch, die Luke ohne Kenntnis der Kombination zu öffnen, ein sinnloses Unterfangen darstellte. Ich bemerkte einen Hebel an der Stützkonstruktion und einen darunterliegenden Knopf, die jedoch beide keine Wirkung zeigten. Vielleicht war das Rohr, das von dem Gerät in eine Felswand hinter mir führte, eine Stromleitung. Vielleicht konnte ich auch herausfinden, wo sich der zugehörige Stromschalter befand.

Der einzige andere Gegenstand von Bedeutung in der unmittelbaren Umgebung war ein riesiger Dolch, drei Menschenlängen hoch, der neben meinem ehemaligen Gefängnis in den Boden gerammt war. Letzteres war ein überraschend kleines Gebäude, gerade einmal groß genug, damit eine Person darin aufrecht stehen konnte. Ich untersuchte den Hebel, den mein Wohltäter zu meiner Rettung umgelegt hatte, und stellte fest, daß der Mechanismus tatsächlich zerstört war. Es erfüllte mich eine tiefe Zufriedenheit

darüber, daß kein anderer Wanderer dort künftig eingesperrt würde.

Danach kletterte ich die Stufen hoch, die in den Hügelfels gemeißelt waren. Oben standen mir drei Optionen zur Verfügung. Nach vorne hin führten die Stufen wieder den Hügel hinab. Auf der linken Seite konnte ich einen schlichten Vorraum zu einem herrlichen goldenen Gebäude sehen. Zu meiner Rechten führte eine Brücke über einen Abgrund zu einem Tor in einen anderen Berg. Ich hatte wirklich keine Ahnung, welcher Weg der bessere war, und beschloß, zunächst nach rechts zu laufen.

Der Weg über die hohe Brücke, die im Wind schaukelte, bot mir eine spektakuläre Aussicht auf das Meer und meine Umgebung. Ein Blick zurück offenbarte links hinter dem von mir erkletterten Hügel eine gigantische Kuppel, die von der Sonne in ein gleißendes goldenes Licht getaucht wurde.

Vor mir entdeckte ich ein Tor in dem felsigen Gesicht einer Halbinsel – fast schon einer separaten Insel.

Als ich am Tor ankam, sah ich Stufen, die in den Fels führten. Ich stieg vorsichtig hinab, traf aber nichts Bösartiges an. Unterhalb der Stufen befand sich eine massive, in Stein gehauene Tür. Ich öffnete sie und fand mich in einem beeindruckenden Raum wieder, der einem Tempel ähnelte – einem Ort des Gebets. Massive Säulen säumten das Tempelinnere. Eine kugelförmige Konstruktion, die einem riesigen Vogelkäfig ähnelte, füllte den vorderen Teil des Raums aus – eine Art sonderbarer Altarkäfig. Direkt dahinter befand sich die prunkvolle Darstellung eines fünfzackigen Sterns, der den ganzen Raum in ein buntes Licht tauchte.

Auf jeder Seite des riesigen Käfigs standen Statuen von ziemlich gemein aussehenden fischartigen Wesen, jedes mit zwei entblößten Stoßzähnen. Vielleicht mystische Wesen? Sie schienen irgendeine religiöse Bedeutung zu haben, so wie sie um den sternenerleuchteten Altar gruppiert waren. Vor jeder Statue lagen Obstgebinde, Blumen und andere Gegenstände, mutmaßlich irgendwelche Opfergaben. Daher entschloß ich mich, den Raum als Tempel zu bezeichnen und dementsprechend den Ort als Tempelinsel.

Direkt gegenüber dem Käfig befand sich eine kunstvoll gravierte und sicher verschlossene Tür. Nach einer anstrengenden und erfolglosen Suche nach einem Schlüssel oder einer Art Schließmechanismus begab ich mich wieder zu der schweren Steintür, durch die ich den Tempel betreten hatte und die sich kaum von der Wand mit den Säulen abhob. Ich stieg wieder die Treppen hinauf. Dieser Weg schien eine Sackgasse zu sein, und ich vernahm den Lockruf jener riesigen goldenen Kuppel.

Auf halbem Weg die Treppen hinauf bemerkte ich allerdings zu meiner Rechten eine Tür, die zu meiner großen Freude nicht abgesperrt war. Die Tür öffnete sich in einen kleinen Raum mit nichts als einem einzigen Stuhl, fast schon einem Thron, von einem Käfig mit Streben umgeben, der jenem im Tempel ähnelte. Als ich nähertrat, hob sich der Käfig und gab den Weg zum Stuhl frei. Ich setzte mich darauf und untersuchte einige der Regler auf den Lehnen.

Als ich den Knopf auf der rechten Lehne drückte, senkte sich die käfigartige Struktur. Die Ähnlichkeit zwischen dieser Konstruktion und jener im Tempel raubte mir den Atem. Direkt vor mir stand ein sternförmiger Apparat, der wie ein Mikrophon oder eine Kamera aussah. Vielleicht eine Art Übertragungsgerät, ein Mittel, um ein

überlebensgroßes Bild in den Tempelkäfig zu projizieren? Als ich den Hebel auf der linken Lehne bewegte, ergab dies keinen sichtbaren Effekt, doch ich vermutete, daß man bei eingeschaltetem Strom im Tempel meine Wenigkeit hätte beobachten können: wie ich in der sternerleuchteten Luft zwischen den beiden Fischstatuen und ihren Gaben hing.

Ich fragte mich, wer dieses Gerät benutzte und zu welchem Zweck. Hatte es den Sinn, als Gott angebetet zu werden? Wenn das so wäre, dann betrog er offensichtlich die Einwohner, oder dachte er vielleicht wirklich, daß er ein Gott sei?

Mit anderen Worten: War der Benutzer des Geräts heimtückisch – oder einfach nur verrückt?

Nach einigem Nachdenken erhob ich mich vom Übertragungsstuhl. Beide möglichen Schlußfolgerungen, die ich in bezug auf seinen »rechtmäßigen« Benutzer zog, waren nicht angenehm. Zwei weitere Gegenstände in dem Raum lenkten meine Aufmerksamkeit auf sich. Auf der einen Wand, rechts von der Tür, durch die ich hereingekommen war, befand sich ein runder Bildschirm, der eine Art Transportmittel zeigte. Auf der anderen Seite der Tür zeigte ein ähnlicher Bildschirm den Tempel und die verschlossene Tür. Neben dem Bildschirm befand sich an der Wand ein Hebel.

Ich war ziemlich sicher, daß auch er keinen Strom hatte, trotzdem versuchte ich es. Zu meiner großen Überraschung lag ich daneben – auf dem Bildschirm sah ich sofort, wie sich die Tür öffnete und der Tempel von Licht durchflutet wurde. Ich rannte Hals über Kopf aus dem Raum und die Treppen hinunter, um meinen Verdacht zu bestätigen und – das Bild entsprach der Wirklichkeit, die Tür war offen!

Hinter der Tür befand sich das Transportmittel, das ich auf dem anderen Bildschirm gesehen hatte. Es schien eine Art Tram zu sein, doch sah ich keine Räder, die an den Kabeln befestigt waren. Der Form der Kabel nach zu urteilen wurde die Tram vielleicht von einer Art Magnethub (also magnetische Levitation oder Mag-Lev) angetrieben. Ich konnte nicht sagen, ob sie Strom hatte, verspürte aber auch kein Verlangen, es jetzt auszuprobieren. Ich mußte schließlich noch viel über diese Insel in Erfahrung bringen, ehe ich meine Erkundungen auf die Nachbarinseln ausdehnen konnte. Ich wollte also erst zur anderen Seite der Brücke zurückkehren, um die anderen Pfade zu erforschen.

Die große Kuppel rief wieder nach mir. Während ich zur Brücke zurückkehrte, versetzte

mich die Schönheit der großen goldenen Kuppel abermals in Erstaunen. Ich fragte mich, ob man aus der Kammer im Fels in jene Kuppel gelangen konnte. Ich wollte die Kammer untersuchen, war andererseits aber auf der Hut. Ich beschloß, erst die anderen Möglichkeiten auszuloten. Ich stieg die Stufen nach rechts hinab und fand unten lediglich ein ungehobeltes Holztor mit einem Vorhängeschloß, das den Weg in eine Berghöhle versperrte. Ich suchte kurz nach einem Schlüssel, fand aber heraus, daß ich dank der Erosion und meiner relativ geringen Körpergröße keinen benötigte. Im Innern der Höhle befand sich eine Leiter; das Licht reichte gerade eben so aus, um hinunterzusteigen.

Oben fand ich ein Guckloch, durch das ich den goldenen Raum ausmachen konnte; doch es gab von hier aus anscheinend keinen Zugang. Ich erblickte eine massive Säule direkt vor mir und eine Tür auf der rechten Seite, die mit einem Metallgitter gesichert war. Ich kehrte zum ersten Eingang zurück, nunmehr wild entschlossen, den Raum zu betreten.

Das Vorzimmer enthielt nichts als einen einzelnen Knopf auf der rechten Seite. Der Raum selbst war fünfeckig, wobei eine Tür zur goldenen Kuppel hinausführte, genau die Tür, die ich aus dem Innern der Höhle gesehen hatte. Leider war die Tür durch ein Metallgitter versiegelt, das sich kunstvoll um das fünfzackige Sternsymbol schlang, welches mir schon aus dem Tempel wohlvertraut war. Durch das Gitter erkannte ich die Brücke, die ich von unten beobachtet hatte. Es gab aber keinen sichtbaren Mechanismus, mit dessen Hilfe sich das Gitter öffnen ließe.

Die übrigen drei Wände waren mit einer seltsamen Schrift bedeckt – zweifelsohne rivenianische Schrift … oder könnte es die Sprache der verlorenen D´ni gewesen sein, der untergegangenen Zivilisation, die von Atrus und seinem Vater Gehn mit solcher Beharrlichkeit studiert wurde? Ich entsann mich, wie der Raum durch das Loch aus der Höhle aussah, schaute genauer hin und entdeckte in jeder der drei Wände eine kleine Öffnung. Welche Räume lagen wohl hinter den anderen zwei Wänden, und wie konnte ich sie betreten?

Ein goldenes Symbol auf dem Boden stellte einen fünfzackigen Stern dar, der um ein mir unbekanntes Symbol angeordnet war. Atrus hatte in seinem Tagebuch erwähnt, daß Gehn dies das Fünfte Zeitalter nannte. War der fünfzackige Stern inmitten dieses fünfeckigen Raums eine Verbeugung vor *Riven* oder demjenigen, der es erschaffen hatte?

In dem Raum standen fünf – fünf! – Säulen;

jede war mit einem dreidimensionalen eingehauenen Symbol eines großen goldenen Käfers geschmückt. Wenn man an einem Ring neben dem Schwanz des Käfers zog, spreizte er seine Flügel und gab den Blick auf ein kleines Fenster preis.

Jedes Fenster zeigte ein unterschiedliches Bild, das wie ein Buntglasfenster im Guckloch auf des Käfers Rücken erleuchtet war. Die Bilder hatten alle eindeutig religiöse Bedeutung. Das erste zeigte eine gottähnliche Gestalt, wie sie ein Buch niederschrieb; aus der Spitze seiner Feder kamen Ströme von Sonnen, Monden und Sternen, Tieren, Insekten und Menschen. Könnte die asketische, in Weiß gekleidete Gestalt Gehn darstellen?

Ein zweites Bild zeigte dieselbe gottähnliche Gestalt, wie sie aus dem Meer stieg und von einer Unzahl von Menschen auf Knien in Andacht empfangen wurde.

Das dritte hatte einen Bezug zu Dingen, über die ich Bescheid wußte. Hier sah Gehn auf eine kleine Person und ein Buch, die in einen Riß voller Sterne stürzten. Diese Person war, wie ich wußte, Atrus, und der Sturz war die Ursache dafür, daß ich das Verbindungsbuch fand, das mich nach Myst und vor allen Dingen zu Atrus brachte.

Ein viertes erleuchtetes Bild auf dem Rücken eines Käfers schien den Vorgang der Buchherstellung selbst darzustellen – es zeigte Bäume, die gefällt wurden, die Verarbeitung der Baumstämme in Holzschnitzel, einen großen Boiler in Aktion und schließlich Kinder, die ehrfurchtsvoll Buchseiten empfingen. Mich interessierten besonders fünf grafische Muster, die aus winzigen Quadraten bestanden. Welche Bedeutung hatten sie?

Das letzte Bild war von einer grausamen Klarheit: Eine Hand mit einem Stern – demselben Symbol, das den Boden dieses Raums zierte – zog ein großes Buch aus dem Himmel hinunter zu den Menschen, die sich davor zu Boden warfen.

Es gab hier jetzt nichts mehr zu untersuchen, so daß ich in das Vorzimmer zurückkehrte, um zu erfahren, was passieren würde, wenn man den Knopf an der Wand drückt.

Zuerst geschah gar nichts. Dann erklang ein harsches, schabendes Geräusch, so als ob Fels gegen Fels gerieben würde, und der Raum begann, sich im Uhrzeigersinn zu drehen. Die entfernte Wand verschwand aus meinem Blickfeld, als eine Steinwand vor mir auftauchte. Als die Drehung zu Ende war, blickte ich anstelle der Tür auf einen steinernen Alkoven. Durch ein Guckloch bot sich mir der gleiche Anblick wie aus der Höhle. Ein faszinierender Mechanismus! Zweifelsohne stellte der rotierende Raum mit seinen beiden offenen Türen eine Art Torrätsel dar, das einen Zugang zu allen fünf Ausgängen aus dem Raum gewährte, hatte man erst einmal die Geometrie herausgefunden.

Ich drückte weiter auf den Drehknopf und notierte meine Beobachtungen im Tagebuch. Wenn das Muster klar war, wollte ich sehen, wie weit ich dieses Labyrinth durchdringen könnte. Als ich den Raum passend gedreht hatte, kehrte ich zur Höhle unterhalb der nördlichen Stufen zurück. Beim Betreten der Höhle stellte ich zu meiner Freude fest, daß meine Überlegungen richtig waren. Ich erklomm die Leiter zu einer jetzt offenen Tür und betrat den Raum. Die zweite Tür bot nun Zugang zu der Wand, die sich links von meinem ursprünglichen Weg befand, so daß ich nun gespannt war, wohin dieser neue Weg mich führen würde.

Außerhalb des Vorzimmers lag eine kleine Höhle mit einigen Stromleitungen. Ein Rohr führte direkt durch ein Loch im Dach dieser Felskammer. Ein anderes führte nach rechts; ich vermutete, daß es sich hier um das andere Ende desjenigen Rohrs handelte, das ich zuvor gesehen hatte und das mit dem Beobachtungsgerät verbunden war. Dem Diagramm auf der Rohrkreuzung entnahm ich, daß durch Umlegen des Schalters auf der Kreuzung der entsprechende Mechanismus mit Strom versorgt würde.

Da ich derzeit keine Ahnung hatte, welchem Zweck das Gerät dienen könnte, entschloß ich mich, es nicht unter Strom zu setzen. Statt dessen kehrte ich zum Vorzimmer zurück und fand nicht nur den erwarteten Knopf, sondern auch den Hebel, den zu finden ich nicht zu hoffen gewagt hatte. Er ähnelte jenem im Übertragungsraum, der die Tür im Tempel geöffnet hatte. Wenn dieser Hebel ähnlich funktionierte, stellte sich nur noch die Frage, welches der Gitter er anheben würde? Es gab nur einen Weg, dies herauszufinden.

Eines der Gitter war nun in der Tat angehoben. Der Weg (durch die vierte Wand) wurde aber nach wie vor durch eine schwere Tür blockiert, die ebenfalls mit dem fünfzackigen Sternsymbol markiert war, das ich als Gehns Symbol identifizierte. Nun mußte ich noch mit dem Knopf experimentieren – wenn das nicht klappen würde, bliebe mir nur noch das Transportmittel im Tempel. Meine Nachforschungen kämen hier zum Erliegen.

Meine Spannung wuchs. Als ich den Knopf für die letzte Drehung drückte, die mir hoffentlich den Weg zur Erforschung der goldenen Kuppel öffnete, zitterte ich vor Aufregung. Welche Wunder erwarteten mich dort?

Ja! Der Weg war frei! Jener übriggebliebene Hebel hob das letzte Gitter. Ich überquerte eilig das Tor und stellte nebenbei fest, daß es auch hier einen Drehknopf gab. Die große Kuppel ragte vor mir gen Himmel. Ich nahm am Rande die felsigen Klippen auf jeder Seite und den Ozean drum herum wahr, aber mein Blick war nach vorne gerichtet. Ich betrat vorsichtig das felsige Innere und fand im Eingang einen Hebel, aber keine weiteren Regler. Die Brücke aus dem Torraum führte direkt zu einem Steg, der nach innen hineinragte und dann einen scharfen Knick nach links und entlang der Kuppelrundung machte. Ungefähr nach einer Dritteldrehung senkte er sich zu einer tieferen Ebene. Bevor ich diesen Weg beschritt, untersuchte ich meine nähere Umgebung.

Direkt vor mir hing genau in der Mitte dieser großen und verwinkelten Höhle eine riesige umgedrehte Halbkugel, aus der fünf massive Rohre wie Spinnenbeine in alle Richtungen ragten. Diese Konstruktion hing an einer abgesenkten Decke – vielleicht das Dach des Doms, vielleicht aber auch der Boden eines zweiten Stockwerks. Unterhalb war der ganze Raum mit dampfendem, blubberndem Wasser gefüllt, das von einer unterirdischen Quelle oder einem Magmaeinschluß geheizt wurde.

Auf der rechten Seite war ein zweiter Steg zu sehen, der auf der gegenüberliegenden Domseite begann und ein gutes Stück vor dem anderen Steg, den ich insgeheim den Hauptsteg nannte, endete. Es schien mir, als könnte der zweite Steg verlängert werden, um ihn mit dem Hauptsteg zu verbinden. An der Brüstung des anderen Stegs war ein Rad montiert, das als Steuermechanismus dienen könnte. Es gab aber keinen erkennbaren Weg von meiner jetzigen Position zu der Stelle, an der sich das Rad befand. Ich überlegte, ob ich den Hebel neben dem Eingang umlegen sollte, entschied mich aber dagegen. Dieses Gerät schien eher die Brücke oder den Eingang zu steuern, nicht die Verlängerung des Stegs.

Noch etwas, was mir auffiel: eine Tafel, die am Geländer des Hauptstegs befestigt war. Sie schien eine Darstellung der großen Kuppel zu sein und zeigte den unvollständigen Steg, der einen Kreis in der Mitte umrundete, von dem Fortsätze in fünf verschiedene Richtungen führten. Am Ende eines jeden Fortsatzes befand sich eine andere Konfiguration von Quadraten in unterschiedlicher Anzahl

und Anordnung. Diesem Schema (das ich sorgfältig in mein Tagebuch einzeichnete) entnahm ich, daß die Quadratkonfigurationen verschiedene Gebäude oder Bauwerke darstellten, die alle aus derselben Quelle Energie bezogen – aus der Kuppel. Andererseits könnte meine Interpretation ziemlich ungenau sein. Vielleicht hatten diese geometrischen Figuren ja eine mathematische Bedeutung?

Ich ging also auf dem Hauptsteg entlang der Kuppelinnenseite und stieg hinab. Dabei bemerkte ich zwei weitere Durchgänge außer dem von mir benutzten Eingang, die vom zweiten Steg wegführten. Es schien mir, als müßte ich die große Kuppel auf einem anderen Weg betreten. Auf der unteren Ebene führte mich ein Verbindungssteg zu einem Weg, der im Uhrzeigersinn entlang der Außenseite des Gebäudes verlief. Von hier aus war deutlich zu erkennen, daß ich mich tatsächlich auf einer Insel befand.

Als ich ein Stück weiterging und mich dann umdrehte, entdeckte ich außerdem eine andere Insel im Westen mit einer riesigen erhobenen Zugbrücke, die – herabgesenkt – eine Verbindung zu dieser Insel bilden würde. Etwas weiter zweigte ein zweiter Weg von dem meinigen ab. Am Ende jenes Weges versprühte ein vertikales Rohr zischend große Mengen Dampf in die Luft. Ein anderes Rohr aus dem Westen war damit verbunden. Ich wollte mir das Ganze etwas näher anschauen, wenn ich erst einmal mit dem Hauptweg fertig war.

Auf meinem Weg konnte ich weiter vorne etwas Sonderbares entdecken: irgendeine große, sich schnell drehende Kuppel. Sie schien ein Ableger der großen Kuppel zu sein, war aber viel kleiner und lag am Ende eines Seitenpfades. Es gelang mir aber nicht, einen Weg zu finden, der dorthin führte. Der Weg verlief durch einen Tunnel aus Stein und endete urplötzlich an einer weiteren Ansammlung von Dampfrohren. Dies schien der Stromregler für eine Brücke über mir zu sein, vielleicht genau jene Brücke, die ich auf dem Weg vom Torraum in die goldene Kuppel überquerte.

Ich dachte wieder an den Hebel im Eingang und überlegte, ob es da einen Zusammenhang geben könnte. Nach einigem Zögern faßte ich den Entschluß, den Stromregler umzulegen und zu der Brücke zurückzukehren, um meine Vermutung zu überprüfen.

Die Vermutung war richtig – einigermaßen. Als ich den Hebel im Eingang zog, hob sich das der goldenen Kuppel zugewandte Ende der Brücke und sperrte mich in dem Gebäude ein, ohne daß ich irgendwohin hätte fliehen können. Erleichterung durchströmte mich, als das Senken des Hebels die Brücke in die ursprüngliche Position zurückgleiten ließ. Ich ging dann wieder den Steg zum äußeren Weg hinunter.

Diesmal nahm ich den Weg, der vom Tempel wegführte. Das Diagramm auf dem vertikalen Rohr erklärte, daß dieser Regler die Brücke mit Strom versorgte, die ich im Westen gesehen hatte. Zu diesem Zeitpunkt wurde mir klar, daß ich meine Reise auf die umliegenden Inseln würde ausweiten müssen. Strom für die Brücke könnte

jedenfalls eine schnelle Rückkehr zu dieser Insel ermöglichen, wenn ich mich zu einem späterer Zeitpunkt auf der anderen Insel wiederfinden sollte. Meine Vermutung ließ sich jetzt nicht bestätigen, ich konnte aber auch nichts Falsches daran finden, diesen Schalter umzulegen.

Ein Geheimnis blieb noch offen: die kleine rotierende Kuppel an der Nordküste. Sie wies Rostflecke auf, und schien mir eine kleine Schwester der großen goldenen Kuppel zu sein. Irgendwie fiel mir der Name »Feuermurmelkuppel« ein. »Warum auch nicht?«, dachte ich mir. Es mußte einen Weg geben, zu der Kuppel zu gelangen, doch zuerst war ich ratlos ... bis ich auf dem Hauptweg eine kleine Metallplatte direkt vor dem Eingang zum Felstunnel fand. Dann sah ich den Knopf an der benachbarten Wand. War es vielleicht ein vertikales Transportgerät, ähnlich jenem, das ich bei meinen früheren Abenteuern auf Myst im Channelwood-Zeitalter (Kanalwelt) fand?

Ich drückte auf den Knopf und... nichts passierte! Er war so tief in die Fassung geklemmt, daß er partout nicht herauskommen wollte. Beim Versuch, ihn herauszuziehen, riß ich mir den Nagel auf und fluchte lauthals. Diesem Knopf würde ich es später noch zeigen! Jetzt aber schien es, als gäbe es für mich auf dieser Insel nichts mehr zu erkunden – jedenfalls konnte ich nirgendwo mehr hineinkommen. Also bestand der nächste Schritt darin, mit dem Transportwagen dorthin zu fahren, wo er eben hinfuhr. Auf meinem Weg durch die große Kuppel dachte ich über meinen sonderbaren Wohltäter nach. Warum hatte er oder sie mein Buch an sich genommen und mich dann befreit? Ich nahm an, daß die mutmaßliche Wache Gehns Befehl unterstand, während die maskierte Gestalt einer Opposition angehörte. Wenn dies so war, was würde sie mit dem Fallenbuch anstellen? Sicherlich würde niemand sonst auf dieser Welt ein Verbindungsbuch erkennen oder wissen, was er

damit anfangen sollte. Niemand – außer Catherine.

Je mehr ich darüber nachdachte, um so aufgeregter wurde ich. Dieser Rebell würde mich sicherlich zu Catherine führen! Ich nahm mir vor, auf jedwede Zeichen meiner schwarzgekleideten Alliierten zu achten. Wenn ich Catherine und Atrus´ Verbindungbuch finden würde, könnte ich sicher einen Weg finden, sie in Sicherheit zu bringen, während ich Gehn finden und einsperren würde. Dann wären wir beide frei und könnten Atrus benachrichtigen und dieser sterbenden Welt entfliehen.

Meine Euphorie dauerte an, bis ich die Stufen zum Tempel hinunterstieg. Dort holte mich die Realität ein. Ich hatte keine Anzeichen für eine menschliche Bevölkerung gesehen, abgesehen von den Gaben im Tempel kein Indiz dafür, daß hier überhaupt irgend etwas oder irgend jemand lebte. Und dennoch rechnete ich damit, nicht nur die Rebellen davon überzeugen zu können, daß ich auf ihrer Seite war, sondern die Rebellen überhaupt erst einmal zu *finden*! Welch Anmaßung! Für einen Erfolg meiner Reise brauchte ich nicht nur alle Weisheit und Raffinesse, die ich besaß, sondern überdies auch eine gehörige Portion Glück.

Beim Einsteigen in die Tram hatte ich ein ziemlich mulmiges Gefühl. Während meiner Abenteuer auf Myst habe ich mich an ungewöhnliche Transportmittel gewöhnt, doch nahm ich an, daß diese Tramfahrt mit nichts zu vergleichen wäre, was ich bisher erlebt hatte. Ich nahm in dem einzigen Sessel Platz und untersuchte die Steuerung. Nachdem ich die Tram umdrehte, sagte ich im Geiste Adieu zur Tempelinsel und setzte die Tram in Bewegung.

Nach einem Start im Zeitlupentempo nahm der Wagen schnell Geschwindigkeit auf und schüttelte mich ohne Rücksicht auf meinen Mageninhalt durch. Ich nahm flüchtig Umrisse der anderen Inseln wahr, als ich über den Ozean raste, und rechnete jederzeit damit, ins Meer zu stürzen. Mein Herz hämmerte wie verrückt, als ich endlich begriff, daß der Wagen angehalten hatte und ich wohlbehalten an meinem Ziel angekommen war.

Aber was war eigentlich mein Ziel? Wo war ich gelandet? Und welche neuen Abenteuer erwarteten mich hier?

Als ich mich etwas versammelt hatte und meine Organe an die ihnen zugedachte Position zurückkehrt waren, stieg ich aus der Tram aus und fand mich in einem schmalen, von der Sonne erleuchteten Gang inmitten von Sandsteinklippen wieder. Ich ging auf den offenen Flecken Erde neben der Tramhaltestelle hinaus und erblickte ein

einzigartiges Objekt, das in den Fels hineingewachsen zu sein schien. Nach einer näheren Untersuchung stellte ich fest, daß es eine braune Holzkugel mit dem stilisierten Bild eines Auges darauf war.

Ich fühlte mich versucht, sie zu berühren, um zu sehen, ob sie einen anderen Zweck hatte, als ein Kunstwerk zu sein. Sie drehte sich unter meinen Fingern und erzeugte ein zirpendes Geräusch; auf der Rückseite der Kugel war kurzzeitig ein mir unbekanntes Symbol zu sehen, bevor sich die Kugel wieder in die ursprüngliche Position drehte. Was für eine komische Konstruktion! Welchen Sinn sollte sie wohl haben?

Gegenüber war eine Treppe in den Fels gemeißelt worden, die tief in das Gebirge führte. Ich kletterte langsam hoch und warf immer wieder einen Blick zurück. Nach vielleicht einem Dutzend Schritten drehte ich mich ein letztes Mal um, um dieses vermeintlich nutzlose Artefakt zu bewundern, und traute meinen Augen nicht: Die Felsen an der Tunnelöffnung bildeten den deutlichen Umriß eines Tieres – eines Frosches, glaubte ich! Und nicht nur das: Das Auge war so plaziert, daß es als Auge des Frosches wahrgenommen werden konnte.

Ich kehrte schleunigst zu dem Auge zurück und hörte mir wieder das Geräusch an. Spielte mir meine Einbildungskraft hier einen Streich? Sah ich schon in jedem Zufall eine tiefere Bedeutung? Ich hatte den Eindruck, als könnte das zirpende Geräusch tatsächlich der Ruf eines Frosches sein. Könnte das Zusammentreffen der Felsgestalt, des Geräusches des Auges und des Symbols auf seiner Rückseite bedeuten, daß das Symbol in der Sprache der Einheimischen »Frosch« hieß? Ich machte in meinem Tagebuch eine sorgfältige Skizze des Augensymbols, des Froschsymbols und der Froschgestalt im Fels.

Zufrieden, einen wichtigen Schluß gezogen zu haben, zugleich aber frustriert, mir keinen Reim darauf machen zu können, setzte ich meinen Aufstieg fort. Schließlich erreichte ich eine Öffnung im Fels, die zu einer weiteren Treppe nach oben und nach unten führte. Ich wollte meine Erkundungen systematisch gestalten und entschied mich für den rechten Pfad, der weiter nach oben führte. Melodisches Vogelgezwitscher und andere Tiergeräusche begleiteten mich auf dem Weg, aber es gab keine sichtbaren Lebenszeichen.

Oben auf der Klippe betrat ich den Kahlschlag, den ich von der Tempelinsel aus gesehen hatte. Vor mir führte ein Pfad zu einem Tor und einem dahinterliegenden Gebiet, das eher Dschungel als Wald war. Ein anderer Pfad zweigte nach links ab, so als ob er sich um den Dschungel herumwinden

würde. Ich blieb weiter auf dem rechten Weg, bis ich bei einer weiteren Gabelung ankam.

Dieser Weg endete an einem Loch in der Erde, auf dessen Boden ein Wagen zu sehen war. Vorsichtig stieg ich hinein und stellte fest, daß er sich auf einer Art Spur bewegte. Zusammen mit dem Hebel zu meiner Linken verleitete mich das zu der Annahme, daß es sich hier um ein weiteres Transportmittel handelte. Nachdem ich gerade erst auf der Dschungelinsel angekommen war, schien es mir, als sei es noch zu früh für den Abschied. Ich stieg also mühselig aus dem Wagen aus und ging weiter bis zum eingezäunten Gehege.

Das Tor war einfach und aus Holz. Es ähnelte jenem vor der Höhle auf der Tempelinsel, mit dem kleinen Unterschied, daß dieses hier nicht mit einem Vorhängeschloß gesichert war. Auf dem rechten Torpfosten bemerkte ich einen goldenen Käfer, der als lebendiges Modell für die Insekten auf den Säulen im Torraum gedient haben könnte. Offensichtlich waren die Goldfarne der Gravuren kein künstlerischer Einfall, sondern nur die exakte Darstellung der Realität.

Ich versuchte, den Käfer zu berühren, und er flog laut summend und mit seinen Flügeln schlagend davon. Bisher waren dieser Käfer und ein Vogel in der Ferne die einzigen Lebenszeichen, die ich auf den Inseln seit meiner Ankunft registriert hatte. Sicher *mußte* hier irgend jemand leben. Aber wo waren diese Lebewesen?

Ich lief durch das Tor und in den üppigen Dschungel hinein. Durch die Bäume konnte ich gerade eben einen rotierenden Dom ausmachen, der demjenigen ähnelte, den ich auf der Tempelinsel untersucht hatte. Ich beschleunigte meinen Gang. Als ich stehenblieb und mich umdrehte, um einen besseren Blick auf die Kuppel zu werfen, bemerkte ich ein weiteres riesiges Messer, das in den Boden gerammt war.

Ich ging weiter hinauf und hinab, von dem Drehgeräusch der rotierenden Kuppel angetrieben. Als ich durch einen Tunnel in einem Baumstumpf schritt, bemerkte ich links einen interessanten blauen Leuchtpilz. Ich wandte mich dorthin, um nachzuschauen, und entdeckte einen gepflasterten Weg, der zur Spitze des riesigen Dolches hinunterführte.

Ein weiteres Auge! Als ich es drehte, erklang ein ganz anderes Geräusch – etwas zwischen einem Brüllen und einem Bellen. Auf der Rückseite entdeckte ich ein weiteres Symbol. Ich zeichnete es sorgfältig auf und beschrieb das Geräusch. Die Suche nach seinem Urheber war jedoch vergeblich. Vielleicht bedeutete das Symbol »Messer« – es war ja in die Spitze des Messers integriert? Doch was sollte dann das Geräusch bedeuten?

Als ich zum Hauptweg zurückfand, stellte ich fest, daß die rotierende Kuppel auf einer höheren Ebene lag und daß Stege hinführten. Ich ging auf dem Pfad weiter, der mich direkt zum Fundament der Kuppel brachte. Ich fand aber nach wie vor keinen Weg nach oben. Unterhalb der Kuppel verzweigte sich der Pfad. Abermals hielt ich mich rechts.

Als ich wieder ins Licht trat, offenbarte sich mir ein Netzwerk von Stegen oben im Dschungel und etwas, was wie ein Eingang in einen riesigen Baum aussah. Einige Schritte nach unten brachten mich direkt zu einer gigantischen Statue, einer Art Idol. Orangefarbene Strahler tauchten sie in ein goldenes Licht und brachten sie zum Glühen.

Mit kugeligen Augen und ausgefahrenen Stoßzähnen erinnerte sie mich stark an die fischartigen Wesen im Tempel – offenbar spielte sie in der rivenianischen Mythologie eine Schlüsselrolle. Vielleicht eine Manifestation Gottes? Oder diejenige der Mittler Gottes? Was auch immer es war, ich benötigte einen Namen dafür. Was Größe und Gewicht anging, erinnerte sie mich an die großen Wale, doch irgend etwas an ihrem Ausdruck und die gewaltigen Stoßzähne ließen mich an Haie denken. Ich beschloß also, sie Wahrks zu taufen (engl. whale + shark = wahrk). Irgendwie schien der Name zu passen.

Der Weg schien hier zu enden; ich drehte mich und kehrte um. Die rotierende Kuppel war frustrierend nahe, doch ich kam nicht heran. Ich fragte mich, ob diese Kuppel wie auch ihre Zwillingsschwester auf der Tempelinsel ein Verbindungsbuch enthielte. Ich konnte jedenfalls nur unten durchgehen und mich an den rechten Weg halten – in der Hoffnung, hier mehr Glück zu haben.

Doch alles, was ich nach meinem Auftauchen aus dem Fundament der Kuppel erblickte, waren Stufen, die zu einem anderen Holztor führten. Ich hatte das Gefühl, daß meine Fortschritte bei der Entschleierung der Geheimnisse von *Riven* sich in Grenzen hielten. Seit meiner Ankunft in diesem Zeitalter hatte ich nur zwei Menschenseelen angetroffen, von denen eine jetzt mutmaßlich tot war. Wo waren die Menschen, die den Wahrks in dem Tempel die Opfergaben gebracht hatten? Wo *steckten* sie nur?

Als ich das Tor öffnete, erhielt ich eine teilweise Antwort. Ich kam auf einem Holzweg über einer Kaverne heraus, und das, was hoch oben auf einem Pfahl auf einer Seite der Klippe ruhte, ließ sich nur als Wachposten bezeichnen. Als ich auf den Weg trat, sah ich durch ein Fenster im Turm einen Arm, der eine Art Kurbel drehte. Synchron mit dieser Bewegung begann sich ein Gegenstand auf dem Dach des Turms zu drehen. Er gab ein tiefes Stöhnen oder Heulen von sich. Es dauerte einige Sekunden, bis der Arm verschwand, der Gegenstand sich nicht mehr drehte und das Geheul aufhörte. Ich schloß daraus, daß das heulende Objekt eine Sirene war, die die Ankunft eines Fremden ankündigte.

Nachdem ich mich vergewissert hatte, daß sich auf dem linken Pfad der Kahlschlag erreichen ließe, folgte ich weiter dem rechten Pfad, der bald auf steinernen Treppen durch den Fels hinabführte. Blaue Lichter an der Wand leuchteten mir und tauchten den Fels in ein surreales Lichtspiel. Ich konnte unter mir durch ein Fenster im Fels Wasser sehen. Draußen befand sich nur der endlose Ozean. Vielleicht stieg ich zu einem Dock einer Werft am Meer hinab, wo ich eine ruhigere Transportmethode zwischen den Inseln finden würde als die magenschädliche Tram, die mich von der Tempelinsel hierher gebracht hatte.

Als ich aber weiter hinunterstieg, stellte ich fest, daß ich nur wenige Fuß über einem von schroffen Klippen umsäumten See wanderte. Auf der rechten Seite befand sich eine tiefe Öffnung im Fels, die zum Ozean führen könnte; doch ich sah keine Anzeichen von Booten. Die Klippen vor mir waren mit seltsamen kugelförmigen Bauwerken übersät, und ich konnte beobachten, wie eine Menschenmenge sich hastig auf einem Weg oder Felsvorsprung auf halber Höhe einer Klippe versammelte. Ein Kind spielte am Wasser, bis seine Mutter erschien und es in Sicherheit brachte. Ich fragte mich, warum die Menschen so einsiedlerisch und ängstlich gegenüber Fremden waren. Was für ein Leben führten sie hier, versteckt im Innern des Kratersees?

Direkt neben dem Hauptdock dieses sonderbaren Dörfchens ragte eine Leiter aus dem Wasser heraus. Ein Loch, ein *richtiges* Loch im Wasser! Im Umkreis von einigen Metern um die Leiter herum verhielt sich das Wasser auf eine *äußerst* atypische Weise. War Wasser in diesem Zeitalter irgendwie anders? Oder war dies ein Beweis für Gehns dunkle Machenschaften? Es schien noch andere »Löcher im Wasser« zu geben, über den See in unterschiedlicher Entfernung verstreut. Ich mußte dort weiter nachhaken.

Als ich mich dem Dorf auf der Klippe näherte, wurden mehr Details deutlich, insbesondere die denkwürdige Architektur der fast kugelförmigen Gebäude aus getrocknetem Ton, die die Stadt im Himmel bildeten. Die geniale Einfachheit dieser Bauwerke erstaunte mich viel mehr als die bei weitem beeindruckenderen Kammern und Kuppeln, die ich auf der Tempelinsel gesehen hatte. Dies hier war das Werk normaler Menschen, nicht jenes des Gottes oder der Götter aus dem Tempel. Ich wünschte mir, sie davon überzeugen zu können, daß ich ihr Freund war.

Der Weg, auf dem ich mich befand, endete an einer Leiter an der Klippe. Ich stand am Fuße dieser Leiter und dankte welchen Göttern auch immer, daß ich in hervorragender körperlicher Kondition war und keine Höhenangst hatte. Ich fing an zu klettern. Nachdem ich die höchste Plattform erreicht hatte, ließ ich mir einen Augenblick Zeit, um meine Umgebung zu untersuchen, die mir mit jedem Blick sonderbarer und seltsamer vorkam.

Mir gegenüber befand sich eine Konstruktion aus Seilen oder Kabeln, die von einer verzierten Krone an der Spitze der Klippe zu einer runden Plattform in Höhe des Wassers führten, neben einem jener mysteriösen Löcher im Wasser. Ein Steg schlang sich an eine Klippenrundung von der Krone und endete plötzlich etwa vier Meter über dem Holzweg, den ich eben überquert hatte. Eine Reihe von Gleisen durchquerten den Seeboden und verbanden offenbar diese Löcher. Am Fuße der Klippe zu meiner Rechten gab es noch ein solches Loch, allerdings viel größer als das Loch am Dorfdock zu meiner Linken.

Ich drehte mich vom See weg und inspizierte eines dieser runden Häuser. Ein Brett führte von der Plattform, auf der ich stand, direkt zu seiner Tür. Ich ging hinüber und klopfte an der Tür mit Hilfe eines jener fünfzackigen Sterne, die ich als Gehns Symbol bezeichnete. Eine kleine Öffnung in der Tür ging auf, und ein ängstliches Gesicht spähte hinaus. Nur ein kurzer Blick, und ich war mit einem lauten Knall wieder ausgesperrt. Es schien, als würde die direkte Methode bei diesen Leuten nicht funktionieren.

Ich folgte dem Pfad, der von dem Haus nach links führte, und erklomm endlich die Spitze der Klippe, wo ich einen kegelförmigen Ofen oder Herd neben einer Kultstätte vorfand. Er war mit einem winzigen goldenen Wahrk geschmückt. Ich hatte nun vier verschiedene Darstellungen von diesem Biest gesehen, die der Größe nach von winzig bis gigantisch reichten. Es bestätigte meine Vermutung, daß die Kreatur etwas Mystisches sei – vielleicht eine Art Dorf-Totem?

Der interessanteste Fund war jedoch ein weiteres Transportmittel, vielleicht für Reisen unter Wasser auf den Spuren, die ich auf dem Seeboden gesehen hatte. Fast kugelförmig, sperrig und aus massivem Eisen, ruhte das Objekt wie ein riesiges Spielzeuguhrwerk auf Metallrädern. Ein Hebel neben dem Gerät würde es vermutlich zum großen »Loch im Wasser« bringen, das ich vorhin am Fuß der Klippe gefunden hatte.

Ich sah allerdings keine Möglichkeit, gleichzeitig in dem Ding zu sein und den Hebel zu ziehen; würde ich den Hebel vorher ziehen, käme ich nicht mehr hinein. Ich fertigte ausführliche Skizzen in meinem Tagebuch an, nicht nur von den Gegenständen auf dem Plateau, sondern auch von dem Blick auf den Kratersee. Danach stieg ich wieder zum See hinab und ging durch den Tunnel am See hindurch.

Kaum aus dem Tunnel aufgetaucht, bemerkte ich einen Steg über meinem Kopf, der vom Dschungel zum Kratersee lief. Wenn meine geometrische Vorstellung von dem Ort richtig war, würde dieser Steg über dem Krater ganz in der Nähe der gekrönten Plattform auftauchen, die ich vom Plateau mit dem U-Boot aus gesehen hatte. Ich betrat wieder den Dschungel und stellte fest, daß es derselbe Steg war, der von der rotierenden Feuermurmelkuppel ausging. Zur Zeit wußte ich aber nicht, wie ich auch nur zu einem der beiden Orte gelangen sollte, so daß mir die neue Erkenntnis zu diesem Zeitpunkt nicht von großem Nutzen war.

Ich lief weiter auf dem Pfad zur abgeholzten Gegend und setzte meinen Weg fort, über die Brücke und die Steintreppen hinunter. Als ich am Eingang zur Tempelinseltram vorbeikam, konnte ich am Ozean eine kleine Lagune ausmachen. Einige große aquatische Wesen mit außerordent-

lich langen Hälsen sonnten sich auf einem Fels in der Lagune. Ich näherte mich vorsichtig – ich wollte sie ja nicht aufschrecken! Die zwei Wesen hoben die Köpfe an und zischten und grunzten, als sie mich sahen. Sie beruhigten sich aber, nachdem ich mich weiter still verhielt.

Sie waren ziemlich groß und gehörten einer Spezies an, die es in *meiner* Welt nicht gibt, – schwarz und weiß, wie zu groß geratene Pinguine. Ihre großen Schnäbel hatten etwas Vogelartiges an sich, aber sie verfügten anders als Vögel über vier paddelartige Flossen und einen kurzen echsenartigen Schwanz – sie ähnelten dadurch am ehesten den lang ausgestorbenen Plesiosauren. Die Schnäbel waren, wie bei manchen Walen, mit Reihen von Zähnen bestückt. Ich kroch noch näher heran und hielt jedesmal still, wenn sie auf mich aufmerksam wurden. Wie nah würde ich an diese herrlichen Wesen herankommen können?

Als ich am Rande der Lagune angelangt war, hob einer der Sunner seinen Kopf und bellte scharf. Ich wollte die Tiere nicht weiter stören, drehte mich um und ging an der Lagune entlang, um einen Weg zu finden, mich ihnen unbemerkt nähern zu können. Während ich langsam wegging, hörte ich ein Schnaufen und drehte mich um. Die Sunner waren verschwunden! Sie waren so leise ins Wasser geglitten, daß ich überhaupt kein Plätschern gehört hatte. Ich bemerkte nur eine leichte Unruhe im Wasser, die ihren Weg hinaus zum Meer markierte. Ich ging weiter am Strand in der Richtung, in die sie verschwunden waren, aber es gab kein weiteres Zeichen von ihnen.

Als ich zu meinem Pfad zurückkehrte, fiel mir plötzlich die Gestalt des großen Felsen in der Lagune auf. Er sah aus wie ein Wahrk! Eine ziemlich grobe Darstellung, zugegeben, aber unverwechselbar. Ich stapfte durch eine Sandbank, um es mir näher anzuschauen, und stieß auf ein weiteres drehbares Holzauge. Das Symbol auf seiner Rückseite stimmte interessanterweise mit dem Symbol im Innern des fünfzackigen Sterns von Gehn überein. Ich notierte es pflichtgemäß in meinem Tagebuch zusammen mit einer Beschreibung des Geräusches, das das Auge von sich gab, und lief gerade auf dem Strand zurück, als mein Hirn zwei weitere Geräusche kombinierte: das Geräusch, das ich vom drehenden Auge im Dschungel vernahm, stimmte mit dem Gebell der Sunner überein! Das Symbol auf der Rückseite jenes Auges mußte sich auf diese sanften Meerestiere beziehen und nicht auf den naheliegenden Dolch, wie ich anfangs vermutet hatte.

Ich beschleunigte meinen Schritt, als ich wieder den Pfad betrat und tiefer in die Felsen ging. Ich kannte zwar noch nicht die Bedeutung dieser Wissensfetzen, konnte mir aber allmählich einen Reim auf dieses Zeitalter machen.

Ich verließ einen langen, glücklicherweise erleuchteten Tunnel und fand mich auf einem Weg wieder, den ich vom U-Boot-Plateau aus gesehen hatte. Direkt vor mir erhob sich ein Wachturm, aber ich sah keine Anzeichen für eine Wache. Vom Ende des Weges aus hatte ich einen guten Blick auf die gekrönte Plattform (ich mußte mir einen besseren Namen dafür einfallen lassen!). Vielleicht ließe sich das Seebett später mit Hilfe des U-Boots erforschen, um herauszufinden, welchem Zweck diese Plattform dient.

Auf der linken Seite sah ich das U-Boot-Plateau, aber zwischen mir und der wartenden Maschine befand sich eine Schlucht. Ich stieg eine Leiter zu einem Vorsprung mit einem kleinen runden Becken hinab, das absolut trocken war. Ein Rohr führte ins Becken, das ebenfalls einige Drainagelöcher aufwies. Es gab dort auch ein weiteres Auge.

Ich drehte es und zeichnete das Symbol auf, aber es erzeugte bei der Drehung kein Geräusch, wenn man vom Holz-auf-Holz-Geschabe absah. Seltsam ... Als ich ein Stück vom Becken wegging, erblickte ich etwas abseits einen Hahn. Vielleicht … interessant!

Als ich den Hahn drehte, begann sich das Becken mit Wasser zu füllen, das aus einem der vermeintlichen Drainagelöcher kam. Es füllte das Becken nicht vollständig, aber die Form, die das Wasser im Becken annahm, erinnerte mich an ein Insekt – einen Käfer mit einem hohen, runden Rücken. Einer Eingebung folgend, berührte ich wieder das Auge. Ja! Diesmal gab es ein Geräusch, und ich hatte es schon zuvor gehört – das klickende Summen des Käfers am Dschungeltor. Nun hatte ich also vier Symbole, Geräusche und Kreaturen!

Wenn ich bloß wüßte, was sie bedeuten …

Mit einem Stöhnen setzte ich meine Erkundungen fort. Auf der anderen Seite des Beckens entdeckte ich eine Leiter, die ich auch gleich hinunterkletterte. Am Fuße der Klippe führte ein Weg zum Fuß des U-Boot-Plateaus und durch den Fels zu einer ähnlichen Leiter wie am Dorfdock. Nun verstand ich! *Hier* konnte ich also das U-Boot betreten, wenn ich ins Dorf zurückkehrte und es herunterholte.

Offenbar hatte ich einen langen Weg vor mir.

Ich lief also die Klippe hinauf, durch den Fels, vorbei an der Sunner-Lagune, die Steintreppen hinauf, durch das abgeholzte Gebiet, wieder hinab in die Felsen, um den Kratersee herum und hoch zum U-Boot-Plateau. Dort legte ich den Schalter um, senkte das U-Boot und kehrte dann den ganzen langen Weg zum U-Boot-Dock zurück. Ich hatte recht behalten! Über die Leiter konnte ich nun die U-Boot-Luke betreten. Ich hatte eine Unterwasserreise im Kratersee vor mir.

Ich brauchte nicht sehr lange, um mit der Steuerung klarzukommen, allerdings viel länger, um alle möglichen Wege zu untersuchen und wohlbehalten zum ursprünglichen Dock zurückzukommen. Die Energieressourcen des Gefährts schienen so bemessen, daß es nach einer sehr kurzen Reise wieder aufgeladen werden mußte. Der Konstrukteur hatte diesen Mangel dadurch ausgeglichen, daß er Zwischenhalts oder Abzweigungen überall auf dem Weg eingerichtet hat.

Ich wünschte mir, er wäre etwas weniger geizig mit seinen Ressourcen umgegangen und hätte eine Abzweigung zwischen zwei Haltestellen eingerichtet, anstatt jede Kreuzung mit mehreren Funktionen auszustatten. Eine Zeitlang hatte ich den Eindruck, es gäbe viel mehr Kreuzungen, als es in Wirklichkeit der Fall war. Schließlich gelang es mir aber, eine Karte zu zeichnen, die sich als ziemlich zuverlässig erwies.

Es gab fünf Haupthaltestellen auf dem Weg dieses U-Boots und zwei Kreuzungen – eine mit drei und eine mit vier Wegen. Als ich meine Reise begann, waren nur zwei Haltestellen mit Leitern versehen, mit deren Hilfe ich aussteigen konnte: mein Ausgangspunkt und eine andere. Ich stieg dort aus und fluchte lauthals angesichts der mir bevorstehenden Kletterpartie die Klippen hoch mit Hilfe von im Fels befestigten Metallringen.

Ich hatte zuvor erwähnt, daß ich keine Höhenangst habe. Trotzdem war der Gedanke nicht sehr beruhigend, sich wie eine Spinne an eine Klippe zu klammern und daran hochzuklettern. Die arme Spinne mußte eine Ruhepause einlegen, als sie endlich oben angelangt war. Ein Fenster zum See hin bot mir eine gute Gelegenheit, meine Karte zu überprüfen. Ein Kartograph hätte sich totgelacht, aber zumindest die relative Lage der Haupthaltestellen schien richtig zu sein.

Auf der dem Fenster gegenüberliegenden Wand befand sich eine Leiste mit fünf Hebeln, die meiner Meinung nach mit den fünf U-Boot-Haltestellen korrespondierten. Zwei Hebel waren oben, drei unten. Ich experimentierte eine Weile mit den Hebeln und kehrte immer wieder zum Fenster zurück, um die Folgen meiner Taten zu bewundern. Die Hebel steuerten tatsächlich die

Ein Gegenstand in dem Schulraum fiel mir besonders ins Auge. Nach einigen Versuchen fand ich heraus, daß es sich um ein Gerät handelt, mit dem Zahlen von 1 bis 10 beigebracht werden. Sehr effektiv, aber für meinen Geschmack zu blutrünstig. Ich hoffte inständig, daß das Bild eines Mannes, der kopfüber in eine Grube und in die Zähne einer reißenden Bestie herabgelassen wird, das Produkt einer überbordenden Phantasie war und nicht etwa eine den Dorfkindern bekannte Realität. Ich dachte über eine Gesellschaft nach, die eine solche Metapher für Lernzwecke einsetzen würde.

Doch was, wenn es gar keine Metapher war? Die Kreatur hatte eine sonderbare Ähnlichkeit mit einem Wahrk. Vielleicht war er gar nicht so mystisch, wie ich dachte. Könnte es sein, daß Gesetzesübertreter in dieser Gesellschaft wirklich … nein! Es war zu schrecklich, um wahr(k) zu sein.

Ich erschauerte und kehrte zu meinem Unterwassergefährt zurück.

An der Kreuzung fuhr ich geradeaus und stieg gerade aus dem U-Boot aus, als ich die Bedeutung des eben Gelernten begriff. Ich öffnete mein Tagebuch an der Stelle, wo ich die Symbole auf der Rückseite der Holzaugen auf der Dschungelinsel notiert hatte, und die ich bislang als Bezeichnungen für die damit verbundenen Gegenstände betrachtete.

In meiner Eile hatte ich vergessen, daß dies einfach nur eine Vermutung war, die nun durch die gegenteiligen Informationen widerlegt war. Jetzt erkannte ich, daß diese Symbole keine Tiernamen waren, sondern Zahlen! Eine Folge von Zahlen zwischen 2 und 5. Gab es irgendwo auf der Insel noch eine Tiergestalt, deren Auge auf der Rückseite eine 1 trug? Ich mußte meine Augen offenhalten.

Überhaupt sollte ich mein Hirn auf Trab halten.

Leiter über jeder Haltestelle. Als ich den Steuerraum verließ, hatte ich alle fünf Hebel hochgehoben und die Leitern in Position gebracht.

An der ersten Kreuzung nach dem Dock mit dem Steuerraum wechselte ich meinen Kurs und bog nach rechts ab, um vor einem kleinen Gebäude aufzutauchen. Als ich es betrat, sah ich Bänke, die in Reihen angeordnet waren, und zwei Kreidetafeln vorne an der Wand, die eine davon mit Schriftzeichen. Es mußte sich um einen Schulraum handeln!

Das Gefühl der Vertrautheit der Umgebung nach so vielen sonderbaren Dingen ließ mich laut auflachen. An den Seitenwänden befanden sich einzelne Symbole – ich vermutete, daß es sich um Buchstaben handelte. Der Raum war von sechs Lampen erleuchtet, jede mit stilisierten Wahrk-Darstellungen versehen. Es gab einen Projektor zwischen den zwei Tafeln. Eine Kurbel an der Seite bediente den Mechanismus, der eine Art Aufzeichnung zu sein schien. Zumindest hoffte ich, daß Gehn nicht gerade eine Übertragung aus dem Projektionsraum im Tempel veranstaltete.

Vermutlich war es eine Art Motivationsgelaber. Ich konnte natürlich nicht die Sprache verstehen, in der er sprach, aber er schien auf jeden Fall ein ziemlich arroganter und herablassender Bursche zu sein. Ich war froh, nicht sein Schüler zu sein; ich ginge aber gerne bei Atrus in die Lehre, wenn er mich denn nehmen würde.

Ich kam auf der anderen Seite heraus, direkt gegenüber dem U-Boot-Dock. Eine wunderbare Aussicht auf das Klippendorf bot sich mir von hier aus. Ich sah aber auch eine seltsame Konstruktion inmitten des Sees, die wie eine Art Linse aussah, Vielleicht eine Kameralinse oder ein Teleskop, das auf einem Fundament ruhte, welches sich drehen konnte. Spionierte Gehn damit seinen Leuten hinterher? Konnte er mich damit sehen? Die Linse zeigte derzeit allerdings von mir weg, ein Umstand, den ich mit Erleichterung registrierte.

Ich gebot meinen Spekulationen Einhalt und überquerte die erhobene runde Plattform, deren Zweck ich vorher nicht erraten konnte. Vielleicht ließ sich jetzt meine Neugier befriedigen. Hoffentlich würde ich dadurch auch meine Nachforschungen vorantreiben!

Die Plattform bestand aus einem runden Gang um eine Öffnung in der Mitte, der durch Speichen mit dem Rand verbunden war. Vom Weg aus konnte ich einen Hebel bedienen, der neben einem Seil angebracht war. Das Seil hing von der Spitze des Turms herunter. Ich zog am Hebel und schaute mit Entsetzen zu, als eine an einem Seil befestigte Stange aus der Turmspitze herunterkam, vielleicht 10 Sekunden lang über der Wasseroberfläche baumelte und dann wieder eingezogen wurde.

Erschüttert zog ich noch einmal am Hebel. In meiner Vorstellung konnte ich sehen, wie ein Dorfbewohner – vielleicht einer, der eine eigene Meinung zu äußern wagte – kopfüber und laut gellend über den Wasserabgrund hinabgesenkt wurde, um zwischen den wartenden Zähnen einer ganz und gar nicht mystischen Kreatur zu landen. Das Spielzeug in der Schule stellte nicht etwa eine imaginäre Bestrafung für störrische Schüler dar, sondern eine exakte Darstellung der tagtäglichen Realität dieser wortwörtlich versklavten Wesen, eine Hinrichtungsstätte für Andersdenkende!

Ich verließ schnell den Wahrk-Galgen, wie ich nun das Bauwerk nannte, und reiste zur dreiseitigen Kreuzung, um dann über den rechten Weg am Dorfdock aufzutauchen. Ich drehte die Kamera und blickte mit voller Absicht hinein, mein Gesicht voller Abscheu und Verachtung. Zweifellos eine ziemlich unnütze Geste, wie ein Käfer, der einen Wahrk bedroht, gleichwohl aber irgendwie befriedigend.

Meine Erkundungen des Kratersees schienen an einem toten Punkt angelangt zu sein, eigentlich sogar die Erforschung der ganzen Dschungelinsel. Man konnte hier zwar sicherlich noch mehr entdecken, doch derzeit hatte ich den Eindruck, daß nur eine der weiteren Inseln mir Zutritt zu den bisher verborgenen Gebieten gewähren würde.

Daher sprach ich ein Stoßgebet und bereitete mich auf eine weitere markerschütternde Reise über den Ozean vor. Die Fortbewegung mit dem U-Boot war langsam und beschwerlich, aber zumindest ließ sie meinen Magen an dem ihm zugedachten Platz!

Ich kehrte zum Kahlschlag zurück und schaute über das Meer. Ich konnte deutlich die Tram sehen, die mich von der Tempelinsel hierher gebracht hatte. Ich erblickte aber auch die Zugbrücke, die von der Tempelinsel zu einer anderen Insel führte. Von dieser Insel aus verliefen weitere Tramgleise, die sich im Nebel verloren; das Ziel war durch die Dschungelbäume versperrt. Ich hatte keine Ahnung, wohin mich dieses Holzfällerfahrzeug bringen würde – vielleicht war es ja nur ein unterirdisches Transportmittel zu einem anderen Ort auf dieser Insel. Ich würde es jedenfalls bald herausfinden.

Ich stieß ein weiteres Stoßgebet aus und legte den Schalter um. Der Wagen ächzte langsam auf den Gleisen, nahm aber während des Abstiegs in die Erde schnell Geschwindigkeit auf. Ich dachte, daß ich gegen alles gewappnet wäre, aber nichts hätte mich auf diese Erfahrung vorbereiten können: erst der jähe Sturz in eine Höhle, die in den Fels gehauen war, dann der Weg durch Feuerringe, die die Felswände in einen goldenen Schimmer tauchten, dann hinaus aus dem Ozean durch dieselben goldenen Ringe, die irgendwie das Wasser heraushielten und eine Art Unterwassertunnel schufen.

Das Holzfällerfahrzeug verlor an Fahrt, als es aus dem Ozean auftauchte, immer noch ein Stück von der Insel entfernt, die es ansteuerte – vielleicht jene Insel, die durch die Zugbrücke mit der Tempelinsel verbunden war. Dann drang das Fahrzeug in schieren Fels ein, und es wurde stockfinster. Vorne erschien ein kleiner Lichtschein und fing an zu wachsen.

Der Wagen verlangsamte sich abermals vor einer letzten Kurve und blieb dann mit einem sanften Ruck im Innern des Bergs stehen. Ich hatte allerdings kaum Zeit, die Plattform und die Stufen auf der rechten Seite zu registrieren, als das Fahrzeug sich nach vorne neigte und mich über eine Rutsche und ein Loch in der Felswand beförderte.

Ich erblickt wieder das Tageslicht am Ufer eines Sees, der von hohen aufrechten Klippen umgeben war. Ich drehte mich um, um zu schauen, wo ich aus dem Berg herausgeschleudert worden war, und bemerkte zwei Luken, von denen die eine sich in die Rutsche öffnete, mit der ich eben unfreiwillig Bekanntschaft gemacht hatte. Eine Leiter klammerte sich an die Klippe und endete an einer zweiten Luke, die zweifelsohne zu den zuvor von mir im Berginneren bemerkten Stufen führte. Ich hatte wenig Lust, diese Teufelsfahrt zu wiederholen, aber es war gut zu wissen, daß es *tatsächlich* einen Weg zurück gab, falls ich einmal wieder nicht weiterwußte.

Ich schwang meinen verschrammten Körper aus dem Metallcontainer, in den ich so unwirsch geschleudert worden war, und untersuchte meine Umgebung. Ein Haufen Sägemehl und Holzsplitter lagen auf dem Boden verstreut und verleiteten mich zu der Annahme, daß ich großes Glück hatte, hier zu einer Zeit zu landen, in der die Vorrichtung nicht aktiv war. Meines Erachtens zerkleinerte die Maschine die Baumstämme, die von der Bauminsel hierher geschafft wurden.

Diese Insel, oder zumindest dieser Inselteil, schien nicht bewohnt zu sein. Es schien eher der Sitz irgendeiner Fabrikationsfirma zu sein – an Ikea dachte ich dabei weniger. Von einer Stelle in der Seemitte entsprangen verschiedene Rohre und auch ein langer Weg. Auf der rechten Seite verschwand eines der Rohre in einem flachen runden Gebäude. Dies wollte ich mir näher anschauen.

Es handelte sich um ein kreisförmiges Bauwerk aus Ziegelsteinen; eine Wendeltreppe aus Metall führte hinauf zu einer schweren Tür und einem Steg aus Metall, der um das Gebäude herumlief. Die Tür war versperrt und mit einem roten Warnlicht versehen. Ich fühlte, wie eine große Hitze vom Gebäude aufstieg. Im jetzigen Zustand ließ sich das Innere jedoch nicht untersuchen.

Als ich den Metallsteg entlang lief, bemerkte ich weiter am Strand eine hohe Leiter an der Klippe. Ich stöhnte auf, wohlwissend, daß ich hinaufklettern würde müssen. Ich fragte mich, ob man Höhenangst dadurch bekam, daß man sich als Unvorbelasteter immer wieder derartigen Situationen aussetzte.

Auf der anderen Seite des kreisförmigen Gebäudes traf ich auf ein Rohr in Y-Form; der Stamm stieg aus der Seemitte auf, und die beiden Enden führten zu der Gebäudesteuerung. Das Ventil zeigte nach unten auf die linke Gabelung, die an einem großen Rad mit einer Handkurbel vorbeiführte. Durch ein langes Fenster konnte man im Gebäude Wasser kochen sehen. Auf der rechten Seite deutete ein Hebel auf ein Rohr, das direkt ins Gebäude führte.

Ich legte ihn nach oben um. Es wurde still, als der Ofen langsam verstummte und das Wasser sich beruhigte. Ich kehrte zur Tür zurück und entdeckte, daß das rote Licht ausgeschaltet und die Tür nicht mehr abgesperrt war.

Ein Blick ins Innere des Bauwerks offenbarte eine Leiter in der Mitte, die in das Wasser hinabführte, das fast bis zur Türhöhe reichte. Der Boden befand sich tief unter mir; auf den Seiten waren Vorsprünge an einer Art Schienen befestigt. Ich nahm daher an, es sei eher eine nach oben und unten bewegliche Plattform als ein Stockwerk. Durch eine Reihe runder Löcher oben in der Wand drang Licht in das Gebäude ein.

Ich kehrte noch einmal zu der Steuerung zurück und warf einen Blick darauf. Als ich am Rad drehte, trennte sich ein Abschnitt des großen Rohrs, mit dem es verbunden war, und drehte sich in meine Richtung. Diese Aktion hatte allerdings überraschenderweise keine Auswirkung auf den Wasserstand im Gebäude. Dem Durchmesser nach konnte es sich um ein Wasserrohr handeln.

Ich untersuchte das Fundament des Gebäudes und stellte fest, daß sowohl das Hauptrohr als auch ein ebenso dickes Rohr direkt aus dem See kamen. Das Hauptrohr machte einen scharfen Knick nach oben und verband sich mit dem Rohrabschnitt, den ich weggedreht hatte. Das zweite Rohr lief unter das Gebäude, wo es sich scheinbar mit einem anderen, noch größeren verband, das aus der Mitte des Gebäudes entsprang, am Strand entlang verlief und schließlich die Klippe hinaufkletterte.

Ich drehte das Rohrstück wieder an die ursprüngliche Stelle, legte das Ventil zum rechten Ausgang um und zog den Wandgriff nach oben. Überhaupt keine Wirkung! Ich zog ihn wieder nach unten. Mein nächstes Ziel war zweifellos das Bauwerk in der Inselmitte.

Am Ende des Stegs gelangte ich zu einem kleinen Poller aus Stein, aus dem vier Rohre hinausragten. Ein Ventil oben auf dem Poller schien drei der Rohre zu steuern. Ich drehte das Ventil so, daß es auf das runde Gebäude zeigte und hoffte, auf diese Weise die Boilersteuerung mit Energie versorgen zu können. Als ich wieder auf den Steg zurückkehrte, stellte ich fest, daß die Leiter von vorhin auf dem Strand an einem Balkon mit einem auffälligen Eingang endete. Ziemlich bald würde ich diese Leiter hinaufklettern müssen.

Ich hatte recht! Mit der Energie aus der Seemitte funktionierte nun die Steuerung des Boilers. Ich drehte das Ventil zum linken Ausgang, drehte das Rohr und beobachtete mit Genuß, wie der Wasserpegel im Gebäude sank. Ich rannte wieder zur Tür und überzeugte mich persönlich davon, daß das Wasser tatsächlich zurückgegangen war; doch die Leiter ließ sich immer noch nicht erreichen. Ich legte dann das Ventil auf die rechte Seite um und hob den Hebel an der Wand an. Knirschend hob sich der Boden, und nach meiner Rückkehr konnte ich hinüberlaufen und an der Leiter in ein Rohr hinuntersehen.

Vielleicht war es ja mein Schicksal, diesem Rohr bis zu seinem Ursprung zu folgen. Ich war jedoch fest entschlossen, diesem Schicksal so lange wie möglich auszuweichen. Die Aussicht, in ein dunkles feuchtes Rohr hinabzusteigen, ohne einen blassen Schimmer, wo es hinführt, machte den Gedanken an die Leiter, so hoch sie auch sein mag, viel weniger ungemütlich, solange es nur am hellichten Tage vonstatten ging. Ich lief also am Strand entlang zum Fuße der Leiter und begann meinen Aufstieg. Als ich oben angelangt war, erblickte ich im Boden des Balkons eine Luke. Ich betete, daß sie offen war.

Meine Gebete blieben freilich unerhört. Dieser Weg hatte sich eindeutig als Sackgasse erwiesen.

Ich kehrte also über den Strand zum Boiler zurück und konnte nun besser sehen, wohin das Rohr führte. Nachdem es ein Stück am Strand verlief, machte es einen scharfen Knick und kletterte den Berg hoch. Vielleicht konnte ich ja auf diesem Weg zu meinem Ziel gelangen? Ich betrat erneut den Boiler, ging die Mittelleiter hinunter und kletterte in südliche Richtung.

Kurze Zeit später war es stockfinster. Ich konnte mich nur noch auf meinen Tastsinn verlassen. Nach einer ganzen Weile entdeckte ich etwas … nein, kein Licht, aber die Dunkelheit nahm vor mir etwas ab. Es wurde immer heller, und vor mir

offenbarte sich eine Rohrbiegung und eine Leiter zu einem kleinen Kreis Tageslicht oberhalb. Wie eine Motte fühlte ich mich durch dieses Licht magisch angezogen.

Am oberen Ende der Leiter genoß ich den herrlichen Ausblick auf das Meer und den Himmel. Ich sah hinunter und stellte anhand des Rohrschattens fest, wie hoch ich mich befand. Ich mußte springen; es gab keinen Weg, hinunterzuklettern. Als ich mich fallen ließ, hoffte ich, daß ich einen Weg aus diesem Gebirge finden würde. Irgendwie konnte ich es mir nicht vorstellen, auf demselben Weg zum Strand zurückkehren zu können. Ich schaute zurück auf das Rohr und beschloß, einen anderen Weg zu suchen.

Ich war noch nicht ganz oben; die Hügelspitze lag drei oder vier Meter vor mir. Als ich dort ankam, war ich von dem sich mir bietenden Panorama ergriffen. Weit unten lag der See, und in der Ferne sah ich das Holzfällerfahrzeug, das mich hierher gebracht hatte. Und noch viel weiter weg glänzte die große goldene Kuppel im Sonnenlicht, über ihrer Umgebung thronend.

Ich untersuchte die umliegenden Pfade und gelangte kurze Zeit später zu dem Balkon, der sich vorher nicht betreten ließ. Zuerst öffnete ich die Luke, die mich zuvor am Zutritt gehindert hatte. Nun gab es wenigstens einen Weg aus dem Gebirge, obwohl ich inständig hoffte, eine weitere Möglichkeit zu finden.

Die Insel breitete sich in einer einzigartigen Perspektive vor mir aus. Ich erkannte die Energieleitungen, die sich aus dem Hauptpoller in der Seemitte in verschiedene Richtungen verteilten. Die erste führte zum Holzfällerfahrzeug, die zweite zum Boiler. Die dritte drang rechts unter mir in den Fels ein. Ein viertes Rohr, das nicht durch das Energieventil abgestellt werden konnte, führte weit nach rechts. Ich konnte aber sein Ziel nicht erkennen.

Beunruhigt wandte ich mich vom See ab und überprüfte die Türen im Fels. Mit einem Stoßseufzer der Erleichterung registrierte ich, wie sie sich leicht öffneten und den Weg zu einem Weg aus Metall tief ins Berginnere freigaben. Der Pfad war gut erleuchtet, so daß ich bis zum Ende unterhalb eines Zugangs zum Lüftungsschacht folgen konnte. Das Gitter war unten, und ich hörte, wie sich der Ventilator drehte.

Am Ende des Ganges befand sich eine sonderbare Konstruktion, die wie eine Falle aussah. Eine Metallkugel öffnete sich bei Berührung und offenbarte im Innern eine Druckplatte. Auf der rechten Seite befand sich ein kleines Tablett mit Futterpellets. Ich war ziemlich sicher, daß ein Gerät in dieser Größe nichts Gefährliches einfangen konnte, legte den Köder in die Falle und senkte ihn in die darunterliegende Höhle.

Nach mehreren Versuchen fand ich dann die Falle nach dem Heben geschlossen vor. Vorsichtig öffnete ich sie, und entdeckte zu meiner Freude einen kleinen Frosch, der wie ein winziges lebendes Juwel in verschiedenen Farben schimmerte. Er blickte mich kurz an, gab ein zirpendes Geräusch von sich und sprang dann aus der Falle heraus.

Dieses Geräusch! Es war dasselbe, das ich vom ersten Holzauge gehört hatte. Dies bestätigte meine Vermutung, daß das auf der Rückseite jenes Holzauges entdeckte Symbol für die Zahl Drei irgendwie mit dieser rivenianischen Kreatur zusammenhing. Ich wußte zwar noch nicht wie, nahm aber trotzdem eine entsprechende Notiz im Tagebuch vor.

Zu diesem Zeitpunkt konnte ich hier nicht mehr viel machen. Ich kletterte auf die Falle, um zu überprüfen, ob ich den Lüftungsschacht betreten konnte – es war tatsächlich möglich. Ich erkannte aber keine Möglichkeit, den Lauf des Ventilators anzuhalten. Kein Ausgang in dieser Richtung. Ich war auf dieser Insel in einer Sackgasse gelandet und sah keine andere Option, als wieder auf der Leiter zum Strand hinabzusteigen und mich zu einer Wiederholung der Fahrt mit dem Holzfällerfahrzeug zu zwingen. Ich erwog kurz auf dem Balkon meine Möglichkeiten – viele gab es ja nicht. Es *mußte* einen anderen Weg geben! Auf der rechten Seite erhob sich ein weiteres Bauwerk, und die Feuermurmelkuppel dieser Insel drehte sich zu meiner Linken. Es *mußte* einen Zugang geben!

Ich lief wieder in die Höhle hinein und drehte mich um, um die Türen in Augenschein zu nehmen. Vielleicht … Aha! Ein teuflischer Bursche, dieser Gehn. *So* versteckt er sie also! Ich nahm den linken Durchgang, der sich über zahlreiche Stufen zur Feuermurmelkuppel wand. Jetzt war ich überzeugt, daß es ein solches Gerät auf jeder Insel gab, obwohl ich dasjenige auf der Dschungelinsel nicht betreten konnte. Hoffentlich gelangte ich an mehr Informationen, wenn ich erst einmal diese Kuppel hier öffnete. Aber wie sollte ich sie öffnen?

Die Kammer war erstaunlich hell und nach oben hin offen. Ein Pfad führte nach links, aber ich konnte weit und breit keine Vorrichtung erkennen, mit der sich die Kuppel öffnen ließ. Ich untersuchte die Felswand hinter mir und fand eine eingebaute Linse, nicht aber einen Eingang. Ich kehrte wieder zur Tür zurück. Vielleicht sollte ich die Tür schließen …

Ja! Durch den Tunnel im Fels gelangte ich schnell zu einem eigenwilligen Gerät – einem Kinetoskop. Es ist ein Mechanismus, der auf einem rotierenden Schließmechanismus basiert und bewegte Bilder in eine Art primitiven Film verwandelt. Als ich ins Okular blickte, konnte ich endlich die Symbole erkennen, die sonst wegen der schnellen Rotation der Kugel ineinander verwischten.

Jedes Symbol wurde in einer unendlichen Abfolge glatt in das nächste übergeblendet – wie im Kreis. Was könnte das bedeuten? Gelegentlich tauchte in der Linse des Kinetoskops ein gelbes Symbol auf. Was würde wohl geschehen, wenn ich den Knopf auf dem Kinetoskop zeitgleich mit dem Erscheinen des gelben Symbols drücken würde?

Was immer ich mir vorgestellt hatte, hatte nichts mit der Realität gemein. Als es mir endlich gelang, das richtige Timing zu finden, verlangsamte sich synchron die Drehung der Kuppel und des Kinetoskops. Nach dem Stop war das gelbe Symbol deutlich zu sehen, und ich zeichnete es in meinem Tagebuch auf. Bevor ich zum Zeichnen ansetzte, wurde jedoch meine Aufmerksamkeit abgelenkt, als die äußere Hülle zurückglitt und sich darunter eine weitere Kuppel entpuppte – poliert wie eine Marmorkugel und von einem Glanz aus goldenem Feuer erhellt.

In der Mitte der Feuermurmel, bemerkte ich ein durchsichtiges Fenster und ein anderes Kombinationsschloß. Durch das Fenster konnte ich auf einer Art Podest ein Buch sehen, das nur darauf wartete, geöffnet zu werden – vielleicht ein Verbindungsbuch?

Der Schließmechanismus bestand aus fünf Gleitreglern, die entlang einer Leiste mit fünf Gruppen zu je fünf Markierungen hin- und herbewegt werden konnten. Ich schloß messerscharf, daß ein Knopfdruck das Fenster öffnen und Zugang zum Verbindungsbuch (wenn es denn eins war) gewähren würde, wenn man zuvor die richtige Konfiguration eingestellt hatte. Ich versuchte einige Kombinationen auf gut Glück, hatte aber nicht mehr Erfolg als mit der Luke am Teleskop.

Ich wollte das Symbol an der Feuermurmelkuppel notieren, war mir aber nicht mehr sicher, ob ich es richtig in Erinnerung hatte. Daher kehrte ich zum Kinetoskop zurück und fragte mich, ob ich das Spiel wiederholen könnte. Wie erhofft, wurde die Kuppel auf Knopfdruck in den ursprünglichen Zustand versetzt, und ein weiterer Knopfdruck fing das Symbol ein. Ich kopierte es in mein Tagebuch und überlegte derweil, ob ich die Feuermurmelkuppel offen oder geschlossen zurücklassen sollte.

Ich ließ zwar eine Spur aus umgelegten Schaltern und gedrückten Knöpfen hinter mir, aber sie waren keine so deutliche Visitenkarte wie dies hier. Nachdem ich mich überzeugt hatte, daß ich die Kuppel jederzeit nach Lust und Laune öffnen und schließen könnte, fand ich es klüger, die Kuppel geschlossen zurückzulassen.

Wenn Gehn in der Nähe gewesen wäre, hätte er meine Anwesenheit akustisch registriert, aber wenn nicht, könnte er immer noch zurückkehren, um sich mein Werk zu betrachten. Einmal seinen Schergen entronnen – ich vermutete, daß er es war, der meine Gefangennahme bei der Ankunft in diesem Zeitalter zu verantworten hatte –, legte ich keinen gesteigerten Wert darauf, diese Erfahrung zu wiederholen. Ich konnte mich schließlich nicht ein zweites Mal auf einen Wohltäter zu meiner Rettung verlassen.

Obwohl ich den Schließmechanismus nicht knacken konnte, hatte ich dennoch das Gefühl, daß ich Fortschritte machte. Es war mit gelungen, einige Zusammenhänge bezüglich Gehns Bauwerke und seine Konstruktionsmethode zu durchschauen. Wenn mir die Mächte des Universums genügend Zeit gaben, war ich sicher, das Mysterium aufklären zu können.

Von meinem Erfolg beseelt, stieg ich wieder zum Haupteingang hoch und betrat den Tunnel auf der anderen Seite, der auf einem langen Steg am Rande des Berges ins Tageslicht hinausführte. Der Steg erstreckte sich bis zum Bauwerk, das ich zuvor entdeckt hatte, und bis zu einer Tür in der Klippe. Das Bauwerk wirkte sehr modern – mit

Glas, niedrigen Decken und Winkeln. Es verfügte über große durchsichtige Fenster, durch die ich alle möglichen Arten von Laboreinrichtung erspähte. Da der Raum leer war, wollte ich ihn durch die Tür betreten, fand aber die Tür verschlossen vor.

Ich lief also weiter bis zur Tür in der Klippe und durch einen Tunnel auf eine Zugbrücke, die direkt zur großen goldenen Kuppel führte. Genau diese Brücke hatte ich vom Steg außerhalb der Kuppel ausgemacht. Ich überquerte die Brücke, um zu überprüfen, ob ich tatsächlich genau diese Brücke mit Strom versorgt hatte. Nach einem langen Fußmarsch stellte ich fest, daß die vermeintliche Zugbrücke tatsächlich eine gewinkelte Verlängerung der Brücke war. Ich kletterte auf die Verlängerung und überlegte derweil, welchen Sinn das Energieventil hatte, das ich eingeschaltet hatte.

Dies sollte ich bald herausfinden. Es war *doch* eine Zugbrücke, aber der angehobene Teil war viel kleiner, als ich dachte, viel näher an der goldenen Kuppel und vom Steg mit dem Energieventil aus nicht zu sehen. Ich zog den Hebel auf der rechten Seite an der Stelle, an der die Brücke angehoben war. Erfreulicherweise war meine ursprüngliche Schlußfolgerung richtig, wenngleich sie sich auf den falschen Ort bezog. Als sich der Brückenabschnitt absenkte, bildete er einen direkten Zugang zur großen goldenen Kuppel, vermutlich durch einen der Eingänge, die ich bei meinen früheren Erkundungen bemerkt hatte.

Die Brücke führte zu einem Steg, der sich auf der anderen Seite des mit dem Torraum verbundenen Haupteingangs und direkt über dem unteren Eingang befand. Ich ging nach links und an einem Eingang vorbei, den ich mir später vorknöpfen wollte. Genau wie erwartet, verlängerte sich der Steg durch Drehung des Rades, um sich auf diese Weise mit dem Hauptsteg zu verbinden. Voller Spannung ging ich auf den Hauptsteg. Zwar hatte ich die drei Inseln noch nicht vollständig erforscht, aber immerhin eine komplette Rundreise gemacht!

Nun ahnte ich, wohin mich der verbleibende Eingang führen würde. Ich hob also den Brückensteuerhebel am Haupteingang an und kehrte um, um meine Vermutung zu überprüfen. Als ich den oberen Steg betrat, stellte ich fest, daß er unterbrochen war – schon wieder eine Sackgasse! Ich hatte mich gerade umgedreht und wollte unverrichteter Dinge von dannen ziehen, als ich an der Wand einen Knopf entdeckte. Ich drückte den Knopf, und von unten hob sich eine Platte. Ich setzte meinen Weg fort.

Wie erhofft, endete der Pfad an einer massiven Tür mit einem Hebel auf der rechten Seite. Ich hob ihn an und betrat den Torraum durch Eingang 4. Nach einigen Drehungen gelang es mir, die erhobene Brücke zum oberen Stockwerk der großen goldenen Kuppel zu betreten. Die Genialität der Bauwerke von Gehn entfachte in mir beinahe eine Bewunderung für diesen Mann, doch das Wissen um seine Grausamkeit bündelte meine Konzentration auf die vor mir liegenden Aufgaben.

Das obere Stockwerk bestand nur aus einem zum Himmel hin offenen Korridor, der zu einer sonderbaren Anordnung in der Mitte des Doms führte. Ich senkte den Hebel auf der linken Seite und brachte so einen weißen Knopf zum Vorschein. Ein Druck darauf ließ einen Mechanismus vor mir nach unten gleiten, sonst tat sich nichts. Ich trat näher, um die Maschine unter die Lupe zu nehmen.

Es schien ein Fünf-mal-fünf-Raster aus fünfundzwanzig Quadraten zu sein, die ihrerseits in ein kleineres Raster aus je 25 Löchern unterteilt waren. Rechts befanden sich sechs Murmeln in unterschiedlichen Farben: Rot, Orange, Gelb, Grün, Blau und Violett. Die Funktion des Geräts war klar – man mußte die Murmeln in einer bestimmten Konfiguration auf dem Raster anordnen. Ich hatte jedoch keine Ahnung, welche Kombination das war. Die Chance, den Öffnungscode zu erraten, war beim Teleskop oder dem Verschluß der Feuermurmelkuppeln beträchtlich größer. Für diese Murmeln hier würde ich eine Ewigkeit brauchen …

Murmeln … Könnte das Murmelmuster etwas mit der Lage der fünf Feuermurmelkuppeln zu tun haben? Es gab noch keine sichtbare Verbindung, aber ich schrieb den Gedanken in meinem Tagebuch auf. Spätere Erkundungen würden vielleicht weitere Hinweise bieten, um diese These zu untermauern oder zu widerlegen.

Dann dachte ich wieder an den Knopf und die Platte. Die Metallplatte und den Knopf – mein lädierter Fingernagel meldete sich schmerzhaft im Bewußtsein zurück. Der Knopf hatte genauso ausgesehen!

Ich lief wieder in die Kuppel zurück, ging aus dem unteren Eingang hinaus, lief bis zur Metallplatte vor und registrierte freudestrahlend, daß der Knopf nicht länger in die Wand eingedrückt war. Es war ein zweistöckiger Aufzug – man konnte nur nach unten fahren, wenn die obere Plattform oben war. Raffiniert!

Unten befand sich ein Tunnel, der zu einem Steg und zur Feuermurmelkuppel dieser Insel führte. Es war kein Kunststück, sie mit Hilfe des Kinetoskops anzuhalten und das gelbe Symbol im Notizbuch festzuhalten.

Ich war wieder einmal fertig auf dieser Insel und ging über die Brücke zurück, als ich die vierte Insel in diesem Archipel lokalisierte, die jeweils mit der Dschungelinsel und der von mir gerade angesteuerten Insel durch eine Tramlinie verbunden war. Das mußte der Weg zur Dschungelinsel und zu ihrer Feuermurmelkuppel sein, die ich früher nicht betreten konnte. Nach meinem Erkundungen hier, beschloß ich, mich auf die vierte Insel zu begeben, von der ich dann zur Dschungelinsel zurückkehren und die verbleibenden Geheimnisse lüften wollte.

Ich passierte wieder das Gebäude, das ich Gehns Labor nannte, und hatte nach wie vor keinen Schimmer, wie ich es betreten könnte. Ich untersuchte den Pfad zwischen dieser Stelle und dem Balkon etwas gründlicher und stieß auf einen Draht, der sich an der Klippe entlang schlängelte. Auf der Laborseite verschwand er im Gebäude an einem Knotenpunkt mit einer Art Lüftungsschacht, vielleicht demselben, den ich über dem Fallenmechanismus lokalisiert hatte. Dies sah in der Tat vielversprechend aus!

Ich folgte dem Draht bis kurz vor dem Eingang zum Froschfallentunnel, und untersuchte dabei jeden Zentimeter des Drahts. Zu meiner größten Freude entdeckte ich ein Stromventil direkt gegenüber dem vierten Rohr. Ein lautes Geräusch, so wie von rotierenden Ventilatoren, stieg vom Fels auf. Als ich das Stromventil drehte, verschwand das Geräusch, das zweifelsohne aus einem Abluftkanal stammte. Wenn diese Aktion die erhoffte Wirkung zeigte, hatte ich einen Zugang zum Labor gefunden.

Ja! Ich kehrte in den Tunnel zurück, kletterte auf die Froschfalle und kroch in den Lüftungsschacht. Nach kurzer Zeit sah ich auf einen Schreibtisch im Labor hinab. Ich lauschte sorgfältig, ob sich irgend jemand in dem Raum aufhielt, drückte dann das Gitter heraus und schwang mich hinunter auf den Schreibtisch.

Genau wie der Torraum war auch dieser Raum fünfeckig. Ich ließ meinen Blick schweifen und überlegte, welche Bedeutung die Zahl 5 für Gehn hatte. Sie kam in dieser Welt jedenfalls ziemlich häufig vor.

Ich öffnete die Tür zum äußeren Steg und freute mich, nicht wieder durch den Lüftungsschacht kriechen zu müssen. Die andere Tür führte vermutlich zu der zweiten Tram, die ich von der Zugbrücke aus gesehen hatte. Zuvor wollte ich allerdings gründlich das Labor untersuchen.

Der Schreibtisch, auf dem ich landete, wies eine Reihe interessanter Gegenstände auf. Das Prunkstück war natürlich Gehns Laborjournal. Ich traute mich nicht, es wegzunehmen, und kopierte alle Eintragungen, denen ich eine Bedeutung beimaß, in mein Tagebuch. Insbesondere natürlich das Interesse der D´ni für die Zahl 5 und ihre Farbsymbolik. Ich fragte mich, ob die sechs Farben sich auf die Farben der sechs Murmeln bezogen, die ich im oberen Stockwerk der großen goldenen Kuppel gefunden hatte.

Interessanterweise wurde auch meine Vermutung über die Liaison von Catherine mit den Aufständischen bestätigt. Mehr denn je war ich davon überzeugt, daß mindestens die Hälfte meiner Aufgabe, Catherine zu finden, sich durch das Auffinden der Moiety bewerkstelligen ließ. Ein Journaleintrag deutete darauf hin, daß die Moiety Zugang zu einem anderen Zeitalter hatten, in dem sie das seltsame Metall für ihre Dolche herstellten; vielleicht hatte Catherine dieses Zeitalter für sie erschaffen?

Der wichtigste Eintrag im Tagebuch war der Code zum Öffnen der Feuermurmelkuppeln, die die Inseln von *Riven* mit einem neuen, von Gehn erschaffenen Zeitalter verbanden. Es schien ein fünfstelliger Code zu sein. Das einzige Problem bestand darin, daß ich nicht alle Zahlen aus dem Spiel im Schulraum erkannte. Das Zahlensystem schien irgendwie auf Kombinationen aufzubauen. Es sah so aus, als müßte ich von den mir bekannten Zahlen auf die Gesetzmäßigkeit des Musters schließen.

Das konnte aber warten, bis ich mich an einer weniger exponierten Stelle befand.

Ich sah mich kurz im Raum um. Die Lampen

über den drei Tischen waren alle mit Wahrk-Stoßzähnen geschmückt. Ich fragte mich, ob sie ihre Stoßzähne abwarfen, so wie Rehe ihr Geweih abwerfen, oder ob jedes Paar Stoßzähne für einen toten Wahrk stand. Ein seltsamer Mann, dieser Gehn. Erst füttert er die Wahrks mit Gefangenen, um dann anschließend die Wahrks ihrer Stoßzähne wegen zu töten.

Ein zweiter Tisch war mit chemischen Geräten und einigen konservierten Fröschen – oder Ytrams, wie Gehn sie in seinem Tagebuch nannte – in Glasflaschen übersät. Das Journal beschrieb, daß Gehn die unschuldigen Kreaturen zur Herstellung eines Rauchextrakts für seine Pfeife herstellte! Ich fand auch Beweise, die dies untermauerten. Ekelhaft!

Erst als ich die Gegenstände auf dem dritten Tisch fand, begann sich in meinem Kopf endlich ein komplettes Bild zu formen. Eine große Baumfällaktion auf der Dschungelinsel. Ein Transportsystem, um die gefällten Baumstämme auf diese Insel zu befördern. Ein Apparat, um die Baumstämme zu Holzschnipseln zu zerkleinern. Ein Boiler, um diese Schnipsel zu einer Paste zu verarbeiten. Und in diesem Labor schließlich ein Stück Holz unter dem Mikroskop. Ein Buch, das gebunden werden soll. Eine Druckerpresse. Dies alles konnte nur eins bedeuten: Gehn verwandelte diese Inseln in eine Fabrik zur Herstellung von Papier und Büchern!

Glücklicherweise waren nicht alle seine Versuche erfolgreich. Ich lächelte, als ich die verkohlten Überreste eines seiner Fehlschläge im Kamin in der Mitte des Raums schwelen sah.

Genug davon. Ich sollte hier besser verschwinden, bevor es dem Eigentümer einfiel, hierher zurückzukommen. Zwei Türen führten aus diesem Raum, die vordere zum Steg draußen, die hintere zur Tram und zur nächsten Insel. Ich konnte auf der Insel der Buchherstellung nichts mehr entdecken und ging durch die hintere Tür. Über die Stufen gelangte ich zur Tramstation.

Keine Tram. Was nun? Man mußte doch irgendwie eine Tram zu einer bestimmten Station rufen können. Ich durchsuchte vergeblich die nähere Umgebung, erinnerte mich dann aber an etwas, was ich im Labor gesehen hatte und auch zuvor schon in der Nähe jeder Tramstation. Vielleicht war der blaue Griff auf dem Silberpodest ein Rufknopf? Ich kehrte ins Labor zurück, drückte den blauen Knopf am Eingang und begab mich abermals in die Tramstation.

Ob ich nun recht hatte oder ob mir der Zufall zu Hilfe kam, weiß ich nicht. Jedenfalls fand ich dort die Tram vor. Als ich hineinstieg und das Gefährt umdrehte, ertappte ich mich dabei, wie ich mich fast schon auf die Fahrt freute. Dies hing sicher mit meinem Widerwillen zusammen, eine Ladung unbelebter Baumstämme zu spielen.

Eines Tages gewöhne ich mich vielleicht an diese herzzerreißende Prozedur, die die wichtigste Art des Transports zwischen den Inseln darstellt. Ich werde es wohl müssen, allein schon aus Gründen der Selbstverteidigung. Ich hatte nie etwas für Achterbahnen und vergleichbare Formen angeblicher Vergnügung übrig, und diese schwindelerregende Raserei über der Seeoberfläche erfüllte mich jetzt doch mit tiefstem Unbehagen.

Erleichtert verspürte ich, wie die Tram sich vor einem jener charakterischen massiven, in Stein gehauenen Docks oder Anlegestellen für diese Teufelsmaschinen verlangsamte. Ich stellte fest, daß die Tür der Tram sich wie gewöhnlich zur linken Plattform hin öffnete, daß sich aber auf der rechten Seite auch eine Plattform mit einer Tür befand.

Sonderbar. Es schien hier keinen Weg dorthin zu geben, außer der Grube, in der die Tram selbst an ihren Kabeln hing. Ich legte keinen Wert darauf, diese Möglichkeit auszuprobieren. In *meiner* Welt gab es U-Bahnen, S-Bahnen und Oberleitungsbusse, und ich verspürte kein großes Verlangen, mich zufällig von irgendeiner Führungsschiene oder Stromleitung an einem Fahrzeug grillen zu lassen, das ich nach wie vor nicht im geringsten verstand!

Dieses spezielle Rätsel konnte bis später warten. Zur Zeit hatte ich genug auf der Plattform auf der linken Seite zu tun. Eine Tür und eine Art nach oben führende Feuerleiter reizten mich.

Ich stieg aus dem glatten Tunnel auf ein offenes Plateau aus, das von Wahrk-Stoßzähnen umsäumt war. Meine Güte, wie viele Kreaturen hatte das Monster umgebracht? Vorne zog mich ein neuer Ort in seinen Bann, und meine Kinnlade klappte angesichts des Panoramas hinunter, eines Anblicks, den ich zeitlebens nicht vergesse.

Monolithen wuchsen wie riesige Kristalle aus Basalt gleich einem grauen Wald aus algenbewachsenen Becken mit Wasser, nicht aufrecht, sondern gewinkelt, wie eine unglaubliche Explosion, die urplötzlich eingefroren wurde. Als ich auf einem Pfad näherkam, der sich zwischen den Felsen durchwand, fragte ich mich, ob es sich um ein natürliches Phänomen handelte – eine vulkanische Verheerung gigantischen Ausmaßes –, oder ob es eine wahrhaft göttliche Verknüpfung aus Kunst, Architektur und Wissenschaft war.

An einer Stelle überspannte der Metallpfad eine kreisförmige Öffnung im Becken, durch die ich ein anderes Becken im Untergrund sehen konnte, orange erleuchtet und innerhalb einer fünfeckigen Struktur angeordnet. Zweifelsohne gab es Geheimnisse oberhalb wie unterhalb der Erde, genügend, um mich eine ganze Weile auf Trab zu halten.

Ich lief weiter, ein unbedeutender Zwerg im Vergleich zu der Schönheit der gigantischen Steine. Hinter den Monolithen öffnete sich die Spitze des Plateaus, flach wie eine Glasplatte auf einem Mikroskop mit mir, einer Amöbe, einer vor sich hin krabbelnden Mikrobe. Vor mir wuchsen Wände in die Höhe – steil, kahl, leicht gebogen und nach innen geneigt. Jedes irdische Bauwerk gliche einer Mücke im Vergleich zu diesen Zyklopen. Ein hoher enger Schlitz im Fels verschlang den Pfad und führte mich über eine Reihe von Treppen weiter nach oben.

Entgegen meiner Vermutung war es keine Festung. Es gab keine Türmchen, keine Befestigungen. Statt dessen verlief jetzt der Pfad in einer Art Graben mit brusthohen Wänden. Auf beiden Seiten befand sich ein flaches Becken mit Wasser, das blaßblau und -grün in der Sonne schimmerte. Seltsame Steinfiguren ragten rechts wie links wie aus massivem Fels gehauene Plateaus in die Höhe, und etwas daran erinnerte mich an Inseln, steil und ausgewaschen, mit aufrechten Klippen als Küsten, die sich aus einem sanften Ozean erhoben. Allerdings war jede dieser Inseln so groß wie ein Haus, und viel zu hoch, als daß ich ihre Spitzen sehen konnte.

Ich ging immer noch weiter. Vor mir lag noch eine Klippe, und hier ließ sich die Hand des Menschen spüren. Irgendeine Art Struktur – ich konnte es nicht erkennen; ein Teleskop? Das Heft eines weiteren riesigen Dolches? – erhob sich aus der Klippe fast vierzig Meter über meinem Kopf, mit massiven Ketten gesichert. Direkt unterhalb dieser rätselhaften Struktur ragte aus dem Berg eine Art Steg oder Balkon hinaus.

Mein Weg führte mich in eine weitere Felsspalte, wo ich einen Aufzug vorfand. Ich drückte den Knopf und wurde langsam hochgehoben.

Oben angelangt, hatte ich zwei Alternativen. Der Aufzug öffnete sich anscheinend in zwei Richtungen, obwohl ich das von unten nicht erkannt hatte. Vor mir, d.h. in der Richtung, aus der ich gekommen war, führte ein Pfad zu einem eisernen Geländer; in der anderen Richtung öffnete sich der Fels allerdings zu einer anderen, weniger leicht identifizierbaren Struktur, flach und rötlich gefärbt.

Ich beschloß, erst das Geländer zu untersuchen. Als ich einen Schritt nach vorne machte, fiel ich fast hinunter!

Ich sagte ja bereits, daß ich nie Höhenangst hatte. Meine Selbstsicherheit in dieser Hinsicht war jedoch nach den vielen Abenteuern mit hohen und zerbrechlichen Leitern leicht angekratzt. Der Ausblick von dieser Stelle ließ mich sofort nach dem Geländer greifen, bis meine Gelenke weiß vor Anspannung wurden! Ich zog rasch die Luft ein, um die Panik in meinem Kopf zu überwinden.

Langsam brachte ich mich dazu, hinzusehen und auf den fernen Horizont zu starren, bis der Schwindelanfall vorüber war. Interessant. Das Meer außerhalb dieser Insel bot sich mir ebenso spektakulär dar wie die drei bisher besuchten Inseln. Nun konnte ich genau die beiden Tramlinien erkennen, die von dieser Insel ausgingen – die eine, mit der ich eben gekommen war und die einen sanften Bogen zurück zur Insel der Buchherstellung und Gehns Labor im Gebirge machte, und die andere, die diese Insel offensichtlich mit der Dschungelinsel verband.

Ich schloß daraus, daß es auf der Dschungelinsel eine Tramstation geben mußte, die ich bislang nicht entdeckt hatte. In der Ferne erstrahlte die große goldene Kuppel wie ein unmöglich großer Mond über dem unregelmäßigen Umriß der Tempelinsel. Von hier aus erinnerte er mich an die viel kleineren Murmelkuppeln, nachdem sie geöffnet wurden und ihre goldglühenden Geheimnisse preisgaben. Welchen Zusammenhang gab es da?

Schließlich hatte ich mich soweit im Griff, daß ich es wagte, das Schauspiel unter meinem winzigen Horst an der Klippe zu betrachten. Ich mußte mich an die vierzig Meter über dem flachen Becken befinden, das ich bei der Ankunft vorgefunden hatte. Ich blickte hinunter auf das Becken und die fünf Inseln, die sich aus dem Wasser erhoben. Die Spitzen der Inseln waren mit Loch- oder Linienmustern versehen, die sie in Reihen und Spalten wie ein Gitter einteilten. Die Gestalten der Inseln waren regelmäßig und natürlich zugleich. Irgend etwas regte sich in meinem Gedächtnis. Was hatte es mit diesen Formen auf sich?

An der Brüstung zwischen meinen Händen befand sich eine kleine Kupferplatte – ein Rechteck, das in fünf unregelmäßige, aber geradlinige Abschnitte eingeteilt war. Es gab ein Quadrat oben links und eine L-Form darunter – beide waren wie Puzzlestücke in zwei größere und etwas unregelmäßigere Teile eingefaßt. Ein fünftes – ein winziges Quadrat – befand sich oben rechts.

Ich sah von der Platte auf die Inselplateaus hinunter. Ja! Die Formen stimmten überein. Jene einsame Insel rechts war klein, genau wie das einsame Quadrat auf der oberen rechten Seite der Platte. Es gab auch die L-Form und das größere Quadrat …

Zögerlich streckte ich die Hand aus und berührte den größten Abschnitt auf der Platte, der mit der größten Plateauinsel übereinstimmte. Unverzüglich fand auf dem Plateau tief unten eine seltsame Transformation statt. Wasser strömte durch die Löcher, die ich bemerkt hatte, aber nicht das von zuhause bekannte, wohlerzogene und der Schwerkraft gehorchende Wasser, sondern Wasser wie aus der Lagune auf der Dschungelinsel!

Irgendwie, durch Erfindungsgabe, schwarze Magie oder durch die fremde Physik auf dieser Welt, stapelte sich das Wasser in der dritten Dimension, floß zu Hügeln zusammen oder aus Tälern heraus und bildete vor meinem erstaunten Blick Berggipfel aus Wasser.

Und ich erkannte diesen Ort.

Ja, ich war jetzt absolut sicher. Ich konnte deutlich die runde Form des Kraters erkennen, die Leere in der Mitte symbolisierte den See. Diese Plateauinsel stellt in unglaublichem Detailreichtum eine echte Insel dar – die *Dschungelinsel*, um genau zu sein. Obwohl die Berge aus Wasser bestanden, konnte man die Insel am Loch erkennen, das den Kratersee darstellte; mit dem Gebirge an Ort und Stelle wurde die Ähnlichkeit unverkennbar.

Ich versuchte einen anderen Knopf auf der Kupferplatte, diesmal die L-Form auf der unteren linken Seite. Wie von Zauberhand wurden die Berge der Dschungelinsel weggesaugt, und kurze Zeit später wuchsen aus dem L-förmigen Plateau unter mir unterschiedlich geformte Berge. Es konnte keinen Zweifel geben – ich blickte auf eine kunstvolle und unglaublich komplexe topographische Karte.

Ich setzte meine Experimente fort und suchte nach dem, was dort sein mußte. Vier der Inseln waren offensichtlich die drei mir bekannten plus die eine, auf der ich mich jetzt befand. Die Dschungelinsel war die größte der fünf und befand sich unten rechts. Die Tempelinsel, meine Ausgangspunkt, lag unmittelbar darüber – in der Richtung, die ich jetzt sicher als Norden identifizierte. Die Buchinsel, das große Quadrat mit dem Mittelsee, lag oben links, während ich eindeutig gerade auf dem L-förmigen Eiland unten links meine Nachforschungen betrieb.

Die fünfte Insel blieb nach wie vor ein Geheimnis. Isoliert und einsam, im Nordwesten gelegen, schien sie als einzige kein Pendant in der Welt des Realen zu haben. Ein Blick in die Ferne zeigte die echte Dschungelinsel, doch nirgendwo am Horizont konnte ich ein Zeichen der fünften Insel entdecken. Wenn sie existierte – und ich wußte, daß es so sein mußte –, mußte sie sich wirklich weit weg von den anderen befinden. Ich wußte nun etwas anderes, eine weitere kleine und vermutlich wichtige Information. Die in Quadrate eingeteilten Figuren auf der Kupferplatte waren Figuren, die ich zuvor gesehen und gezeichnet hatte. Ich hatte sie im Torraum entdeckt, auf dem Buntglas in den beleuchteten Bildern in den goldenen Käfern. Ich hatte sie auch später gesehen, auf jener Tafel an dem Geländer im Innern der großen goldenen Kuppel. Dort hatte ich angenommen, daß sie irgendwelche Gebäude darstellten, doch nun wußte ich, daß meine Annahme falsch war. Diese Gruppen kleiner Quadrate in unterschiedlicher Anordnung stellten nicht Gebäude dar, sondern Inseln.

Die goldene Kuppel versorgte über jene immensen Röhren, die ich in ihrem höhlenartigen Innern gesehen hatte, alle fünf Inseln von *Riven* mit Strom.

Doch wofür war dieser Strom nötig? Die meisten Bedürfnisse der Inseln konnten durch lokale Ressourcen gedeckt werden – der Poller in der Mitte des Sees auf der Buchinsel, der das Holzfällerfahrzeug, den Boiler oder das Froschfanggerät über das Ventil der Reihe nach mit Strom versorgte. Vielleicht benötigte ein noch nicht gefundener Apparat Strom in kurzer Zeit und großen Mengen?

Ich beschloß, die Plateaukarten im vorgefundenen Zustand zu verlassen, drückte nochmals auf die zweite Platte und ließ von der Insel das Wasser abpumpen. Hier konnte ich nichts mehr erfahren, und es gab woanders noch viel zu entdecken.

Es existierte nur ein einziger Weg – zurück durch den Lift und auf die andere Seite durch die Felsspalte. Ich kam wiederum an einem zentralen Kratersee heraus, in der Nähe eines nicht minder seltsamen Gebäudes als die, die ich bei meiner Reise schon zuvor gefunden hatte.

Es war rund und niedrig, aus rostigem Metall geschmiedet, und schwamm auf einem weißlichen Floß auf der Wasseroberfläche. D´ni-Schriftzeichen aus Metall zierten das Fundament, und durch die dekorativen Buchstaben ließen sich dunkle Geheimnisse erahnen. Das Bauwerk schien verankert und bewegungslos zu sein, aber es gab weder einen Gang noch eine Brücke, über die ich mich hätte nähern können. Etwas ratlos setzte ich meine Erkundungen an anderer Stelle fort.

Ich sah nach oben. Die riesige Klinge eines ungeheuren Messers ragte aus der Felsspalte hinter mir in die Höhe; das spitze Ende berührte fast das Gebäude. Dies mußte das andere Ende der gigantischen Scheide sein, die ich vom Ausguck auf der anderen Seite gesehen hatte. Was bedeuteten die Dolche? Wer hatte sie in dieses Zeitalter gebracht und warum?

Ein Holzsteg zweigte vor mir kurz vor dem schwimmenden runden Gebäude nach links und rechts ab. Links, weit hinter der Biegung des Sees, konnte ich noch eine rotierende Murmelkuppel ausmachen, die hinter einer scharfen, V-förmigen Kluft in der felsigen Kraterwand lag. Ich ging um

den See herum und warf einen näheren Blick darauf.

Die Kuppel schien identisch mit denen zu sein, die ich zuvor auf der Tempel- und der Buchinsel sowie auf der Dschungelinsel, wenngleich dort nur aus der Ferne, gesehen hatte. Die mir jetzt vertrauten Symbole schienen mir ebenfalls die gleichen zu sein. Ich strengte meine Augen an und versuchte, das gelbe Symbol auszumachen, das die Drehung anhalten konnte.

Ich war mir ziemlich sicher, daß ich es erkannt hatte, als es an mir vorbeiflog: ein Kreis mit einer horizontalen Linie durch die Mitte. Das sollte man leicht mit dem Kinetoskop einfangen, wenn ich es erst einmal gefunden hatte. In der Nähe konnte ich es jedenfalls nicht lokalisieren, so daß ich mir vornahm, die Seeufer zu erforschen.

An dieser Stelle beschloß ich, das runde Gebäude etwas näher zu betrachten. Von außen konnte ich nichts erkennen; die einzige Tür schien sich gegenüber der Kluft zu befinden, aus der ich aufgetaucht war, direkt unter der Messerspitze. Eine Brücke war weit und breit nicht in Sicht. Ich fand dafür vier sonderbare Objekte, Holzidole oder Totems, die sich aus dem schwarzen Wasser des Sees erhoben. Wieder einmal stellten sie den monströsen Wahrk dar, diesmal aus grobem Holz und knallbunt bemalt. Jedes Totem wies auf dem Rücken ein anderes Farbenmuster auf – das eine blau, jenes orange, das dritte gelb, das vierte grün.

Meiner Tradition folgend gab ich diesem Ort den Namen Totemsee.

Ich entdeckte das Kinetoskop am entfernten Seeufer auf einer Plattform, die quer über den See am schwimmenden Gebäude vorbei in Richtung der Kluft mit dem drehenden Dom zeigte. Dieses hier ließ sich aber nicht so leicht benutzen, denn jemand mußte vorsätzlich mit einem schweren Gegenstand auf das Gerät eingeschlagen und es aus der sorgfältig justierten Stellung nach rechts geknickt haben. Ich hatte keine Ahnung, wie ich das verdammte Ding reparieren sollte. Besiegt kehrte ich zur Kluft am Lift zurück.

Ich war nun schachmatt und hatte keinen Ort, wo ich noch hingehen hätte können. Keine Brücke zum schwimmenden Gebäude, das hier eindeutig von zentraler Bedeutung war. Keine Idee, wie man die rotierende Kuppel stoppt. Nichts, was man der Aussicht entnehmen könnte.

Oder gab es doch etwas? Ich näherte mich wieder der Kupferplatte und drückte die L-förmige Taste, die diese Insel darstellte. In meinem Kopf bildete sich langsam eine Theorie. Als ich durch die Kluft zurückkehrte, sprang ich vor Freude in die Luft. Ein neuer Weg führte über das Wasser zu der offenen Tür des runden schwimmenden Gebäudes.

Der Sinn der letzten Insel, die ich besucht hatte, war eindeutig die Buchherstellung. Diese Insel hier hatte mehr mit Karten als mit Büchern zu tun, mit ihrer luftigen Aussicht über die Inseln von *Riven* und dem Gerät, das das Gelände in Wasserform darstellte.

Wenn ich mich nicht irrte, hatte der runde Bau ebenfalls mit der Anfertigung von Karten zu tun und war irgendwie mit den Inselplateaus verbunden. Weitere Antworten würden mich innen erwarten.

Und ich sollte rechtbehalten.

Das Gebäude bestand aus einem einzigen, kreisförmigen Raum und beherbergte ein riesiges Podium genau in der Mitte. Ich erklomm die paar Stufen, war aber nicht darauf vorbereitet, was mich dort erwartete.

Es war eine Art Kartographiergerät und eindeutig irgendwie mit den Plateauinseln draußen verbunden. Ein großer Tank mit einem Durchmesser von über zwei Metern beanspruchte die Mitte des Gebäudes für sich; im Innern des Tanks befanden sich zigtausende winziger Metallnägel, die in dem Licht glänzten, das vom Wasser her durch die Schriftzeichen drang. Das Quadrat war durch rote Linien auf den Nägeln in ein Fünf-mal-fünf-Raster eingeteilt – schon wieder diese Zahl!

Vor mir war die L-förmige Insel auf einer runden Scheibe mit einem einzelnen Hebel dargestellt. Das Ganze sah aus wie eine große Lupe. Das oberste der vier kleineren Quadrate war irgendwie von innen erleuchtet. Vorsichtig berührte ich das beleuchtete Quadrat.

Sofort hoben sich die Nägel in dem Tank vor meinen Augen mit einem schleifenden Geräusch. Haben Sie jemals eine Museumsausstellung von Kuriositäten gesehen, bei denen jene Bilderrahmen mit hunderten von Stiften gezeigt werden? Sie halten Ihre Hand darunter, und die Stifte heben sich hoch und formen ein gespenstisches dreidimensionales Abbild Ihrer Hand. Genauso verhielt es sich mit diesem Ding hier; obwohl das Relief nicht von meiner Hand gebildet wurde, sondern von etwas anderem, einem unsichtbaren Mechanismus im Tank, der detailliert das darstellte, was ich für die Oberfläche der kleinen beleuchteten Fläche auf der Insel hielt.

Die Details dieses topologischen Wunderwerks waren viel deutlicher als jene der Wassergebirge draußen. Ich berührte den Hebel am Vergrößerungsglas, und das Bild im Innern drehte sich entgegen dem Uhrzeigersinn um neunzig Grad; genauso drehte sich auch das Nagelbild im Tank, zeigte dieselbe Gegend in derselben Perspektive und ermöglichte so eine nähere Betrachtung. Als ich eines der Quadrate berührte, wurde die erste Karte gelöscht und durch eine andere ersetzt – ich vermutete, die des neuen Quadrats.

Bald ließen sich durch etwas Experimentieren einige Details erkennen. Die Karte zeigte keinerlei Gebäude, Rohre, Trambahnen oder andere künstliche Strukturen, die ich auf Riven gesehen hatte, aber die natürlichen Formen wie die Berge, die Schluchten, die Silhouetten der Berge waren in einer deutlichen und leicht erkennbaren Form dargestellt. Ich brauchte zum Beispiel nicht lange, um die scharfe V-förmige Schlucht in der Kraterwand zu erkennen, hinter der die Feuermurmelkuppel dieser Insel thronte.

Diese Einrichtung diente meines Erachtens einer Art Vermessung – ein Mittel, um die verstreuten Inseln von Riven zu studieren und zu kartographieren. Ich taufte also dieses Eiland die Insel der geographischen Vermessung.

Wie konnte man sich die anderen Inseln ansehen? Dies schien offensichtlich, wenn auch mit einiger Mühe verbunden. Ich verließ dieses Gebäude, lief auf dem Steg und durch den Tunnel zum Aufzug zurück und betrat wieder die Aussicht. Dort berührte ich eines der anderen Inselsymbole auf der Kupferplatte. Diesmal schien es die Insel der Buchherstellung zu sein. Ich betrat

Sechs Murmeln lagen dort in den Nischen, und die Löcher schienen wie dafür geschaffen, die Murmeln in einem bestimmten Muster aufzunehmen – ein Code, der das in Gang setzen würde, wofür auch immer die goldene Kuppel gebaut worden war.

Welches Muster könnte es sein? Ich erschauerte von Kopf bis Fuß. Welche Übereinstimmung gab es zwischen allen Inseln, die ich bislang erforscht hatte? Die Feuermurmelkuppeln. *Natürlich*!

wieder das Vermessungsgebäude und fand meine Vermutung bestätigt. Die Karte der Buchinsel wartete darauf, von mir untersucht zu werden.

Auch hier wurden mir die bei meinen Reisen eingeprägten Örtlichkeiten offenbart. Ich konnte sogar das Loch bzw. die Öffnung im Berg sehen, die, wie ich wußte, direkt über der verborgenen Kammer mit der Feuermurmelkuppel der Buchinsel lag.

Kaum hatte ich die Funktion der Kartographiervorrichtung herausgefunden, tauchte ein noch größeres Geheimnis auf: Welchen Zweck hatte das alles? Es mußte eine Gemeinsamkeit geben, aber was könnte das sein? Die Dschungelinsel, die Buchinsel und die Vermessungsinsel verfügten alle drei über einen Kratersee, nicht aber die Tempelinsel, wenn man das kochende Becken im Innern der goldenen Kuppel nicht mitzählen wollte. Die mysteriöse und noch unerforschte fünfte Insel schien auch keinen zu haben.

Es waren keine Gebäude dargestellt, keine Anzeichen für Werke aus Menschenhand. Und dann fiel mir der Zusammenhang ein. Es war wie in Zeitlupe, als mich eine Erkenntnis nach der anderen traf und das Geheimnis sich entschleierte. Wo hatte ich zuvor ein Gitter gesehen wie dieses hier vor mir?

Die dunkelgraue Platte mit dem fünfundzwanzig-mal-fünfundzwanzig-Löcher-Raster im oberen Stockwerk der großen goldenen Kuppel.

Mit wiedergewonnenem Elan begann ich, die Karten erneut zu studieren. Die roten Linien teilten jedes der kleineren Inselquadrate in fünfundzwanzig Kästchen ein; alle Inseln zusammen konnten wie Teile eines Puzzles zu einem einzigen Quadrat zusammengesetzt werden, das wiederum in … – ja! – fünfundzwanzig Quadrate aufgeteilt werden konnte. Fünfundzwanzig mal fünfundzwanzig ergibt 625, dieselbe Zahl wie die Anzahl der Löcher im Murmelraster in der großen Kuppel.

Ich hätte nun meinem Kopf darauf verwetten können, daß der Schlüssel zum Rätsel der goldenen Kuppel *hier* lag, im Kartenraum. Ich mußte einen Weg finden, den Standort einer jeden Feuermurmelkuppel auf Riven aufzuzeichnen, indem ich die Quadrate und das Raster der roten Linien als Koordinatensystem benutzte. Ich nahm mein Notizbuch heraus und begann fieberhaft zu schreiben. Pausen legte ich nur ein, um auf der Aussichtsplattform oben eine andere Insel auf der Karte einzustellen oder um die Raumsteuerung auf eine andere Perspektive einzustellen.

Drei Orte waren auf den dreidimensionalen Reliefkarten leicht zu finden. Die Feuermurmelkuppel auf der Dschungelinsel war auf einer massiven zylindrischen Felssäule gebaut – ich konnte mich noch gut daran erinnern, wie der Tunnel durch das Fundament führte, auch wenn ich die Kuppel damals nicht hatte betreten können. Der

Zylinder war auf der Karte der Dschungelinsel klar zu erkennen. Ich hatte auch die Öffnung im Gebirge lokalisiert, die die Kuppel auf der Buchinsel markierte, ebenso wie die Kluft an der Kuppel hier, auf der Vermessungsinsel.

Die Tempelinsel war viel schwieriger, zumal es schon einige Tage her war, seit ich sie betreten hatte. Ich war aber ziemlich sicher, daß die Kuppel im Norden der goldenen Kuppel lag. Ich mußte hier raten, war aber zum Schluß doch ziemlich sicher, daß ich das richtige Quadrat ausgesucht hatte.

Was die fünfte Insel anging, so mußte sie ebenfalls eine Feuermurmelkuppel haben. Ich erinnerte mich an die Tafel am Eingang des Riesendoms, die die grafischen Symbole der Inseln zeigte, wie sie durch ein massives Rohr mit der goldenen Kuppel verbunden waren. Jene Rohre versorgten die Feuermurmelkuppeln mit Energie, oder vielmehr das, was sich dort *im Innern* befand.

Verbindungsbücher!

Wo aber befand sich die Kuppel auf der fünften Insel? Ich war nicht dort gewesen; ich konnte sie noch nicht einmal von einer der vier hiesigen Inseln aus sehen. Glücklicherweise war die fünfte Insel geradezu winzig, wenn man sich am dreidimensionalen Relief orientieren durfte. Sie sah rund aus, mit einer breiten, flachen Spitze. Ich bezweifelte, daß die Kuppel dort war, denn es gab sonst keinen anderen Ort, an dem große oder bewohnte Gebäude errichtet werden hätten können. Neben der Insel fand sich ein runder flacher Fels, und intuitiv schloß ich darauf, daß der Dom sich dort befinden mußte.

Die Dinge liefen sehr gut. Ich wußte nun um den Zweck und die Funktion des Murmelrasters in der riesigen Kuppel. Ein Teil des Rätsels blieb allerdings noch ungelöst. Im oberen Stockwerk der Kuppel gab es *sechs* farbige Murmeln. Das bedeutete, daß ich von den sechs fünf auswählen mußte; irgendwo in Gehns Labortagebuch hatte ich gelesen, daß die D´ni eine Sechsfarbsymbolik besaßen, doch Gehn war davon überzeugt, daß fünf Farben eine größere Symbolik innewohnte.

Schon wieder diese Zahl!

Es spielte eindeutig eine Rolle, welche Farbe an welchen Ort kam, doch welche Farbe stellte welche Insel dar? Ich versuchte mich daran zu erinnern, wo und unter welchen Umständen ich Farben gesehen hatte. Die goldene Kuppel … nein, das war die gleiche Farbe wie bei den Feuermurmelkuppeln. Dann fiel es mir ein: die Wahrk-Totems, gleich hier in der Nähe am See! Es gab vier davon, jedes mit Farbstreifen bemalt – blau, orange, gelb und grün. Nun hatte ich zumindest vier Farben, die ich zur Lösung des Rätsels benötigte.

Aber wie sollte ich herausfinden, welche Farbe welcher Insel zugeordnet war?

Hier gab es nichts mehr zu entdecken. Ich war allerdings sicher, daß die Vermessungsinsel noch einige Geheimnisse in petto hatte. Es gab noch jenes orange erleuchtete unterirdische Becken, das ich unterwegs erspäht hatte. Außerdem lockte mich auch die Tür auf der anderen Seite der Tramstation. Wenn ich die betreten könnte, gab es vielleicht neue Lösungsansätze.

Ich dachte über die zweite Tür nach, als ich mit dem Aufzug zum darunterliegenden Plateau hinunterfuhr und durch die in den Himmel ragenden Plateaukarten schritt. Weitere Türen gab es hier nicht, das Geheimnis mußte sich hinter der Tür in der Tramstation befinden.

Unten angekommen, hatte ich bereits eine Lösung für das Problem gefunden.

Mit einem fröhlichen Pfeifen auf den Lippen nahm ich in der wartenden Tram Platz, benutzte dann den Hebel, der die Bahn in die andere Richtung, zum glitzernden Meere hin, umdrehte.

Ich erhob mich und stieg aus.

Es war wirklich kinderleicht, und mit einem süffisanten Lächeln betrat ich durch die Tür einen unheimlichen, orange erleuchteten Tunnel. Riven war wirklich eine Welt, in der einem Sein und Schein einen Streich spielten, in der manchmal die verrücktesten Verrenkungen nötig waren, um ganz simple Aufgaben zu erledigen.

Der Gang endete nach einiger Zeit an einem unterirdischen Becken in einem großen schwarzen Fünfeck, und ich erkannte die Stelle sofort als jenen unterirdischen Ort wieder, den ich zuvor

auf meinem Weg zwischen den Monolithen bewundert hatte. Ein gelb gestreifter Hebel war auf der linken Wegseite angebracht. Der Weg schien am Becken zu enden, und ich zog den Hebel.

Plötzlich sanken massive Ketten auf beiden Seiten des Weges herab. Das Wasser vor mir schäumte und teilte sich, als ein goldener Kasten sich drehend aus der Tiefe erhob. Er blieb an der Wasseroberfläche stehen, dann öffnete sich eine Tür wie eine kleine Zugbrücke, die einen Pfad freigab.

Verblüfft von dieser eigenwilligen Einladung überquerte ich die Zugbrücke und betrat den Kasten, der eindeutig ein weiterer Aufzug war. Der Hebel im Liftinnern schloß die Tür dicht ab, und kurze Zeit später sank ich unter den Wasserspiegel hinab.

Ich kann wirklich nicht beschwören, was als nächstes passierte. Der Aufzug blieb jedenfalls stehen und öffnete sich in einem pfennigtrockenen Raum. Ein Tunnel bildete den einzigen Ausgang aus der Höhle, und auf dem Weg dorthin verlor ich wegen der vielen dunklen Biegungen und Drehungen endgültig meine Orientierung.

Ich lief unentwegt und zählte dabei meine Schritte. Das Tunnelende war ungefähr genauso weit entfernt wie die Plateaus an der Oberfläche. Plötzlich sah ich eine Bewegung – ein Mann!

Er erblickte mich zur gleichen Zeit und schien genauso überrascht über die Begegnung zu sein. Als ich lossprintete, hechtete er durch eine Öffnung auf der linken Seite des Ganges und verschwand in einem Seitenzimmer. Kurze Zeit später stürzte ich, vor Anstrengung keuchend, in den Raum und sah, wie er an der Steuerung einer Tram hantierte, die sich drehte und durch ein Loch in der Wand zum Meer glitt. Dort nahm die Tram mühelos Geschwindigkeit auf und schoß über den Ozean zur Dschungelinsel.

Ich bezweifelte, daß dieser Mann Gehn war. Die weiße Robe deutete auf einen Schreiber oder Priester hin, ein Mitglied des religiösen Ordens, der Gehn huldigte.

Naja, es war ja auch egal. Gehn wußte sicherlich ohnehin schon, daß ich hier angekommen war. Eine weitere Warnung würde hieran auch nichts mehr ändern. Ich war *hier*.

Ich verließ die Tramstation, nahm mir aber vor, hier später wieder vorbeizukommen, um mit der Tram zur Dschungelinsel zu fahren und die noch unerforschten Gebiete zu erkunden. Dies sagte mir mehr zu als der weite Marsch zur Buchinsel, um dann mit dem ungemütlichen Holzfällerfahrzeug zur Dschungelinsel zu gelangen.

Wieder in dem langen Gang angelangt, bog ich nach links ab und kam schließlich in einem höhlenartigen Raum heraus. Die riesigen Glasfenster boten einen Ausblick auf die Meereswelt. Ich kletterte eine hohe Wendeltreppe hoch und kam auf einer Art erhobenem Thron heraus. Ein Druck auf den Knopf drehte den Thron. *Gehns Aquarium*, dachte ich zuerst, aber irgendwie zweifelte ich daran, daß er sich für die Meeresfauna interessierte, mit Ausnahme der Wahrks natürlich. Zweifellos war dies aber eine Art Beobachtungsraum. Zwei Hebel sprangen mir ins Auge, der eine links, der andere rechts. Ich drehte den rechten Hebel, und ein rundes, in schweres Metall eingefaßtes Gerät senkte sich vor meinen Augen.

Das Design war eigenartig. In der Mitte befand sich eine Art Bildschirm, um den sechs fünfeckige Knöpfe angeordnet waren. Es gab auch sechs Klappen mit Fingeröffnungen, die sich offensichtlich drehen ließen. Einer der Knöpfe war unten mit einer Art Drahtschlaufe versehen.

Jeder Knopf war mit einem Symbol versehen, und viele dieser Symbole waren mir bekannt. Es gab einen Kreis mit einem Punkt in der Mitte, der die Feuermurmelkuppel auf der Tempelinsel geöffnet hatte. Da war auch der Kreis mit einer horizontalen Linie, der das gleiche hier auf der Vermessungsinsel bewerkstelligt hatte. Und natürlich fand sich auch das dritte Symbol, welches die unterirdische Kuppel auf der Buchinsel geknackt hatte.

Mit Hilfe der Klappen drehte ich das äußere Rad, bis ich den Kreis mit dem Punkt einfing. Soweit, so gut. Ich drückte mit dem Daumen auf den Knopf, und der Bildschirm in der Mitte leuchtete grün auf. Voller Aufregung begann ich zu experimentieren. Jedes Symbol war offenbar an eine Farbe gekoppelt, und mit lautem Herzklopfen registrierte ich, daß der fehlende Teil des Rätsels sich hier, direkt vor meiner Nase befand. Die Murmel für die Feuermurmelkuppel auf der Tempelinsel war also *grün*. Ich wußte es! Das Symbol der Vermessungsinsel war orange. Nacheinander untersuchte ich alle Symbole und schrieb mir die Farbe auf.

Ein Symbol, das der Buchinsel, führte zu keiner Reaktion, und ich nahm schließlich an, daß es defekt war. Je mehr ich darüber nachdachte, um so mehr war ich davon überzeugt, daß diese Beobachtungsinsel einen Blick auf den See freigab, auf dessen Oberfläche der Kartenraum schwamm. Er könnte direkt über meinem Kopf sein! Die Farblichter, die ich auf dem Bildschirm sah, mußten unter Wasser mit den Fundamenten der Wahrk-Totems verbunden sein. Es gab nur vier davon, und das konnte in einer von der Zahl 5 durchdrungenen Welt nur heißen, daß ein Totem fehlte. Ich mußte also die zugehörige Farbe erraten.

Ich schrieb mir die anderen Symbole und Farben auf. Das Symbol auf der Feuermurmelkuppel der Dschungelinsel hatte ich natürlich noch nicht gefunden – ich hatte also keine Ahnung, ob es blau, rot oder gelb war. Auch die fünfte Insel war eine Unbekannte und konnte jede Farbe darstellen. Zwei hatte ich aber erkannt, und das war schon ein toller Anfang.

Als ich gerade das rote Licht anhatte, blickte ich, einer plötzlichen Eingebung folgend, nach oben … und starb fast vor Schreck! Das rote Licht glühte im dunklen Wasser, kaum einen Meter von dem Glasfenster entfernt. Und dort draußen war auch ein Wahrk!

Ich konnte mich nicht bewegen, noch nicht einmal atmen, als ich die majestätische Erscheinung beäugte. Er wußte, daß ich hier war, er drehte leicht seinen Kopf und betrachtete mich mit seinem kleinen wissenden Auge. Seine Haut war elastisch und mit Warzen oder Beulen übersät. Sein Schwanz glich ganz und gar nicht dem eines Fisches, sondern eher der Fluke eines Wals.

Insgesamt mußte das Tier fast zehn Meter lang sein – wie ein Wal. Aus dem massiven Unterkiefer ragten wie bei einem Elefanten Stoßzähne heraus. Durch das Glas hindurch konnte ich seinen Ruf vernehmen, das unheimliche Stöhnen einer verlorenen Seele, wie das Klagen eines Buckelwals. Es war dasselbe Geräusch, das ich schon einmal vernommen hatte, als ich auf der Dschungelinsel das Holzauge drehte, welches an dem wahrkförmigen Fels befestigt war.

Und dann verschwand das Monster ebenso leise, wie es gekommen war, in den Schatten des Sees. War es vom Licht angelockt worden? Assoziierte es vielleicht dieses Signal mit der Fütterung? Egal. Ich hatte am Farbrad das herausgefunden, was ich wissen mußte, und verspürte wenig Lust, mit Gehns riesigen gefährlichen Spielzeugen zu spielen!

Ich wollte allerdings herausfinden, wofür der andere Hebel gut war. Ein ähnliches Gerät fiel mir von links fast in den Schoß. Es war einfacher als das andere und wies nur zwei Knöpfe auf den Seiten eines kleinen runden Bildschirms auf, außerdem sechs Klappen mit Fingerlöchern. Ich benutzte den linken Knopf und wurde mit dem Bild einer Frau belohnt, die irgendwo in einem einsamen Raum saß.

Dieses Gerät schockierte mich beinahe genauso wie der Anblick des Wahrk. War dies eine Art Kamera? Eine Methode, um in die Privatsphäre der Menschen einzudringen? Auf dem Bildschirm erhob sich die Frau und ging zu einer Öffnung, aus der Tageslicht hereinschien. Ich glaubte, hinter einer eisernen Brüstung das Meer erahnen zu können. Die Frau hatte schwarzes Haar und war sehr schön, mit einem traurigen, würdevollen Blick.

Catherine! Diese Frau *mußte* Catherine sein! Ich war sicher, daß ich ihr Gefängnis beobachtete. Wo könnte es sich befinden? Vielleicht irgendwo anders hier, auf der Vermessungsinsel? Das kleine verschwommene Bild gab darüber keine Auskunft. Ich drückte den rechten Knopf.

Das erste Bild war dunkel und schwer zu identifizieren, aber als ich die Fingerklappen benutzte, wurden andere Szenen abgebildet, von denen ich eine sofort erkannte. Es war ein Blick auf die Docks unter dem Dorf der Einheimischen auf der Dschungelinsel. Ich erinnerte mich an das Gerät, das wie ein Teleskop oder eine Kamera aussah und auf einem kleinen runden Fels auf der Oberfläche des Kratersees ruhte. Hier in diesem Raum wurden also die dort eingefangenen Bilder angezeigt. Ich zog an einer der Fingerklappen, und das Gerät zeigte einen anderen Blick auf den See. Es gab sechs solche Szenen. Darunter war der Wahrk-Galgen.

Sonderbar. Ich näherte meinen Kopf dem Bildschirm, um etwas besser sehen zu können. *Sehr* sonderbar! Aus diesem Winkel schienen eine niedrige Höhle im Fels neben dem See zusammen mit der reflektierenden Wasseroberfläche eine erstaunliche dunkle Silhouette zu bilden, die Silhouette eines Fisches mit dreieckigen Flossen. Und dort, an der Stelle, an der sich das Fischauge befinden sollte, befand sich etwas, was ich nicht genau ausmachen konnte. Ja! Ein Holzauge, irgendwie im Fels direkt über der Wasseroberfläche befestigt! Durch puren Zufall hatte ich die fünfte Tiergestalt entdeckt!

Als ich Gehns Beobachtungsraum verließ, hatte ich eine Menge Stoff zum Nachdenken. Ich kannte nun zwei der fünf Farben, die es zu identifizieren galt, und ich kannte auch die anderen Symbole, nach denen ich suchen mußte. Ich hatte das fehlende Bruchstück eines anderen Rätsels gefunden, das ich seit der Untersuchung der Dschungelinsel nicht weiter verfolgt hatte. Ich verfügte über eine Liste mit fünf Tieren, die sich durch ihre Gestalt oder ihr Geräusch identifizieren ließen, und denen jeweils eine Zahl von zwei bis fünf zugeordnet war. Ich war mir absolut sicher, daß die Zahl auf der Rückseite des Holzauges am Fisch eine Eins war. Ich mußte nur noch herausfinden, wofür ich diese Lösung benötigte!

Ich war sicher, das früher oder später herausfinden zu können. Ich stieg hinab, ging hinaus und betrat wieder die Kammer, aus der der Mann in der weißen Robe entkommen war. Ich stieg in die Tram hinein, die dort auf mich wartete, drehte sie um und drückte den Starthebel nach vorne.

Allmählich fing ich tatsächlich an, mich an diese Dinger zu gewöhnen. Es war sehr hilfreich, dabei die Augen zu schließen.

Der Ausgang aus der Tramstation war ein Fahrstuhl aus Holz. Ich zog den Hebel rechts nach oben und wurde ziemlich lange nach oben gezogen, diesmal allerdings ohne Drehung. Am Ausstieg warteten ein blauer Rufknopf und Stufen auf mich, die scheinbar ins Nichts führten. Ich machte einen vorsichtigen Schritt nach vorne und bemerkte an der linken Wand einen Hebel. Als ich ihn umlegte, öffnete sich der Boden vor mir wie ein Maul mit spitzen Zähnen.

Nach einigen weiteren Schritten erkannte ich meine Umgebung. Ich kam *aus dem* riesigen Wahrk-Idol im Dschungel *heraus*! Damit hatte ich zwar ein weiteres Rätsel gelöst, mußte aber immer noch einen Weg finden, die Feuermurmelkuppel zu betreten. Es war zutiefst unbefriedigend. Ich sah, wie sich das verdammte Ding über mir drehte, ich *sah* die Stege, die sich über meinem Kopf durch den Dschungel spannten, aber ich konnte *keinen* Weg nach oben entdecken.

Ich erforschte die Umgebung des Idols auf der Suche nach einem Hinweis. An einem Baum über dem Wahrk-Idol entdeckte ich einen Art Eingang, aber er befand sich nicht direkt darüber. Selbst wenn der Aufzug noch einen Stock höher fuhr, würde es nichts nutzen, es sei denn … es sei denn, er würde sich drehen, wie der Aufzug auf der Vermessungsinsel! Einen Versuch war es jedenfalls wert!

Ich rannte schnell zum Idol zurück und hob den Hebel an. Ja! Die Kabine drehte sich um etwa 60 Grad entgegen dem Uhrzeigersinn und wurde dann auf die Höhe des Stegs angehoben. Nach ein oder zwei Schritten vergewisserte ich mich, daß ich mich auf gleicher Ebene wie der Dom befand. Ich näherte mich an und entdeckte einen Steg, der nach rechts vom Hauptsteg abzweigte.

Ich ging weiter geradeaus und nahm mir vor, diesen Seitensteg später zu untersuchen. An der drehenden Kuppel angelangt, konnte ich fast das gelbe Symbol ausmachen. Es sah so aus, als würden zwei Bögen durch den Kreis eine Art Auge formen. Ganz sicher konnte ich mir aber nicht sein.

Auf der Suche nach dem Kinetoskop, das sich in der Nähe befinden mußte, stieß ich auf eine Wendeltreppe nach oben. Sie schien zum Steg zu führen, den ich bei meiner ersten Dschungelexpedition registriert hatte. Nach einer Kletterpartie erblickte ich wieder den Wachturm, der zuvor das Alarmsignal gegeben hatte. Am Ende des Stegs fand ich einen kleinen runden Turm, der von Monolithen umsäumt war.

Die Tür ließ sich leicht öffnen und gab den Blick auf einen Thron frei, der auf einem Unterkiefer mit Stoßzähnen ruhte. In dem Raum war sonst nichts zu sehen. Ich setzte mich widerwillig hin und spielte an den Hebeln vor mir. der rechte ließ sich nicht bewegen, aber als ich am linken zog, wurde der Thron emporgehoben, während sich das Turmdach im Uhrzeigersinn wegdrehte und mir einen spektakulären Blick auf das Klippendorf am Kratersee bot. Ich sah mich zur Orientierung um und stellte fest, daß ich mich direkt über dem Wahrk-Galgen befand. Dies mußte der Aussichtspunkt sein, an dem Gehn herzlos beobachtete, wie seine Opfer an die Wahrks verfüttert wurden.

Eine Planke führte von der Spitze des Galgens zu einem Weg um die Klippe in Richtung eines Eingangs im Fels. Es gab wohl keinen besseren Platz, um die Gefangenen vor ihrer Hinrichtung einzusperren! Ich wünschte, ich könnte mit der Galgenstange nach oben gelangen, um diesen Weg untersuchen zu können … aber ich kam vom Galgen aus nicht an die Stange heran.

Einer Eingebung folgend, versuchte ich wieder den rechten Hebel, der sich nun endlich doch bewegen ließ. Fünf Platten rollten unter dem Galgenrundgang hervor und bildeten eine geschlossene, mit dem Wappen Gehns versehene Plattform. Vielleicht ließ sich die Stange jetzt erwischen.

Zuerst galt es aber, dieses Kinetoskop zu finden. Mit dem linken Hebel brachte ich den Thron wieder in die Ausgangsposition, bevor ich zu den Dschungelpfaden zurückkehrte. Meine einzige Hoffnung ruhte auf dem Steg, der seitlich abzweigte. Er wand sich durch die Gegend und endete schließlich gegenüber der Kuppel, am fehlenden Kinetoskop. Es war nicht schwierig, das augenförmige Symbol einzufangen und die Kuppel zu öffnen.

Der Schließmechanismus schien der gleiche zu sein wie an den beiden anderen Kuppeln, die ich geöffnet hatte. Offensichtlich war die Zeit gekommen, um den von Gehn in seinem Tagebuch notierten Code zu entschlüsseln und seiner bestimmungsgemäßen Aufgabe zuzuführen. Ich setzte mich mit dem Tagebuch hin und schrieb auf einem frischen Blatt die Zahlenreihe, die ich gefunden hatte. Links daneben zeichnete ich die Zahlen von 1 bis 10 auf. Das Zahlensystem schien auf der Zahl 5 aufzubauen. Alle Zahlen bestanden aus Quadraten mit zusätzlichen Markierungen innendrin.

Die ersten fünf Symbole waren ziemlich einfach, weil sich keine Linien im Innern der Quadrate kreuzten. Die nächsten vier sahen allerdings so aus, als wären sie aus mehreren Symbolen kombiniert worden. Alle Zahlen von sechs bis neun bestanden aus der waagerechten Linie, die die Zahl 5 darstellte, plus eine oder mehrere weitere Linien.

Die Sechs, zum Beispiel, bestand aus einer horizontalen und einer vertikalen Linie, die sich in der Mitte kreuzten, einer Kombination aus fünf und eins. Auch die Sieben wies die horizontale Linie für die Fünf auf, darüber befand sich jedoch eine gebogene Linie für die Zwei. Die Zehn sah ganz anders aus. Sie bestand wie die Zwei aus einer gebogenen Linie, die von einer Ecke des Quadrats zur benachbarten Ecke verlief, doch die Zwei lief von oben links nach unten links, während die Zehn von unten links nach unten rechts reichte.

Mit anderen Worten, die Zehn war um 90 Grad entgegen dem Uhrzeigersinn gedreht. War dies das Muster, nach dem ich gesucht hatte? Sechs bis neun wurden gebildet, indem man etwas zur Fünf hinzuzählte. Würde 11 bis 14 genauso aufgebaut sein, indem man etwas zur Zehn addierte?

Natürlich! Fünf war nichts anderes als eine Eins, die man um neunzig Grad gedreht hatte. Wenn also fünf eine gedrehte Eins und zehn eine gedrehte Zwei war, mußte 15 eine gedrehte Drei und 20 eine gedrehte Vier sein! Man brauchte bloß eins bis vier zu diesen Grundzahlen zu addieren, um die restlichen Zahlen zu bilden. Es funktionierte! Ich hatte alle Zahlen von 1 bis 24!

Nun machte auch der Code aus Gehns Tagebuch Sinn. Von links nach rechts gelesen, lauteten die Zahlen 3, 8, 11, 16, 14. Ich fragte mich, wie man in diesem System Zahlen über 25 darstellte bzw. die 25 selbst. Wenn man eine Fünf drehte, käme bloß wieder eine Eins heraus.

Nun wollte ich meine Schlußfolgerungen in die Realität umsetzen. Ich näherte mich dem Schließmechanismus im Innern der Feuermurmelkuppel. Ich besaß fünf Zahlen, und es gab dort fünf Gleitregler. Jede Skala war in fünf Gruppen aus je fünf Einstellungen eingeteilt, insgesamt also 25, und ich kannte genau 24 Zahlen. Ich schob den Gleitregel ganz rechts auf die Position 22 und stellte die anderen Schieber entsprechend ein.

Als ich dann den Knopf drückte, sprangen die Gleitregler zur ursprünglichen Position zurück, und drei Sekunden lang passierte überhaupt nichts. Dann drehte sich die goldene Kuppel weg, und die äußere Kuppel schob sich zurück und schloß mich im Innern vor dem Verbindungsbuch ein, das sich auf einem Podest aus dem Fundament schob.

Vorsichtig näherte ich mich dem Buch und bemerkte zwei Zahlen an der äußeren Hülle, Zahlen, die ich zuvor dechiffriert hatte: die Neun und die Acht. Ein anderer Code? Oder gaben diese beiden Zahlen irgendwie das Ziel dieses Buches frei? Vielleicht war es eine Notierung für größere Zahlen; die linke zeigte ein Vielfaches von 25 an und die rechte die Zahl der Einerstellen?

Ich rechnete es schnell in meinem Tagebuch aus – 233. Ja! Dies war die Zahl von Gehns Zeitalter, dem Zeitalter, zu dem die Kuppeln laut seinem Journal Zutritt gewähren würden. Es konnte keinen Zweifel geben – ich hatte einen Weg gefunden, zu Gehn zu gelangen.

Aber war ich bereit, ihm zu begegnen?

Hatte ich eine Wahl?

Ich öffnete das Buch und entdeckte, daß meine Sorgen verfrüht waren … das Buch hatte keine Energie. Dies mußte ich immer noch selbst besorgen. Vielleicht hatte ja das Murmelraster in der großen goldenen Kuppel damit zu tun?

Meine Aufgabe hier auf der Insel war aber noch nicht beendet. Ich war sicher, daß ich über dem wartenden Wahrk-Galgen Gehns Gefängnis lokalisiert hatte. Vielleicht befand sich Catherine ja dort? Ich mußte erst nach Catherine suchen, ehe ich einen Versuch unternahm, Gehn einzufangen.

Ich kehrte zum Lift zurück und fuhr wieder zum Dschungel hinab. Als ich an den beiden Leuchten vorbeiging, die den Weg umsäumten, bemerkte ich an einer von ihnen einen Griff, den ich bei meiner ersten Expedition übersehen hatte. Ich drückte drauf, und der Mund des Idols schloß sich erwartungsgemäß wieder. Ich drückte nochmals drauf, und der Mund wurde geöffnet. Was war ich doch für ein Schaf gewesen! Ich hätte jederzeit zur Feuermurmelkuppel gelangen können, wenn ich nur den Griff gesehen hätte!

Andererseits hätte ich die Funktion des Wahrk-Galgens nicht als solche erkannt, hätte ich nicht zuvor das Dorf erforscht. Ich mußte ohnehin alle Inseln erforschen. Was machte es also für einen Unterschied, ob ich es früher oder später tat?

Ich schloß den Mund des Idols und ging weiter. Am Fuße der Feuermurmelkuppel erblickte ich plötzlich ein rivenianisches Kind, das mich anstarrte. Dann drehte das Mädchen sich abrupt um und rannte fort. Sie stolperte und fiel hin, sprang aber gleich wieder auf und verschwand in der Säule. Ich bedauerte, mit diesen armen Menschen nicht kommunizieren zu können. Plötzlich schien mir die Erkenntnis bezüglich des rivenianischen Zahlensystems gar nicht mehr so wichtig zu sein.

Kurz nach dem Dschungel bog ich nach rechts ab und stieg zum Dorf hinab. Das U-Boot wartete immer noch im Dorfdock. Mit meiner Kenntnis der Örtlichkeiten war es eine Frage von Minuten, zum Wahrk-Galgen zu gelangen. Als ich die Plattform überquerte, warf ich einen Blick nach oben zu Gehns Thron. Ich konnte mir richtig vorstellen, wie er dort oben residierte und beobachtete, wie ein hilfloses Opfer hinabgesenkt wurde, um dann im letzten Moment lächelnd den Boden zu öffnen. Ungeheuer!

Erfüllt von diesen Gedanken zog ich am Hebel und ließ mich von der Stange zur Spitze des Galgens bringen. Ich hatte fast eine Scheu, meine Hand auf dieses Instrument des Todes zu legen. Mit Erleichterung kam ich oben an und lief über die Planke zur kreisrunden Tür im Fels. Die Tür bestand aus fünf Gitterstäben, die aus verschiedenen Richtungen zur Mitte hin verliefen. Ich konnte also leicht hineinschauen.

Irgendwie war ich nicht überrascht, dort einen Mann in rivenianischer Kleidung und mit einem roten Stirnband zu sehen, der sich auf den nackten Felsboden kauerte. Er schien zu schlafen, doch als ich mich näherte, hob er den Kopf, starrte mich an und schlief gleich wieder ein.

Ich hatte zweifellos das Gefängnis gefunden, aber wie ging es auf? Ich durchsuchte die Umgebung und fand zu meiner großen Erleichterung einen Griff an der Felswand auf der rechten Seite, natürlich mit dem fünfzackigen Stern und der Zahl fünf versehen. Ich zog den Griff und drehte ihn. Voller Freude registrierte ich, daß die Tür sich öffnete. Als ich aber behende zurückrannte und die Zelle betrat, war der Gefangene nicht mehr dort!

Es traf mich wie ein Blitz. Das gibt es doch gar nicht! Wohin hätte er verschwinden können? Es gab keinen anderen Ausgang aus der Zelle, außer einem zwanzig Zentimeter breiten Gitter am Boden. Die Zelle war leer, abgesehen von einem verbeulten Teller mit dem Bißchen Nahrung, das Gehn seinen Opfern zwischen Verhaftung und Hinrichtung zugestand. Es gab einfach keinen anderen Ort, wohin er hätte gehen können!

Nach einer kurzen Zeit faßte ich mich wieder und kombinierte, daß der Gefangene durch einen unsichtbaren Ausgang verschwunden sein mußte, wenn es schon keinen sichtbaren gab. Ein genauerer Blick offenbarte, daß einige der Steine auf der gegenüberliegenden Wand ziemlich schlampig zusammengesetzt waren. Ich brauchte bloß noch einen Schlüssel. Wo sonst hätte ich suchen sollen als unter dem Gitter? Ich kniete mich hin, es klappte leicht an einem der Scharniere hoch. Ich steckte widerwillig meine Hand in die braune Brühe. Nach kurzer Zeit berührte meine Hand überraschenderweise – ich gewöhnte mich daran, Offensichtliches als überraschend zu empfinden – einen Hebel, den ich aus dem Wasser zog. Ich hörte ein schabendes Geräusch, so, als ob sich Metall an Stein rieb. Ich blickte auf und sah, wie dieser Teil der Wand auf einer Metallschiene zurückglitt, um einen Tunnel zu offenbaren.

Ich kletterte schnell hinein und hörte, wie sich die Wand hinter mir wieder verschloß. Kaum hatte ich mich umgedreht, fand ich genauso einen Hebel wie den, der mir die Wand geöffnet hatte. In der Gewißheit, einen Ausgang zu haben, stapfte ich durch die immer dunklere und schließlich stockfinstere Passage. Das Ganze erinnerte mich an meine Reise durch das Wasserrohr auf der Insel der Buchherstellung. Ich konnte meine Hand vor meinen Augen nicht sehen, war aber froh, diesmal wenigstens aufrecht gehen zu können.

Nach einer Zeit, die mir furchtbar lang vorkam – fast eine Minute – entdeckte ich in der Ferne einen Lichtschein. Bald blickte ich auf den Ozean und spürte die salzige Meeresbrise. Was hatte mir dieser Durchgang gebracht? Ich sah nichts in dieser Höhle, was von Nutzen hätte sein können, außer vielleicht …

Ja! Die Lampe, die an der Wand befestigt war, drehte sich unter meinen Händen. Vielleicht konnte ich ja auf dem Rückweg mehr sehen? Nach einer kurzen Strecke fand ich eine andere Lichtkugel. Insgesamt hatte ich sechs Leuchten eingeschaltet, bis ich mich wieder am Eingang zur Gefängniszelle befand.

Ich kehrte nun zurück und suchte auf der Wand nach Hinweisen, die ich beim ersten Mal übersehen hatte. Aah, mal wieder eine jener Türen! Ich betrat den neuen Gang und staunte über die Erfindungsgabe dieser Menschen, die diesen Fluchtweg direkt unter Gehns Nase konstruierten.

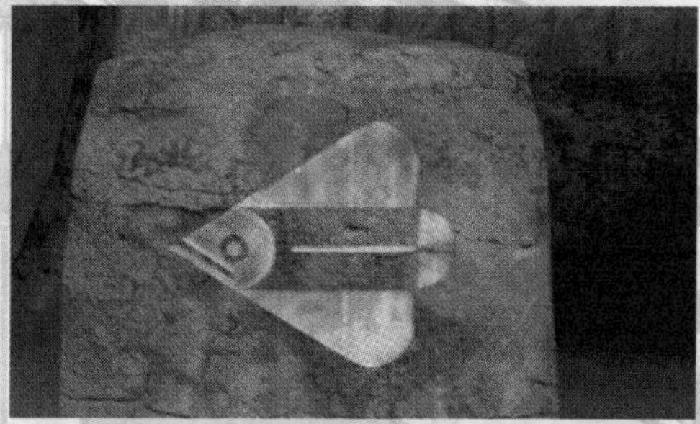

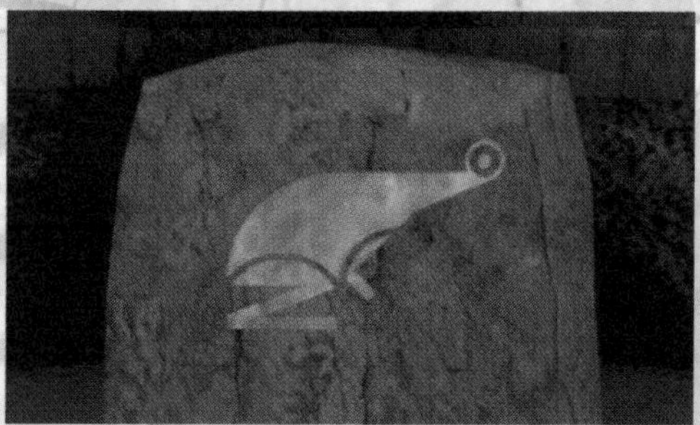

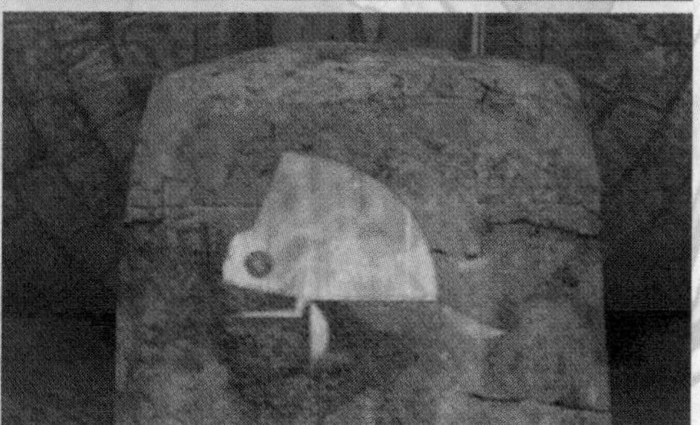

Der Weg führte mich zu einem sehr seltsamen Raum, einer Höhle mit kleinen aufrechten Steinen – fünfundzwanzig Felsblöcke, jeder mit einem anderen grafischen Symbol verziert. Sie schienen alle Tiere darzustellen. Auf der anderen Wand befand sich ein einzelner Dolch in einer Steinnische, der von der Art her mit jenem auf der Tempelinsel übereinstimmte. Aus meiner Lektüre wußte ich, daß der Dolch die Moiety repräsentierte, und daß man durch die Kammer zu ihnen gelangen konnte. Vorausgesetzt, ich fand den Weg.

Ich untersuchte sorgfältig jedes der Steinsymbole. Mehrere davon erkannte ich wieder. Einige hatte ich sogar auf dieser Welt gesehen. Ich erinnerte mich an die vier Holzaugen, die ich entdeckt hatte, jedes mit einer Zahl und einem bestimmten Tier. Könnte es da eine Verbindung geben? Es gab fünfundzwanzig Steine. Vielleicht mußte man ja fünf aus diesen fünfundzwanzig aussuchen? Die Tiergestalt auf dem Stein vor mir war ohne Zweifel ein Wahrk. Ich streckte die Hand aus, um zu sehen, ob sich der Stein durch meine Berührung veränderte. Ja, tatsächlich! Mit einem schabenden Geräusch senkte er sich einige Zentimeter in den Boden. Ich berührte ihn abermals, und er kehrte in die ursprüngliche Position zurück.

Das mußte es sein. Berühre die Steine in der richtigen Reihenfolge, und es wird … nun ja, *etwas* passieren. Ich holte mein Tagebuch heraus, um mein Gedächtnis ein wenig aufzufrischen, welches Auge mit welcher Zahl und welcher Tiergestalt zu tun hatte. Ja, der Käfer war die Zwei, der Frosch – Ytram war wohl der richtige Begriff – die Drei, der Sunner die Vier und der Wahrk die Fünf. Das fünfte Tier – Nummer eins – konnte nur dieser Fisch mit den dreieckigen Flossen sein, den ich im Beobachtungsraum auf der Vermessungsinsel entdeckt hatte. Die Augen mußten ein Hinweis für dieses Rätsel sein! Welch Ironie! Die Rebellen plazierten überall auf der Insel deutlich sichtbar ihre Einladungen für Dorfbewohner, die der Tyrannei Gehns leid waren, und Gehn war das nie aufgefallen! Ich beschloß, meine Theorie zu überprüfen, fand alle Tiergestalten und drückte sie, eine nach der anderen. Der Ytram war etwas schwer auszumachen, weil die Darstellung extrem stilisiert war, aber die anderen waren dafür um so leichter. Mein Herz schlug wild, als ich vor dem fünften und letzten Stein stand. Wenn ich recht hatte, würde er einen Weg zu den Rebellen öffnen. Wenn ich recht hatte, könnte ich bald Catherine finden.

Wenn nicht … Was sollte ich mir den Kopf darüber zerbrechen? Ich drückte den Stein und trat einen Schritt zurück, um die Geschehnisse zu beobachten. Das Ergebnis übertraf meine kühnsten Erwartungen. Die ganze Rückwand wellte sich und schimmerte, als Wasser seitlich und durch Kanäle im Fels hinauffloß – wieder einmal eine physikalische Meisterleistung!

Die Platte, auf der der Dolch abgebildet war, schob sich in die Wand und gab den Blick auf ein Buch frei. Ein offenes Buch mit verkohlten Enden, und über dem Vebindungsbereich befand sich ein sonderbares Fenster aus Kristall – vielleicht der Energiekristall, den Gehn in seinem Tagebuch erwähnt hatte. Es schien, als wäre es Catherine gelungen, eines von Gehns mißlungenen Büchern zu finden und einer eigenen Bestimmung zuzuführen.

Versessen darauf, nun die Frau kennenzulernen, die Atrus soviel bedeutete, legte ich meine Hand auf das Buch und blickte auf einen See mit hohen Klippen, die jene des Kratersees und des Boilersees in den Schatten stellten. In der Seemitte befand sich ein riesiger Baumstumpf mit einer noch größeren Kugel, deren Fenster hell erleuchtet waren. Rauch stieg aus der Mitte des Bauwerks auf, und überall flogen Vögel durch die Gegend.

Ich war am Ende eines Piers aufgetaucht, konnte aber keine Fahrzeuge (über oder unter Wasser) entdecken. Ich drehte mich um und betrat das Gebäude – einen einzigen leeren Raum, leer bis auf die Statue direkt vor mir. Wie eine Gottheit gekleidet und geschmückt, schien sie ein Verbindungsbuch in den Händen zu halten, über dem ein weiterer von Catherines Energiekristallen ruhte. Dies war sicherlich der Weg zurück nach Riven, wenn ich hier fertig war.

Vielleicht aber auch nicht …

Ich näherte mich der Statue und vernahm Stimmen hinter mir. Als ich mich umdrehte, erblickte ich den Gefangenen, den ich hatte retten wollen, und einen Aufständischen mit einem Blasrohr. Ich hob meine Arme, um meinen guten Willen zu demonstrieren, doch entweder hatten sie meine Reaktionen mißverstanden, oder sie folgten dem Motto: erst schießen, dann fragen. Kurz nachdem ich den Pfeil spürte, wurde es um mich dunkel, und ich verlor die Besinnung.

Ich kam im Innern einer Höhle zu mir, wo ich auf einer steinernen Pritsche lag. Eine einzelne Kugel erleuchtete die Umgebung. Vorsichtig stand ich auf. Direkt vor mir stand eine große Schüssel auf dem Tisch. Ich sah mich um und fand heraus, daß ich mich im Innern des großen kugelförmigen Gebäudes in der Seemitte befand, in einer Höhe, die jede Flucht unmöglich machte. Daran war aber angesichts meiner Kopfschmerzen ohnehin nicht zu denken.

Hinter dem Tisch führte ein dunkler Gang zu einem Holztor mit einem Fenster im oberen Drittel. Ich erblickte viele andere kugelförmige Gebäude, Miniaturausgaben desjenigen, so schien es, in dem ich gefangengehalten wurde. Obwohl ich einige Menschen oder zumindest ihre Gestalten wahrnahm, waren sie zu weit entfernt, um nach ihnen zu rufen. Ich begann, über meine Lage nachzudenken.

Vielleicht war mein Erwachen nicht unentdeckt geblieben, möglicherweise war es auch nur Zufall. Jedenfalls machte ich kaum ein Dutzend Schritte, als ich das Knattern des Tors hörte und eine Gestalt nähertrat. Es war eine Frau, wie ein Aufständischer gekleidet, aber ohne Maske. In der Hand trug sie etwas, was sorgfältig in ein rotes Tuch gewickelt war. Sie sprach mich in einer fremden Sprache an, aber das erste Wort klang so ähnlich wie Catherine. Sie nahm aus dem Tuch zwei Bücher heraus und legte sie auf den Tisch. Dabei drängte sie mich … ich wußte nicht, was sie von mir wollte. Mit einem letzten beschwörenden Blick ging sie hinaus und ließ mich mit ihrem Geschenk allein.

Zwei Bücher. Ich öffnete das kleinere und stellte fest, daß es sich um ein von einer Frau geschriebenes Tagebuch handelte. Könnte es Catherine gehören? Einige Zeilen später war ich mir sicher, als ich eine von Catherine unterschriebene Notiz fand: »Nelah wird Dir Dein Buch zurückgeben …« Ich untersuchte schnell das andere Buch. Ja! Es war das verschwundene Fallenbuch! Nun hatte ich alles, was ich für den Abschluß meiner Mission benötigte, außer natürlich so unbedeutender Probleme, wie Gehn zu finden, ihn zur Benutzung des Fallenbuches zu bewegen, Catherine aus ihrem Gefängnis zu befreien und dann auch noch Atrus zu verständigen. Trotz der Gewichtigkeit der bevorstehenden Aufgaben fühlte ich mich so beschwingt wie nie zuvor.

Fast unmittelbar danach kehrte Nelah – sie mußte es sein – mit einem weiteren Päckchen zurück und redete wieder eindringlich in der unbekannten Sprache auf mich ein. Ich vernahm wieder eine verstümmelte Version von Catherines Namen und wünschte mir, ihr versichern zu können, daß ich ihre Anführerin befreien würde.

Kaum hatte sie mich zum zweiten Mal verlassen, fand ich in dem anderen Päckchen erfreut ein weiteres Verbindungsbuch mit einem Energiekristall. Auf dem Buch erblickte ich die Kammer der fünfundzwanzig Steine, die das Tor zu dieser Welt bildete. Ich legte meine Hand auf das Buch und rannte kurze Zeit später durch den Tunnel und aus der Gefängniszelle zum dahinterliegenden Steg hinaus.

Mein Herz machte vor Freude Luftsprünge, als ich eine Leiter zum Seeweg absenkte und hinabkletterte. Schließlich preschte ich zur Tramstation, in der ich von der Tempelinsel aus angekommen war. Mit dem Fallenbuch wieder in meinem Besitz sollte ich Gehn finden und es ihm überreichen können. Nun war ich nach dem Studium des Tagebuchs aus Gehns Labor davon überzeugt, daß er sich auf keiner der fünf Inseln von Riven befand. Er sprach davon, ein weiteres Zeitalter erschaffen zu haben, sein 233., wo er nun Einsamkeit und eine Gelegenheit suchte, seine Experimente ungestört fortsetzen zu können.

Mal sehen, ob ich ihn doch stören könnte. Erst einmal mußte der Strom für die Bücher in den Feuermurmelkuppeln her. Dazu mußte ich endlich das Murmelrätsel im oberen Stockwerk der großen goldenen Kuppel lösen. Ich hatte das Gefühl, daß ich jetzt dafür bereit war.

Die Tram brachte mich zur Tempelinsel zurück. Zunächst ahnte ich Schlimmes, als ich die Tür zur Kuppel geschlossen vorfand; sie öffnete sich jedoch automatisch, als ich mich näherte. Gut. Es dauerte nicht lange, bis ich den Tempel, den Tunnel, die Brücke und das Innere des drehbaren Torraums überquerte. Dann war ich wieder beim riesigen grauen Quadrat mit den 625 Löchern angelangt. Ich stellte mir die Einteilung der Inseln vor und begann, Reihen und Spalten entsprechend den Koordinateneintragungen in meinem Tagebuch abzuzählen. Die Tempelinsel – eine grüne Kugel, die ich *hier* plazierte. Eine rote Murmel für die Dschungelinsel *dort*, wo sich auf der Karte die runde Felssäule befand. Die Vermessungsinsel war auch nicht schwer, *drüben*, hinter der Kluft.

Nun wurde die Sache schwieriger. Welche Farbe entsprach dem Kreis mit einer vertikalen Linie? Das zugehörige Licht auf dem Lichtrad war defekt gewesen, aber als einzige Farbe, der kein Symbol zugeordnet war, blieb Purpur übrig. Ich plazierte sie an der richtigen Stelle auf der Buchinsel, wo sich die Öffnung in der Bergspitze befand.

Jetzt blieb die fünfte Insel übrig. Ich war mehr denn je davon überzeugt, daß Catherine dort gefangengehalten wurde. Ich hatte Purpur, Grün, Orange und Rot verwendet. Die letzte Farbe könnte gelb sein oder blau – aber welche der beiden? Der genaue Ort war ebenfalls zweifelhaft, da ich ja nie die fünfte Insel betreten hatte, um mir Gewißheit über die Lage des Feuermurmeldoms verschaffen zu können. Ich nahm aber an, daß der runde flache Fels richtig war. Ich legte die gelbe Kugel an die richtige Stelle, kehrte zum engen Gang zurück und betätigte mit einem tiefen Seufzer den Hebel. Mit einem lauten Knirschen und einem tiefen Summen senkte sich eine Metallplatte herab und verdeckte mein Werk. Ich drückte auf den weißen Knopf und …

… nichts passierte!

Ich dachte nach. *Sollte* überhaupt etwas passieren? Ein Blinklicht? Das Geräusch der strömenden Energie? Ein wütender Wächter, der mich hier an diesem verbotenen Ort abfing?

Vielleicht war ja auch nur etwas an der Position oder der Farbe der Murmeln verkehrt? Ich zog wieder am Hebel und kehrte zum Murmelraster zurück.

Diesmal probierte ich statt der gelben die blaue Murmel aus. Wenn ich diesmal wieder keine Reaktion feststellte, müßte ich die Lage der Murmeln überprüfen und vielleicht sogar meine Theorie überdenken. Ich kehrte zum Hebel zurück und startete den nächsten Versuch.

Diesmal vernahm ich ein tiefes Zischen; ein heißer Luftzug fegte aus der riesigen Kammer herüber und brachte die Kabel und Rohre zum Erzittern. Nach einigen Sekunden wurde es etwas ruhiger, doch im Innern war ich überwältigt – dies mußte die Wirkung gewesen sein, auf die ich gewartet hatte.

Es gab nur einen Weg, mir endgültige Gewißheit zu verschaffen.

Ich kehrte zum Torraum zurück und drehte ihn so, daß der vierte Ausgang offen war. Damit konnte ich zum unteren Geschoß der goldenen Kuppel laufen, hinaus und auf dem Weg zum Aufzug, der mich zur Feuermurmelkuppel hier auf der Insel bringen sollte.

Ich hatte alle Teile gesammelt. Mit dem Kinetoskop hielt ich die Kuppel an, näherte mich der offenen Hülle und schob die Gleitregler an die richtige Position. Ein Knopfdruck öffnete das innere Siegel und gab den Weg zum Verbindungsbuch frei, das wie jenes auf der Dschungelinsel mit den D´ni-Symbolen für »233« verziert war.

Diesmal war das Rechteck auf dem Einband nicht dunkel, sondern es zeigte ein belebtes Bild, eine animierte Ansicht einer fremden, seltsamen Welt.

Ich fragte mich, was das für ein Ort war. Der Himmel war düster, und ein See schien mit … nein, keinen Bäumen, sondern Steinen angefüllt zu sein, wie Pyramiden. Mir war schleierhaft, durch welche geologischen Vorgänge so seltsame Figuren aus natürlichem Fels entstanden sein konnten. Auf einem der Felsen befand sich ein Bauwerk, das offensichtlich von Menschenhand erschaffen war. Dies, schloß ich, mußte Gehns einsame Festung sein, sein Domizil abseits von Riven. Mit zitternden Fingern berührte ich das Bild …

… und fand mich wieder einmal hinter Gittern wieder! Ich hätte natürlich damit rechnen müssen. Gehn mußte befürchtet haben, daß die Rebellen oder Atrus selbst die Rätsel lösen und ohne Vorankündigung hier auftauchen könnten. Die Zelle war gerade groß genug, um darin stehen zu können. Der umliegende Raum gab durch die breiten Glaswände einen Blick auf diese fremde Welt frei. Dem ganzen Raum haftete ein Hauch von Geschäftsmäßigkeit an, und überall lagen verschiedene Gegenstände und Unterlagen herum.

Besonders interessant fand ich die fünf Verbindungsbücher, die um die Zelle gruppiert waren. Außerhalb der Zelle, aber von innen mit der Hand zu berühren. Jedes lag im Fokus eines Geräts, das offenbar der Stromversorgung diente. Jedes war mit der Zahl 5 und dem Symbol einer anderen rivenianischen Insel markiert. Ich öffnete jene, die das einzelne kleine Quadrat aufwies und Catherines Gefängnisinsel repräsentierte, doch das Bild blieb dunkel und leblos. Diese Bücher, schien es, mußten genauso mit Strom versorgt werden wie jenes, das mich hierher gebracht hatte.

Dieses spezielle Buch schien auch der einzige Weg zu sein, wie man Catherine erreichen konnte. Im Innern des Käfigs befand sich ein einzelner Knopf inmitten eines eingravierten Sternsymbols von Gehn. Vielleicht öffnete er den Käfig, vielleicht rief er auch Gehn herbei. Jedenfalls mußte ich es ausprobieren und drückte darauf.

Zunächst passierte gar nichts, doch nach kurzer Zeit näherte sich eine Gestalt dem Gebäude von außen, ein alter Mann, aber noch immer hart, stark und mächtig, ein Herrscher. Als ich sein Gesicht erblickte, erkannte ich den Mann wieder, den ich zuvor im holografischen Projektor im Schulraum gesehen hatte.

Er trug einen schweren weißen Mantel, ähnlich der Kleidung, die die Wache am Anfang meines Abenteuers getragen hatte. Über seinen Augen befand sich eine Schutzbrille; die Augen sahen damit irgendwie grotesk aus, doch wahrscheinlich stellte die grelle Sonne dieser Welt eine Gefahr für die ungeschützten Augen dar. Seine Hände waren ebenfalls mit Handschuhen geschützt. In der Hand trug er einen Stock, vielleicht genau den, den ich zuvor in seinem Labor gefunden hatte.

Er verbrachte viel Zeit damit, mich davon zu überzeugen, daß er sich geändert hatte.

Ich muß zugeben, daß Gehn tatsächlich ein angenehmer Zeitgenosse zu sein schien, und die Vernunft, die aus seiner Aussagen sprach, nagte an meiner Überzeugung. Dreißig Jahre lang war er auf Riven gefangen. »Dreißig Jahre«, sagte er, »dreißig mal lebenslänglich!« Nichts konnte seine frühere Schuld wettmachen. Er hatte tatsächlich Catherine einsperren müssen, um sie von den Rebellen zu trennen, für die sie zu einer Art Retter geworden war. Er bat mich inständig, sie nicht zu befreien.

In den letzten Tagen hatte ich Gehn freilich gut genug kennengelernt – den *wirklichen* Gehn. Während die Eingeborenen Catherine für ihre Retterin hielten, fand Gehn einen Weg, sie von seinem göttlichen Status zu überzeugen. Er erschuf jene riesigen majestätischen Meeresbestien als Haustiere, als Beute und Vollstrecker für seine blutigen Schauspiele. Ich zweifelte nicht daran, daß er seine Handlungsweise mit den höheren Bedürfnissen der Gesellschaft rechtfertigen würde, doch der Wahrk-Galgen und die grausame Lektion im Schulraum sprachen eine andere, deutliche Sprache.

Er fing jene wunderschönen, juwelenartigen Frösche ein, um ihren Extrakt zu rauchen. Als er seine seltsam geformte Pfeife vorbereitete und während des Gesprächs anzündete, wurde mir speiübel. Gehn hatte sich *nicht* verändert, was immer er auch behauptete. Für ihn waren die Menschen von Riven, die Bäume, die Wahrks, die Frösche, Catherine und ich nichts als Werkzeuge, die er bar jeder Emotionen verwendete, um sie dann zu entsorgen.

Ich bemerkte, daß er versessen darauf war, das Fallenbuch auszuprobieren Er nahm es mir weg und starrte lang auf das Bild, dessen Bewegung ihm die Freiheit und das Wissen der verlorenen D´ni verhieß. Sein Gesicht nahm den Ausdruck eines großen Raubvogels an, seine Hände verwandelten sich in Klauen, seine Augen glänzten vor Gier. »Berühre es! Berühre es!«, dachte ich und wünschte mir so sehr, daß er seine Hand auf das Bild legen und in die Falle tappen würde.

Dann erlosch das Feuer in seinen Augen und machte einer eiskalten Gerissenheit Platz. »Vielleicht«, sagte er, »wäre es besser, wenn Du zuerst hindurchgehst!« Er hielt das Buch hoch.

Es war natürlich eine Prüfung. Wenn ich ablehnte, würde er Verdacht schöpfen im Hinblick auf diese Gabe, ein Verbindungsbuch, das ihm alles verhieß – die Freiheit, den Zutritt zu den Geheimnissen der D´ni und zu allen Welten im All. Und wenn ich hindurchging, wäre ich an Gehns Stelle gefangen.

Bevor meine Lippen eine Antwort formen konnten, zog er das Buch wieder fort. »Vielleicht willst Du es Dir eine Zeitlang überlegen«, sagte er. Er legte das Buch auf einen Tisch, legte dann an einem großen runden Gerät einen Schalter um, was mit einem lauten Röhren quittiert wurde. Energie durchströmte die Geräte, die auf die Verbindungsbücher neben meinem Käfig gerichtet waren. »In der Zwischenzeit«, fuhr er fort, »gewähre ich Dir Zutritt zu den Verbindungsbüchern und dem Rest des Fünften Zeitalters. Rufe bitte so lange nicht nach mir, bis Du Dich entschließt, das Buch zu benutzen.«

Er legte wieder die Schutzbrille und die Handschuhe an, trat in das grelle ultraviolettreiche Licht der Sonne seiner 233. Welt und verschwand.

Ich zögerte keinen Augenblick, ich konnte es nicht. Durch großes Glück gab mir Gehn das Mittel, zu Catherines Insel zu gelangen. Ich wandte mich dem Buch zu und legte meine Hand auf das Bild, das jetzt auf der Seite erschien.

Catherines Insel, wie ich den Ort nun nannte, war ein einsamer vergessener Fels inmitten der Reste eines gigantischen Baums. Diesen Baum zu fällen, muß eine Geschichte für sich gewesen sein; nun starrten Fels und Wurzeln in ein leeres Meer und einen leeren Himmel. Ein Gebäude erhob sich aus dem Baumstumpf, und auf dem flachen Fels an der Seite drehte sich eine Feuermurmelkuppel.

Ich war natürlich im Innern der Kuppel aufgetaucht und lief auf einem mit einem Geländer gesicherten Weg zu einer Felsspalte. Dort fand ich eine vertraute Aufzugsteuerung und ein Rätsel. Der Aufzug war in Metallstäbe eingefaßt, die Catherine am Entkommen und andere am Eindringen hindern sollten. Dort befand sich auch eine Art Schließmechanismus – drei Tasten und ein Hebel.

Jeder Tastendruck rief ein anderes Geräusch hervor, jedes davon anders und mechanischen Ursprungs. Ein deutliches Klicken, ein kurzes Rattern wie vom Getriebe und ein scharfes lautes »Ping«. Der darüberliegende Hebel betätigte sicherlich den Mechanismus, wenn die richtige Kombination eingegeben worden war.

Ich hatte natürlich keine Ahnung, wie die Kombination lautete, und konnte deshalb nur den Aufzug rufen. Er trug mich nach oben durch das Herz des Stumpfes und öffnete sich schließlich in den Raum, den ich auf dem Bildschirm auf der Vermessungsinsel gesehen hatte.

Catherine sah noch schöner aus als auf dem Monitor, eine schlanke, bleiche aber würdevolle Frau mit schwarzem Haar und dunklen, wissenden Augen, selbst in ihrer Gefangenschaft noch stark und aufsässig. Sie sprach in einer fremden Sprache, vermutlich Rivenianisch; Gehn hatte pikiert in seinem Tagebuch erwähnt, daß sie sich mit ihm nur auf Rivenianisch unterhielt.

Als sie mich erblickte, war ihr die Überraschung anzumerken. »Atrus hat Dich geschickt!«, rief sie, und ihre dunklen Augen leuchteten auf. Dann faßte sie sich wieder. »Du mußt Gehn gefangennehmen«, fuhr sie fort. »Dein Fallenbuch ist im Zeitalter der Rebellen. Finde den Weg dorthin, und Du wirst mich befreien können!« Sie sah sich im Raum um, und beugte sich zu mir vor. »Gehn beobachtet Dich! Er wartet darauf, daß Du einen Fehler machst!« Diese Dame kannte ihren Gefängniswärter offenbar ziemlich gut. »Du brauchst die Kombination für mein Gefängnis. Er bewahrt sie irgendwo in seinem Büro auf.« Sie stand wieder aufrecht und erklärte laut, für unsichtbare Zuhörer deutlich vernehmbar. »Wenn Du mir nicht helfen willst, habe ich nichts mehr zu sagen!« Sie wandte sich ab, ohne ein weiteres Wort zu sagen, und begab sich auf den Balkon, den ich zuvor auf dem Bildschirm gesehen hatte.

Sie wußte nicht, daß ich das Fallenbuch wiedererlangt hatte und daß Gehn sich davor fürchte-

te, es zu benutzen. Ich kehrte mit dem Aufzug zum unteren Stockwerk zurück und lief wieder zur Feuermurmelkuppel. Ich wußte, was ich zu tun hatte.

Aber der Gedanke daran ließ mich erschauern.

Während der Myst-Abenteuer hatte ich natürlich bereits Fallenbücher kennengelernt. Die beiden Söhne von Atrus, Achenar und Sirrus waren auf Abwege geraten und in dem vom jeweils anderen angefertigten Fallenbuch gefangengenommen worden. Der einzige Weg zu entkommen, bestand für sie darin, jemanden zu überzeugen, das Bild mit ihrem Gesicht zu berühren. Derjenige würde dann ins Fallenbuch transportiert, eine Art Abstellkammer zwischen den Universen. Die zuvor gefangene Person dagegen wäre frei.

Ich gab in der Murmelkuppel die Kombination ein, öffnete das Verbindungsbuch und kehrte in Gehns 233. Welt zurück – wiederum hinter Gitter. Der Rufknopf war wieder im Ausgangszustand, und nach einigen Augenblicken erschien Gehn. »Aah! Ich bin froh, daß Du zurückgekehrt bist«, erklärte er. »Ich war mir da nicht so sicher.«

Er hielt mir wieder die offene Seite des Fallenbuchs vor, und ich legte ohne Zögern die Hand auf das Bild der animierten Höhlen von D´ni. Eine Art Dunkelheit sog mich auf und verschluckte mich wie ein großer und hungriger Wahrk.

Ich fand mich an einem dunklen Ort wieder. Irgendwo oben blickte Gehns Gesicht mit angehobenen Brauen auf mein Verlies hinab, so als ob er etwas suchte. Ich wußte, daß er nicht mich sah, sondern das falsche Bild von D´ni. Ich konnte förmlich die Gedanken in seinem Kopf hören. *Hat er es wirklich getan? Ist er hindurchgegangen?* Er zögerte noch kurze Zeit und legte dann seine riesige schwarze Hand auf das kleine Lichtfenster.

Ich verspürte wieder das Wirbeln und hatte kurze Zeit den Eindruck, durch Gehn zu gleiten, als er in mein früheres Gefängnis fiel. Ich stellte mir vor, wie er laut aufschrie, als er seinen gigantischen Fehler erkannte.

Dann befand ich mich wieder im 233. Zeitalter und stand *außerhalb* der Gitterstäbe.

Gehn hingegen befand sich im Buch, das auf dem Tisch ruhte.

Ich verlor keine Zeit damit, Gehns Behausung zu erforschen. Ein Schalter auf der Fensterbank senkte die Gitterstäbe ab und verschaffte mir Zugang zu allen Verbindungsbüchern. Dies mußte das Büro sein, von dem Catherine gesprochen hatte. Die Kombination zu ihrem Gefängnis mußte sich hier irgendwo befinden.

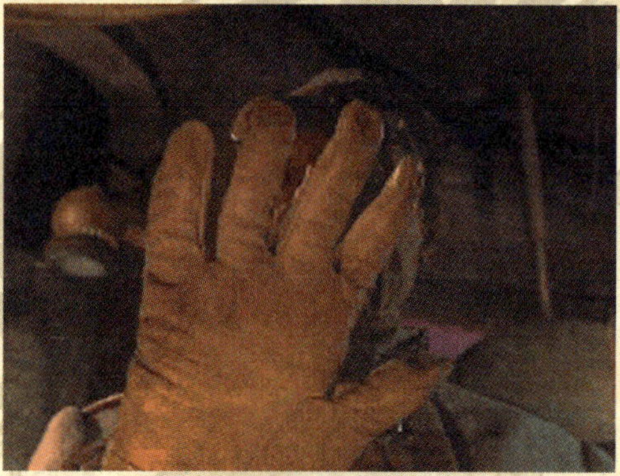

Ich brauchte sehr sehr lange für die Suche, aber schließlich fand ich doch eine seltsame, stumpf-silbrige Kugel – eine Art Uhr, die auf dem Nachttisch in seinem Schlafraum unterhalb des Büros lag. Als ich das Gerät öffnete, hörte ich eine Folge von Klicks, Rattern und Pings – die Geräusche stimmten exakt mit denen überein, die ich von den Tasten an Catherines Aufzugs vernommen hatte.

Ich lauschte einige Male der »Melodie«, prägte mir das Muster ein und kehrte schnell über das obere Stockwerk zu Catherines Insel zurück. Kurze Zeit später drückte ich die Tasten in der richtigen Reihenfolge und bediente dann den Hebel. Die Gitterstäbe rollten zur Seite, und der Fahrstuhl fuhr nach oben. Catherine blickte mich kurz an, als sie erkannte, daß sie frei war. Dann stürzte sie sich in den Aufzug, zog am Hebel und ließ den Lift hinabfahren. »Du hast es geschafft!«, rief sie, als sie das Fallenbuch untersuchte. »Wir sind alle frei! Du hast Gehn gefangengenommen!«

Dann verdüsterte sich wieder ihr Gesicht. »Riven ist verdammt«, erzählte sie mir mit einer keinen Widerspruch duldenden Stimme. »Wir müssen uns beeilen. Ich werde versuchen, die Menschen ins Rebellenzeitalter in Sicherheit zu bringen. Du mußt das Teleskop aktivieren und den Sternenriß öffnen. Es ist gefährlich, aber unsere einzige Chance! Die Kombination befindet sich in meinem Tagebuch!«

Ich hatte also rechtgehabt. Das Gerät auf der Tempelinsel war wirklich ein Teleskop, wenn auch sonderbar geformt.

Sie stürzte dann nach vorne, und als ich an der Feuermurmelkuppel ankam, drehte sich diese wieder. Catherine mußte bereits hindurchgegangen sein.

Auf Gehns Welt zurückgekehrt, begab ich mich von dort aus zur Tempelinsel. Ich beeilte mich und sah das Ende meiner Reise bereits vor meinen Augen. Ich durchschritt die große goldene Kuppel und betrat den Torraum; diesen drehte ich zur zweiten Position, die ich schon ganz am Anfang entdeckt hatte. Das Ventil war an derselben Position, wie ich es hinterlassen hatte. Ich drehte es und versorgte dadurch das Teleskop mit Dampf.

Dann verließ ich den Torraum durch die Höhle, kroch unter dem Holztor durch und rannte keuchend die Steintreppen hinauf und wieder hinab, umrundete den Hügel mit dem Torraum und kam schließlich am Ausgangspunkt meiner Reise an. Mit Dampf versorgt, ließ sich das Teleskop mit dem Hebel nach oben und unten bewegen und mit dem Knopf aktivieren. Mit Hilfe der Zahlen auf einer der Seiten in Catherines Tagebuch, die ich leicht aus D´ni übersetzte, öffnete ich die Metalluke.

Ich hielt kurz inne und blickte in das Okular.

Ich sah eine große Erdspalte … und Sterne.

Sterne! Das Okular wimmelte von Sternen.

Wahrhaftig ein Sternenriß. Es mußte derselbe sein, in den Atrus vor langer Zeit sein Myst-Buch geworfen hatte. Jenes Buch, das mich erst nach Myst und jetzt zum Sternabgrund auf Riven brachte.

Ich fand einen Sperrstift, der die Fahrt des Teleskops nach unten behindern würde, und nahm ihn heraus. Ich zog den Hebel nach unten und drückte auf den grünen Knopf. Mit einem lauten Knirschen des Getriebes schob sich das Teleskop nach unten auf die dünne Glasmembran zu, die Rivens Atmosphäre und die Sterne trennte.

Vor vielen Jahren in der Schule hatte ich einmal die Unverfrorenheit besessen, die Objektivlinse nach unten zu schieben, zu den Glasscheiben und den nichtsahnenden Einzellern im Wassertropfen. Die Glasscheiben gingen zu Bruch, und ich handelte mir eine gewaltige Standpauke vom

Biolehrer ein. Ich war also im Begriff, jenes unglückselige Experiment zu wiederholen – diesmal aber mit geringfügig größerem Einsatz.

Die schmale Spitze des Teleskops rammte die Glasscheibe, und eine Zeitlang passierte gar nichts.

Dann zersplitterte das Glas.

Das Geräusch war viel lauter als damals in der Schule. Es glich einem Donnersturm, und kurz darauf donnerte es auch im Himmel. Der Wind pfiff und stieß in den Riß hinunter, der binnen kürzester Zeit die Stahlplatte und dann auch das ganze Teleskop verschlang.

Der Boden zitterte und bebte. Ich lehnte mich an die Klippe und versuchte mich festzuhalten. Die Kluft öffnete sich wie ein gieriges Maul. Der Himmel nahm eine grün-schwarze Färbung an, und hohe Wolken türmten sich dort, wo eben noch die Sonne friedlich geschienen hatte. Der riesige Metalldolch in der Nähe kippte um und wurde in die Tiefe gerissen.

Hatte ich mich verhört? Wollte Catherine tatsächlich, daß ich das hier machte?

Plötzlich erschien Atrus an der runden Zelle, in der ich vor ein oder zwei Ewigkeiten auf Riven gelandet war. Er lief über den bebenden Boden, erblickte mich und fragte, gegen das Röhren des Windes ankämpfend: »Wo ist Catherine? Wo ist das Buch?«

Ich konnte keine der beiden Fragen beantworten. Er griff nach dem Fallenbuch in meiner Hand und untersuchte es.

»Atrus?« Es war Catherine, die aus dem Gebirge erschien. Atrus drehte sich um, als er die Stimme vernahm, und lief zu ihr. Sie umarmten sich, als ein Zeitalter um sie herum zusammenbrach.

»Die Dorfbewohner sind im Zeitalter der Rebellen in Sicherheit«, erzählte sie mir danach. »Ich danke Dir!«

»Auch ich danke Dir«, fügte Atrus hinzu. Er beugte sich nach vorne und sprach deutlich. »Du hast mehr erreicht, als ich zu hoffen wagte.« Er blickte zu Catherine. »Du hast mir mein Leben zurückgegeben.«

Er öffnete das Verbindungsbuch für Catherine. Sie lächelte mich kurz an und berührte dann die Seite. Wie ein Nebel im Wind löste sie sich auf.

Atrus hielt das Buch geöffnet, über der röhrenden Sternenraserei in der Erde. »Vielleicht werden wir uns eines Tages wiedersehen. Lebewohl, mein Freund.«

Er berührte das Buch und verschwand, wie auch Catherine kurz zuvor. Das Buch fiel in den Sternenriß.

Einen Augenblick lang verspürte ich Panik und dachte, Atrus hätte mich in dem sich auflösenden Zeitalter von Riven zurückgelassen. Doch dann erfüllte eine Art Frieden mein Wesen, als der Abhang unter meinen Füßen nachgab und ich in den Sternenriß fiel, dem sich drehenden Verbindungsbuch hinterher in ein Meer voller Sterne. Der Raum unter mir war weder leer noch feindselig. Zuvor hatte schon das Myst-Buch über den Sternenriß den Weg zur Erde gefunden. Ich war gewiß, daß auch ich nun diesen Weg beschreiten würde.

Ich kehrte nach Hause zurück.

In der Stille der ewigen Nacht dachte ich über Atrus´ letzte Worte nach.

Vielleicht treffen wir uns eines Tages wieder … in einer anderen Welt …

… in einem anderen Zeitalter.

KAPITEL 6
DIE LÖSUNGEN

Dies ist ein Wahrk-Kapitel. Es gibt Ihnen Lösungen zu allen wesentlichen Problemen und Rätseln von *Riven*. LESEN SIE DAS KAPITEL NICHT, wenn Sie die Rätsel selbst lösen wollen!

DER TORRAUM

- Der Torraum ist ein fünfeckiger Raum, der sich jedesmal um 72 Grad gegen den Uhrzeigersinn dreht, wenn Sie einen der Knöpfe an den Ausgängen drücken.
- Der Torraum verfügt über zwei offene Ausgänge. Er dreht sich in einer Kammer mit fünf Toren. Bei jeder Drehung des inneren Raums öffnen sich Verbindungen zwischen verschiedenen Toren.
- Die fünf Tore werden mit 1 bis 5 bezeichnet. Position 1 ist das erste Tor an der südöstlichen Wand, das Sie am Spielanfang betreten. Beim ersten Betreten des Raums verbinden die Türen die Positionen 1 und 3.
- Bei jedem Knopfdruck drehen sich die Türen zur nächsten Position.
- Von der Position 1 aus können Sie Position 3 erreichen. Wenn Sie den Raum dreimal drehen, können Sie Position 4 erreichen.
- Am Anfang versperren Gitter den Zugang zu den Positionen 3 und 4, die Sie vom Ausgang 1 her erreichen können. Der Hebel, mit dem sich das Gitter an der Position 4 öffnet, befindet sich am Ausgang 2, derjenige für das Gitter der Position 3 am Ausgang 4. Sie müssen zu einer der anderen Positionen gelangen und dort hindurchgehen, um den Raum wieder drehen und die anderen Positionen betreten zu können.
- Dazu müssen Sie erst den Knopf an der Position 1 viermal drücken, um die Ausgänge an den Positionen 5 und 2 zu drehen (Ihr Ziel ist die Position 5, die als einzige über *keinen* Drehknopf verfügt). Gehen Sie dann auf den äußeren Pfad hinunter zum Holztor an der Ostseite des Gebäudes. Klicken Sie auf den Boden neben dem versperrten Tor, um unten durchzuklettern und die darunterliegende Höhle zu betreten. Laufen Sie durch die Höhle nach oben zum offenen Ausgang. Begeben Sie sich zur Position 2, an der Sie den Hebel zum Öffnen des Gitters an Position 4 sowie das Ventil für die Stromversorgung des Teleskops finden.

Ursprüngliche Position

Nach einer Drehung

Nach zwei Drehungen

Nach drei Drehungen

Nach vier Drehungen

- An der Position 2 drehen Sie den inneren Raum zweimal, um die Ausgänge an den Positionen zwei und vier zu bewegen. Überqueren Sie den Torraum, und legen Sie den Hebel um, der das Gitter an Position 3 öffnet. Eine von der anderen Seite zugesperrte Tür hindert Sie daran, zur Position 4 zu gehen. Verbinden Sie statt dessen von der Position 4 her durch zwei Drehungen die Positionen 4 und 1, laufen Sie durch 1, und drehen Sie noch zweimal. Dies öffnet die Türen bei 1 und 3, genauso, wie Sie sie am Anfang des Spiels vorgefunden haben. Diesmal ist aber das Gitter 3 angehoben, so daß Sie Ihre Reise dorthin fortsetzen können.

DIE MAGNETISCHE TRAM

- Die Trams auf *Riven* sind ziemlich unkompliziert und leicht zu durchschauen. Einige Dinge sollten Sie aber im Auge behalten.
- Der Griff seitlich an der Hauptsteuerung dreht den Wagen um 180 Grad. Bewege ihn nach rechts oder links, um die Tram zu drehen.
- Der Hebel in der Mitte startet die Tram. Danach verläuft die Reise völlig automatisch.
- Neben jeder Tramstation befindet sich eine Silberkugel mit einem blauen Knopf oder einer Druckplatte an einem Podest oder Ständer. Ein Druck hierauf ruft eine Tram, falls gerade keine an der Station auf Sie wartet.
- An der Vermessungsinsel erreichen Sie durch die Drehung der Tram eine Tür, zu der Sie sonst keinen Zutritt haben.

- Beachten Sie, daß die Haltestellen des U-Boots in regelrechten Löchern im Wasser liegen. Irgendeine physikalische Marotte ermöglicht hier das Formen des Wassers, so daß es Löcher und andere seltsame Formen bilden kann. Wenn Sie den Kratersee von oben her betrachten, können Sie lokalisieren, wo sich die Haltestellen befinden.
- Die Steuerung des U-Boots ist simpel. Der Drehgriff wendet das U-Boot. Der Hebel unten läßt sich nach links oder rechts bewegen und legt fest, welche Abzweigung Sie an einer Weiche oder Kreuzung nehmen. Der Hebel rechts bewegt das U-Boot bis zur nächsten Kreuzung oder Haltestelle.
- Das U-Boot fährt auf Rädern auf einem Unterwassergleis. Die Konfiguration der Gleise sieht folgendermaßen aus:

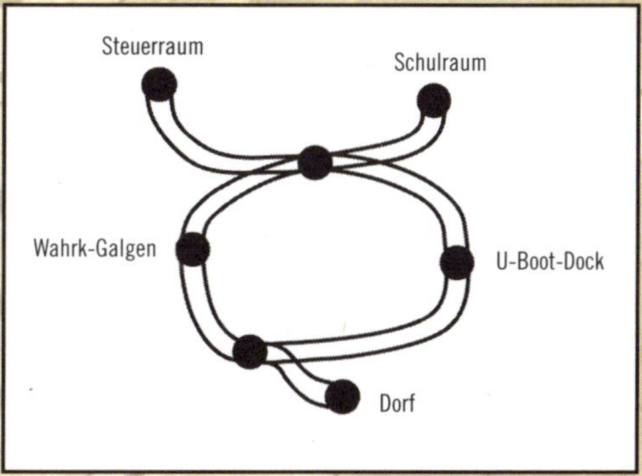

DAS U-BOOT

- Um das U-Boot ins Wasser zu senken, folgen Sie den Pfaden und Piers entgegen dem Uhrzeigersinn um den Kratersee auf der Dschungelinsel, bis Sie am Dorf ankommen. Klettern Sie weiter auf den Leitern, und wählen Sie den Pfad, der Sie zum höchsten Punkt außerhalb des Dorfes bringt, zu einer Art Kultstätte, wo das U-Boot auf einer Liftplattform ruht. Der Hebel senkt das es ins Wasser hinab.
- Kehren Sie auf demselben Weg zurück über die Leitern hinunter zum Pier, und dann im Uhrzeigersinn um den See, am Dschungel und am Kahlschlag vorbei, über die Hängebrücke und die Steinstufen hinab, am Sunnerfels vorbei und dann durch den Tunnel. Sie tauchen wieder über dem Kratersee auf. Die Leiter hinter dem Käferbecken führt Sie schließlich zu der Leiter, über die Sie das U-Boot betreten können.
- Um das U-Boot zu betreten oder zu verlassen, müssen Sie eine Leiter vom entsprechenden Pier herabsenken. Beim ersten Betreten des U-Boots befinden sich nur zwei Leitern unten – die am U-Boot-Dock und die am Steuerturm. Sie müssen sich vom Dock her zum Steuerturm begeben, aus dem U-Boot klettern und über die hohe Leiter an der Klippe zum Steuerraum gelangen, wo Sie die drei Hebel heben, die die übrigen drei Leitern absenken.
- Wenn alle Leitern unten sind, sind Sie in der Lage, jeden der fünf Orte zu betreten. Am U-Boot-Dock und am Dorfpier können Sie hinausklettern und Ihre Reisen irgendwo anders fortsetzen. Der Steuerturm und der Schulraum sind zwar wichtig, aber Sackgassen. Von dort aus können Sie nur zum U-Boot zurückkehren.

- Der Wahrk-Galgen ist eine Besonderheit. Wenn Sie das U-Boot zum ersten Mal verlassen, können Sie um die offene Basis des Galgens herumlaufen, aber nirgendwohin gelangen. Sobald Sie am dreieckigen Hebel an der Kette ziehen, senkt sich ein Balken an einem Seil herab, aber Sie können ihn nicht ergreifen, und nach kurzer Zeit wird das Seil wieder hochgezogen. Falls es Ihnen gelingt, den Weg zu Gehns Thron hoch über dem Wahrk-Galgen finden, können Sie die Mitte des Wahrk-Galgens schließen, mit dem U-Boot zum Galgen zurückkehren, die Stange absenken und sich daran hochziehen lassen. Dort finden Sie eine Leiter, die sich zum Seeweg hinunterziehen läßt. Nach der Erledigung dieser Aufgabe können Sie Ihre Erkundungen auch an anderer Stelle fortsetzen.

DAS WAHRK-IDOL

Am Ende eines Dschungelpfads befindet sich eine riesige, grell bemalte Holzkonstruktion, die eine Art Idol oder Totem zu sein scheint und wie ein Wahrk aussieht. Der Pfad scheint dort zu enden.

- Wenn Sie zwischen den zwei Pfosten mit den abgerundeten Spitzen stehen, blicken Sie auf das Idol. Berühren Sie die Spitze des rechten Pfostens. Mit dem gefundenen Hebel läßt sich das Maul des Wahrk-Idols öffnen.
- Betreten Sie das Idol über die Treppen. Dort bringt Sie ein Aufzug entweder nach oben zu den Stegen im Dschungel, Gehns Thron und der Feuermurmelkuppel dieser Insel, oder nach unten zur Tram, die zur Insel der geographischen Vermessung fährt.
- Sie können das Idol auch zum ersten Mal betreten, wenn Sie von der Vermessungsinsel her ankommen. Dann sehen Sie den Hebel auf dem Pfosten zu Ihrer Linken. Ein Klick hierauf schließt wieder das Maul.

DER WAHRK-GALGEN

- Sie müssen den Wahrk-Galgen überwinden, um ins Zeitalter der Moiety zu gelangen.
- Fahren Sie mit dem U-Boot zum Steuerturm, eine Station vor dem Galgen (im Uhrzeigersinn um den See herum). Heben Sie dort alle Hebel, um sämtliche Leitern abzusenken.
- Wenn Sie das Geheimnis des Wahrk-Idols gefunden haben, gehen Sie auf dem Steg an der Feuermurmelkuppel der Dschungelinsel vorbei, um den Turm zu finden, der Gehns Thronraum beherbergt. Legen Sie den linken Hebel um, um den Thron anzuheben, und anschließend den rechten, um die Bodenfläche des Wahrk-Galgens zu schließen.
- Fahren Sie mit dem U-Boot zum Galgen, und steigen Sie dort aus. Begeben Sie sich zur Mitte des (nun geschlossenen) Galgens, und ziehen Sie den dreieckigen Griff an der Kette.
- Eine Stange senkt sich von oben herab. Ergreifen Sie sie, und Sie werden emporgetragen.
- Von hier aus läßt sich eine Leiter zum Pier absenken, um später leichter wieder hierher gelangen zu können. Sie finden hier auch eine Gefängniszelle und einen Gefangenen. Hier befindet sich ferner auch ein Geheimgang zum Zeitalter der Moiety-Rebellen.

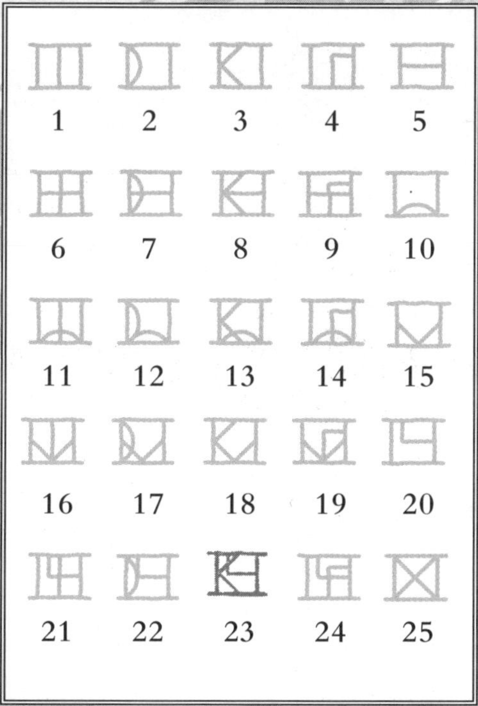

DIE ZAHLEN DER D´NI

- Fahren Sie mit dem U-Boot zum Schulraum (eine Station vom Steuerturm entfernt), und lernen Sie dort, fließend auf D´ni zu zählen. Spielen Sie das Wahrk-Zählspiel, um die ersten zehn Ziffern zu erfahren. Benutzen Sie die hier gefundenen Muster zur Herleitung der Zahlen zwischen 11 und 25.
- Das Zahlensystem der D´ni basiert auf der Zahl Fünf. In dem von uns verwendeten Zehnersystem haben wir Zahlen zwischen 1 und 9, wobei die 10 als eine 1 an der »Zehnerstelle« mit einer Null dahinter dargestellt wird. Wenn man noch einmal 10 hinzuzählt, ergibt sich die 20, die als 2 und 0 geschrieben wird. Im D´ni-System gibt es nur Symbole für Zahlen zwischen 1 und 4; die darüberliegenden Zahlen werden durch Rotation und Kombination zusammengebaut.
- Beachten Sie, daß die Fünf in Wirklichkeit eine 1 ist, die um 90 Grad entgegen dem Uhrzeigersinn gedreht wurde. Ja ja, sie hätte auch im Uhrzeigersinn gedreht sein können, aber glauben Sie es uns ruhig.
- Die Zahlen 6 bis 9 werden dadurch gebildet, daß man die Fünf mit einer der ersten vier Zahlen kombiniert. Das heißt, 9 ist 5 + 4.
- Die Zahl 10 ist eine 2, die um 90 Grad gegen den Uhrzeigersinn gedreht wurde.
- Die Zahlen 11 bis 14 ergeben sich aus einer Kombination von 10 und einer der vier ersten Zahlen. 12 ist beispielsweise 10 + 2.
- Die Zahl 15 ist eine 3, die um 90 Grad entgegen dem Uhrzeigersinn gedreht wurde.
- Die Zahlen 16 bis 19 ergeben sich aus einer Kombination von 15 und einer der vier ersten Zahlen. 15 + 3 ist also 18.
- Die Zahl 20 ist eine 4, die um 90 Grad entgegen dem Uhrzeigersinn gedreht wurde.
- Die Zahlen 21 bis 24 lassen sich aus der 20 und einer der vier ersten Zahlen kombinieren, z.B. 21 aus 20 und 1.
- Das Symbol für 25 ist eine Besonderheit.
- In einer Zahlenfolge werden die einzelnen Zahlen hintereinander geschrieben. Die Zahlenfolge 3 – 7 – 8 – 11 – 22 würde also lauten:

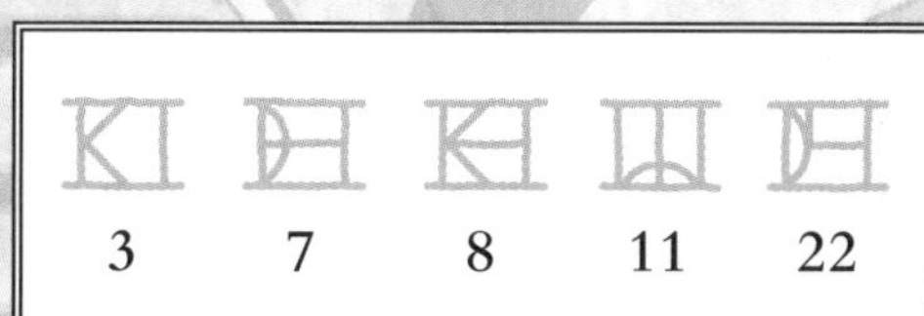

- Achten Sie bei Ihren Erkundungen auf *Riven* stets auf D´ni-Zahlen. Sie bedeuten immer etwas Wichtiges!

DER BOILER

- Der Boiler ist das erste große Bauwerk, das Sie erkennen können, wenn Sie auf der Insel der Buchherstellung ankommen. Hier werden Holzschnitzel (aus Bumstämmen, die von der Dschungelinsel angeliefert und im Shredder zerkleinert werden) zu einer breiigen Masse für die Papierherstellung eingekocht. Gehn benötigt es für seine Experimente bei der Buchherstellung.
- Sie müssen das Rätsel des Boilers lösen, um zum Boilertank zu gelangen, ein Bodengitter zu einer Leiter zu überqueren, die zu einem Abfluß in der Mitte führt, und schließlich zur Bergspitze zu gelangen. Von hier aus können Sie versuchen, Gehns Labor zu betreten.
- Der Boiler wird über ein Rohr mit Energie versorgt, das bis zur Seemitte reicht. Um den Boiler mit Energie zu versorgen und die Steuerung zu bedienen, müssen Sie auf dem Steg zur Seemitte laufen und das Dampfventil auf die mittlere der drei möglichen Positionen setzen.
- Sie müssen die Boilersteuerung einstellen, um in das Tankinnere und zur Leiter zu gelangen.
- Die erste Steuerung befindet sich auf dem Pfad, der um das Boilergebäude herumführt; dort kann ein Ventilhebel in zwei mögliche Positionen bewegt werden. Die höhere Position versorgt die Wasserpumpe zur Befüllung oder Leerung des Boilers. Die untere Position versorgt das Gitter mit Energie.
- Die Hauptsteuerung besteht aus einem Rad auf der linken Seite, das den Tank füllt oder entleert, einem Hebel auf der rechten Seite, der den Ofen ein- und ausschaltet, und einem Schalter oben rechts, der das Gitter im Innern des Tanks hebt und senkt.
- Um den Boiler zu betreten, müssen Sie den Ofen ausschalten. Wenn er an ist, hören Sie ein Brummen, das rote Licht an der Boilertür brennt, und die Tür selbst ist verschlossen.

- Der Tank muß weiter leer sein. Stellen Sie sicher, daß das Ventil an der Y-Kreuzung zum entfernteren, obe ren Rohr zeigt. Drehen Sie am großen Rad, um das Rohr zu bewegen. Das Wasser fließt weg, was sich im Glasfenster beobachten läßt.
- Um zur Leiter zu gelangen, müssen Sie das Bodengitter anheben. Setzen Sie das Ventil an der Y-Kreuzung auf die untere Position. Wenn Sie den Schalter nach oben rechts umlegen, bewegt sich das Gitter. Wenn das Gitter oben war und Sie es eben abgesenkt haben, wiederholen Sie einfach die Prozedur.
- Wenn der Ofen aus, der Tank leer und das Gitter angehoben ist, können Sie bis zur Leiter vorstoßen.

GEHNS LABOR

Wollen Sie Gehns Labor auf der Insel der Buchherstellung betreten, dann folgen Sie den nachfolgenden Anweisungen.

- Laufen Sie durch das Abflußrohr nach dem Boilerrätsel (siehe vorangehender Abschnitt). Steigen Sie oben im Gebirge aus dem Rohr, und laufen Sie auf dem Pfad bis zur Plattform an der Klippe.
- Öffnen Sie die runde Luke. Damit können Sie leichter zum Strand hinunter- oder zur Plattform hinaufklettern.
- Gehen Sie durch die Doppeltür, und schließen Sie sie, um Geheimgänge nach links und rechts zu öffnen.
- Wenn Sie die Doppeltür von innen betrachten, betreten Sie den rechten Gang. In den Felsen verbirgt sich ein Hebel, der die Lüfter im Innern abschaltet. Obwohl dieser Weg zur Vordertür von Gehns Labor führt, läßt es sich nicht betreten, weil es verschlossen ist. Sie können hier auch weiter bis zur westlichen Zugbrücke und der großen goldenen Kuppel laufen.
- Kehren Sie zur Doppeltür zurück, und gehen Sie zum Froschfangraum über die Stufen.
- Klicken Sie das Gitter über dem Froschfanggerät an, um den Lüftungsschacht zu öffnen und hineinzuklettern.
- Kriechen Sie im Schacht bis zur nächsten Öffnung. Öffnen Sie das Gitter, und lassen Sie sich in Gehns Labor fallen.
- Jetzt können Sie die Vordertür entriegeln, Gehns Labortagebuch lesen und durch die Hintertür zur Tram gelangen, die zur Insel der geographischen Vermessung führt.
- Lesen Sie sich das Tagebuch sorgfältig durch, und notieren Sie den Zifferncode. Sie können das Tagebuch nicht mitnehmen, es ist zu gefährlich.

DAS RÄTSEL MIT DEM KARTENTISCH

- Auf der Insel der geographischen Vermessung finden Sie ein ziemlich raffiniertes Rätsel – leicht zu bedienen, aber schwer, etwas damit anzufangen. Sie müssen es aber entschlüsseln, um später das Murmelrätsel lösen zu können.
- Mit dem Fahrstuhl oben auf dem Berg angelangt, stehen zwei Wege zur Verfügung: eine Aussicht auf fünf Plateaus, die die fünf Inseln von Riven darstellen, und ein großes Rundes Gebäude – der Kartenraum in der Mitte des Sees. Die beiden Orte sind durch einen Pfad verbunden, der durch den Aufzug hindurch läuft.

- Sehen Sie beim Ausblick nach unten auf die Steuertafel mit fünf Knöpfen, die wie die fünf dargestellten Inseln aussehen. Drücken Sie einen der Knöpfe, um zu betrachten, wie sich das Plateau unten, das diese Insel darstellt, ändert.
- Laufe dann über den Steg zum Kartenraum, den Sie jetzt betreten können.

- Der Kartentisch ist ein großes Gitter, das in fünf mal fünf große Quadrate eingeteilt ist, insgesamt 25 Quadrate. Ein Quadrat des Kartentisches entspricht einem Quadrat in dem kleinen Inselsymbol darunter.
- Überall auf Ihrer Reise (auf einer Tafel im Innern der großen goldenen Kuppel, auf dem Mosaik hinter einem der Käfer im Torraum und auf der Steuertafel am Ausblick auf der Vermessungsinsel) haben Sie kleine Grafiken gefunden, die die fünf Inseln von Riven darstellen. Auch auf den Verbindungsbüchern werden Sie sie wiederfinden. Das Raster vor Ihnen –

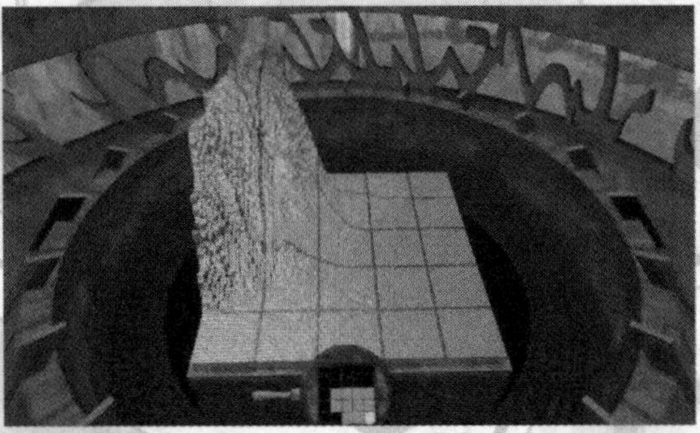

der Kartentisch – stellt dieselben Formen dar.
- Wenn Sie am Ausblick auf die fünf Plateaus einen der Knöpfe drücken, zeigt die entsprechende Plateauinsel ihre Gestalt durch seltsam fließendes Wasser. Zur gleichen Zeit wird die entsprechende Insel hier im Kartenraum dargestellt.
- Eines der großen Quadrate im Display ist gelb markiert. Drücken Sie auf dieses Quadrat, und Sie erkennen eine holografische Abbildung des jeweiligen Gebiets. Achten Sie auf die blauen Linien, die die Landschaft in ein Fünf-mal-fünf-Gitter aus kleinen Quadraten einteilen.
- Sie müssen die Position der Feuermurmelkuppeln auf den fünf Inseln von Riven feststellen, eine Kuppel auf jeder Insel. Sie finden das heraus, wenn Sie das Murmelrätsel im oberen Stock der großen goldenen Kuppel mit seinem 25 x 25-Raster und seinen sechs Murmeln entdecken. Sie brauchen freilich nur fünf der sechs Murmeln – eine weitere Gemeinheit dieses tückischen Rätsels.
- Sie müssen jedes Quadrat untersuchen und nach hervorstechenden Landschaftsmerkmalen Ausschau halten, die Ihnen die Lokalisierung der Kuppeln ermöglichen. Drei sind ziemlich einfach zu finden, eine ist schwieriger, und bei der letzten Insel müssen Sie einfach raten, weil Sie die Insel erst betreten können, *nachdem* Sie das Rätsel gelöst haben!
- Zur Aufzeichnung Ihrer Schlußfolgerungen empfiehlt sich eine Art Koordinatensystem. In diesem Buch numerieren wir die großen Quadrate jeder Insel von links nach rechts und von oben nach unten.
- In jedem großen Quadrat werden die kleinen Quadrate identifiziert, indem die Spalten mit A, B, C, D, E und die Reihen mit 1, 2, 3, 4, 5 bezeichnet werden.
- Untersuchen Sie jede Karte sorgfältig, und benutzen Sie den Hebel, um die Karte zu drehen. Sie suchen nach einer flachen Stelle, an der sich der Dom befinden könnte. In einigen Fällen können Sie sich an auffälligen Landschaftsmerkmalen orientieren.
- Die Feuermurmelkuppel auf der Insel der Buchherstellung (in der oberen linken Ecke) befindet sich direkt unterhalb eines Kraters oder Lochs im Gebirge.
- Die Kuppel auf der Vermessungsinsel liegt direkt hinter einer schmalen, V-förmigen Kluft in der Felswand des zentralen Sees.
- Die Kuppel auf der Tempelinsel liegt auf einem flachen Landstrich jenseits des Kreises der großen Kuppel.
- Die Kuppel auf der Dschungelinsel ruht auf einer zylindrischen Felssäule.
- Die Kuppel der Gefängnisinsel, deren Position Sie erraten müssen, befindet sich auf einer kleinen Landzunge am südöstlichen Rand der Insel.
- Die genauen Positionen lauten wie folgt:

Insel	Großes Quadrat	Kleines Quadrat
Buchinsel	1	B4
Vermessungsinsel	4	A2
Tempelinsel	2	A1
Dschungelinsel	5	D2
Gefängnisinsel	1	B1

DAS ZEITALTER DER MOIETY

- Irgendwann im Laufe Ihrer Reise müssen Sie das Zeitalter der Moiety betreten, um Ihr Fallenbuch wiederzuerlangen und Catherines Tagebuch zu finden.
- Das Tor zum Zeitalter der Moiety läßt sich öffnen, wenn Sie einige Hinweise auf der Dschungelinsel (und einen fehlenden Hinweis auf der Vermessungsinsel) gesammelt haben.
- Finden Sie die Silhouette des Frosches neben der Tram, die Sie zur Dschungelinsel bringt. Das Holzauge trägt die D´ni-Zahl »3« auf der Rückseite und erzeugt ein Geräusch wie das Zirpen eines Frosches.
- Suchen Sie die Silhouette eines Käfers in einem steinernen Becken auf dem Weg zum U-Boot-Dock. Das Holzauge ist mit der »2« markiert und erzeugt ein Geräusch, das dem Klicken eines Käfers ähnelt.
- Entdecken Sie die Silhouette eines Wahrks in den Felsen neben der Lagune hinter dem Sunnerfels. Das Holzauge ist mit der D´ni-Zahl »5« versehen; das Geräusch hört sich wie ein Wal an und ähnelt dem Ruf des Wahrks. Sie können sich davon überzeugen, wenn Sie in Gehns Unterwasser-Beobachtungsraum auf der Insel der geographischen Vermessung einen Wahrk rufen. Schalten Sie einfach mit dem Farbrad das rote Licht draußen ein.
- Sie finden das vierte Auge im Dschungel, abseits des Wegs, an dem ein riesiger Dolch in der Erde steckt. Es gibt hier keine Tiergestalt, aber das Auge bellt deutlich wie ein Sunner. Sie können es vergleichen, wenn Sie sich nahe genug an die Sunner am Fels heranschleichen.

- Entdecken Sie die fünfte Silhouette (die eines Fisches mit dreieckigen Flossen) auf dem Bildschirm im Unterwasser-Beobachtungsraum auf der Insel der geographischen Vermessung. Sie können zwar das Holzauge erkennen, es aber nicht berühren. Sie müssen selbst kombinieren, daß die darauf stehende Zahl »1« lautet.
- Wenn Sie das Tor zum Zeitalter der Moiety betreten – einen Raum mit einem Kreis aus 25 Steinen, von denen jedes mit dem Symbol einer anderen Lebensform auf *Riven* markiert ist, müssen Sie die fünf Steine in der richtigen Reihenfolge berühren.
- Die Bilder und die Reihenfolge lauten wie folgt:

Fisch

Käfer

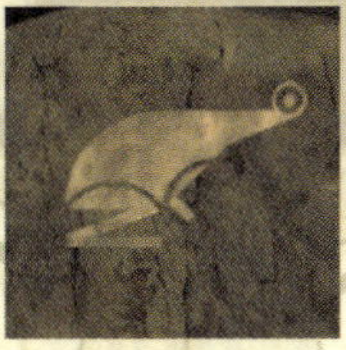

Frosch

Sunner

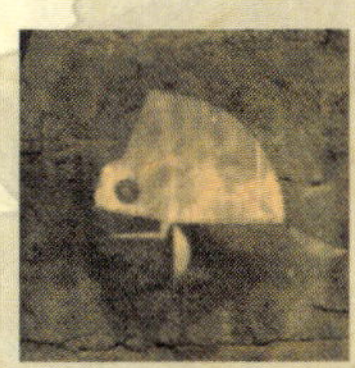

Whark

- Wenn Sie den falschen Stein anklicken oder die Reihenfolge nicht stimmt, passiert gar nichts. Sie müssen dann die bereits berührten Steine in der umgekehrten Reihenfolge berühren, den Fehler korrigieren und die richtige Folge eingeben.

DIE FEUERMURMELKUPPELN (ERSTER SCHRITT)

- Zu irgendeinem Zeitpunkt müssen Sie ein anderes Zeitalter betreten – eine Welt, die Gehn als Behausung auserkoren hat und die er »233« nennt. Gehn muß ziemlich viele Universen erschaffen haben – *Riven* ist sein fünftes!
- Sie können nur in Gehns Welt gelangen, indem Sie die Verbindungsbücher im Innern der Feuermurmelkuppeln benutzen.
- Um eine rotierende Feuermurmelkuppel zu öffnen, müssen Sie sich dem Kinetoskop annähern und in das Okular blicken.

- Im Okular sehen Sie so etwas wie eine Animation, bei der die einzelnen Symbole zu einer Art Film verschmelzen. Eines der Symbole ist gelb markiert; diese Farbe wird beim Vorbeifliegen aufleuchten.
- Klicken Sie auf den Knopf oben auf dem Kinetoskop, um das gelbe Symbol einzufangen. Sie werden eine Weile üben müssen, aber verlieren Sie nicht die Geduld. Wenn Sie das richtige Symbol anklicken, hören die Drehungen der Kuppel und der Klappe auf. Die Kuppel wird sich dann öffnen. Einige Augenblicke lang können Sie das Verbindungsbuch sehen; dann schließt sich eine innere Kugel, und Sie müssen ein weiteres Rätsel lösen, um in Gehns Welt zu gelangen.
- Notieren Sie sich das Symbol, das die Kuppel geöffnet hat, und merken Sie sich, auf welcher Insel Sie es gefunden haben. Sie brauchen diese Informationen, um später das Murmelrätsel lösen zu können.
- Das Kinetoskop für die Feuermurmelkuppel auf der Insel der geographischen Vermessung ist defekt. Sie können diese Kuppel anhalten, indem Sie einfach so schnell wie möglich wiederholt auf den Mausknopf klicken und das richtige Symbol per Zufall einfangen. Diese Methode kann übrigens bei allen Kuppeln verwendet werden, wenn Sie Schwierigkeiten haben sollten, das richtige Symbol im Vorbeifliegen zu erwischen. Ein Treffer verändert das Geräusch der sich drehenden Klappe und läßt sie abbremsen. Kurz danach öffnet sich die Kuppel.
- Wegen des defekten Kinetoskops müssen Sie das richtige Symbol für die Insel der geographischen Vermessung mit bloßem Auge erkennen, während sich die Kuppel noch dreht.

DIE FEUERMURMELKUPPELN (ZWEITER SCHRITT)

- Zum Öffnen des inneren Kuppelverschlusses benötigen Sie den korrekten fünfstelligen Code, den Sie mit den Gleitreglern auf der Skala einstellen. Drücken Sie auf den Knopf, wenn die Gleitregler richtig eingestellt sind. Sie bewegen sich dann nach links und öffnen die Kuppel. Bei einer falschen Einstellung bewegen sich die Gleitregler nach links, sonst tut sich aber nichts. Sie können es dann noch einmal versuchen.
- Der Code befindet sich in Gehns Labortagebuch in seinem Labor auf der Insel der Buchherstellung. Dieser Code verändert sich in jedem *Riven*-Spiel.

- Der Code besteht aus einer Folge von D´ni-Zahlen, von denen einige größer als 10 sind. Das Spielzeug mit dem Wahrk-Galgen im Schulzimmer bringt Ihnen nur Zahlen von 1 bis 10 bei. Sie müssen also herausfinden, wie das Zahlensystem aufgebaut ist. Wenn Sie dabei Probleme haben, lesen Sie den Abschnitt über D´ni-Zahlen weiter oben in diesem Kapitel.
- Haben Sie die richtige Kombination eingestellt und den Druckknopf betätigt, öffnet sich die innere Hülle und gibt den Weg zum Verbindungsbuch frei. Dieses transportiert Sie aber nur dann in Gehns Welt, wenn Sie das Murmelrätsel (weiter oben in diesem Kapitel) gelöst und die Bücher mit Energie versorgt haben.
- Die Skala auf dem Schloß ist in 25 Positionen eingeteilt, die jeweils Fünfergruppen bilden. Stellen Sie den am weitesten rechts liegenden Gleitregler auf der Skala auf die höchste Zahl des Codes ein. Bewegen Sie den nächsten Gleitregler auf die nächstniedrigere Zahl, die zweite von rechts. Setzen Sie dies fort, bis Sie den letzten, am weitesten links liegenden Gleitregler auf die letzte Zahl – die erste von links – eingestellt haben.
- Nach Berührung des Buchs im Kuppelinneren tauchen Sie in Gehns Behausung im Zeitalter 233 auf (98 in D´ni-Schreibweise). Die Verbindungsbücher führen Sie von hier aus jeweils zu den Feuermurmelkuppeln auf den verschiedenen Inseln. Um aus der Kuppel ins Freie zu gelangen, müssen Sie beiseite treten und den Knopf rechts vom Buch betätigen, so daß die Kuppel sich öffnet.

DAS MURMELRÄTSEL

- Um das Murmelrätsel zu lösen, gilt es, das Geheimnis des Kartentisches auf der Vermessungsinsel zu lüften, das weiter oben in diesem Kapitel beschrieben ist.
- Jedes der Symbole, die den verschiedenen Feuermurmelkuppeln zugeordnet sind (und mit deren Hilfe die Kuppeln sich öffnen lassen), stellt eine Farbe dar. Die Symbole, Farben und zugehörigen Inseln sind in der nachfolgenden Tabelle dargestellt

FARBE	INSEL
Grün	Tempelinsel
Rot	Dschungelinsel
Violett	Insel der Buchherstellung
Orange	Insel der geographischen Vermessung
Blau	Gefängnisinsel
Gelb	keine

Die Farbe für die Gefängnisinsel müssen Sie erraten, da Sie die Feuermurmelkuppel erst betreten können, *nachdem* Sie das Murmelrätsel gelöst haben. Auch die Farbe für das Symbol der Insel der Buchherstellung müssen Sie erraten, weil das entsprechende Licht (violett) am Farbenrad defekt ist.

- Das Raster des Murmelrätsels muß im Geiste in die Gestalt der fünf Inseln eingeteilt werden.
- Jedes große Quadrat ist von links nach rechts und von oben nach unten numeriert.
- Jedes große Quadrat ist wiederum in ein Fünf-mal-fünf-Raster unterteilt. Der Einfachheit halber werden die Spalten von links nach rechts mit A, B, C, D, E und die Reihen von oben nach unten mit 1, 2, 3, 4 und 5 bezeichnet.
- Die korrekte Murmeleinstellung für jede Insel lautet wie folgt:

Insel	Farbe	Großes Quadrat	Koordinaten
Insel der Buchherstellung	Purpur	1	B4
Tempelinsel	Grün	2	A1
Gefängnisinsel	Blau	1	B1
Vermessungsinsel	Orange	4	A2
Dschungelinsel	Rot	5	D2

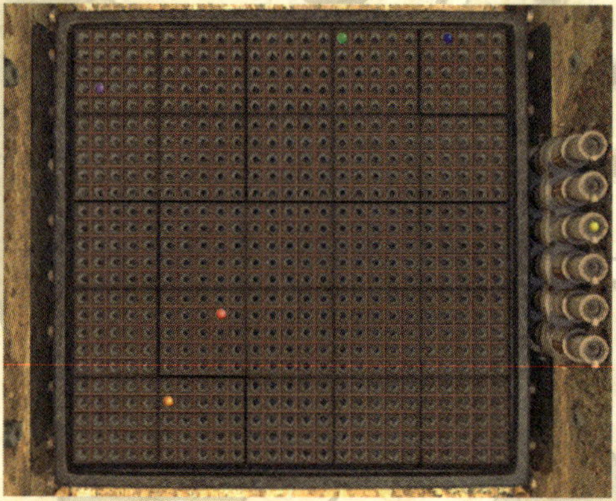

- Wenn die Murmeln richtig plaziert sind, ziehen Sie den Wandhebel und drücken dann den weißen Knopf. Eine Luftexplosion innerhalb des Geräts zeigt an, daß die Verbindungsbücher jetzt Energie haben.

GEHN IN DIE FALLE LOCKEN

- Sie brauchen das Fallenbuch, das Atrus Ihnen überreicht hatte. Es wurde Ihnen abgenommen, als Sie auf Riven ankamen. Um es wiederzuerlangen, müssen Sie das Rätsel des Tors zum Moiety-Zeitalter lösen, sich dorthin begeben und das Fallenbuch bei Nelah abholen, einer Verbündeten von Catherine.
- Während Sie in Gehns Käfig sitzen, nimmt er das Buch an sich, von dem er glaubt, es sei ein Tor zur Welt der D´ni. Er will erst durchgehen, besinnt sich dann aber eines anderen und verlangt von Ihnen, daß Sie als erster hindurchgehen.
- Obwohl es auf den ersten Blick wie Selbstmord aussieht, müssen Sie genau dies tun. Berühren Sie das Bild auf dem Buch, und Sie werden im Innern gefangengenommen. Sie können Gehn sehen, wie er Sie beobachtet, aber in Wirklichkeit sieht er ein animiertes Bild der unterirdischen Welt D´ni. Nach kurzer Zeit wird auch er das Bild berühren und Ihnen folgen.
- Haben Sie Myst schon gespielt, wissen Sie bereits, wie die Fallenbücher funktionieren. Wenn Gehn das Bild berührt, nimmt er Ihren Platz ein. Er befindet sich nun im Innern des Buchs, und Sie sind draußen in seiner Behausung, *außerhalb* der Gitterstäbe. Einer Erkundung seines Domizils steht nichts mehr im Weg.

WARNUNG! Berühren Sie das Bild im Buch nicht noch einmal, sonst tauschen Sie wieder mit Gehn – diesmal allerdings für immer!

DIE BEFREIUNG VON CATHERINE

- Catherines Insel kann nur durch das Verbindungsbuch in Gehns Behausung betreten werden. Dazu muß entweder Gehn alle Bücher mit Energie versorgen, bevor er von Ihnen gefangengenommen wird, oder Sie müssen hinterher selbst den Strom einschalten.
- Locken Sie Gehn in die Falle, indem Sie als erster hineingehen. Wenn er nachkommt, tauscht er mit Ihnen den Platz, und Sie finden sich außerhalb des Käfigs wieder.
- Klettern Sie über die Leiter nach unten in Gehns Schlafzimmer, wo Sie zu seinem Nachttisch gehen. Öffnen Sie die graue Kugel – eine Art Chronometer. Merken Sie sich die Geräusche, die sie beim Öffnen von sich gibt.
- Kehren Sie nach oben zurück, und suchen Sie den Hebel, der die Gitterstäbe herabsenkt.
- Reisen Sie zu Catherines Insel mit Hilfe des Buchs mit dem einzigen Quadrat. Geben Sie dieselbe Geräuschfolge, die Sie von Gehns Uhr gehört haben, mit Hilfe der drei Tasten im Lift ein, bevor Sie den Hebel ziehen.
- Die Gitterstäbe öffnen sich, der Fahrstuhl fährt nach oben, und Catherine, endlich befreit, stößt zu Ihnen.

DAS TELESKOP

- Holen Sie sich den Code aus fünf D´ni-Zahlen aus Catherines Tagebuch.
- Stellen Sie sicher, daß das Ventil in der Höhle an Position 2 nach rechts zeigt und das Teleskop mit Energie versorgt.
- Geben Sie die Zahlen ein, um die Luke auf den Stahlplatten unter dem Teleskop zu öffnen.
- Schieben Sie den Stift aus der linken Führungsschiene heraus, damit das Teleskop nach unten fahren kann.
- Bewegen Sie den Hebel nach unten, drücken Sie dann die grüne Taste, und halten Sie sie gedrückt. Das Teleskop fährt hinab, bis das Glas zerbricht und der Sternenriß sich öffnet.

DINGE, DIE SIE AUF RIVEN NICHT TUN SOLLTEN

Obwohl Riven kein gewalttätiges Spiel ist und auch kein Kampfspiel, müssen Sie dennoch einige Dinge nach Möglichkeit vermeiden. In einigen Fällen können Sie sogar umkommen.

- *Benutzen Sie nicht* selbst das Fallenbuch, wenn Gehn nicht in der Nähe ist. Sie werden auf ewig gefangengesetzt, und Atrus wird *sehr* enttäuscht sein.
- Wenn Gehn Ihnen wiederholt anbietet, das Buch zu benutzen, lehnen Sie *nicht* ständig ab. Nach drei Ablehnungen wird er es leid, soviel Zeit mit Ihnen zu verschwenden, und bringt Sie um. Ja nun, was erwarten Sie denn von jemandem, der Frösche raucht und Gott spielt?
- Wenn Sie Gehn gefangengenommen haben, dürfen Sie *nicht* wieder das D´ni-Bild berühren! Sie würden abermals den Platz mit Gehn tauschen, diesmal aber dauerhaft.
- Schalten Sie *nicht* den Strom für das Teleskop ein, und benutzen Sie es so lange *nicht*, bis Sie Gehn gefangengenommen haben. Wenn Sie das tun, wird Atrus erscheinen und kurze Zeit später Gehn mit einer seiner Wachen. Gehn wird dann Sie und Atrus umbringen.
- Benutzen Sie das Teleskop so lange *nicht*, bis Catherine befreit ist. Wenn Sie Gehn gefangennehmen, aber Catherine nicht befreien, haben Sie allenfalls einen traurigen und eingeschränkten Sieg errungen, wenn man überhaupt von Sieg sprechen kann. In diesem Fall überleben Sie zwar mit Atrus, doch er wird seine Frau nie wiedersehen, und die Rivenianer kommen alle im Zusammenbruch ihrer Welt um. Armer Atrus! Er hat nicht nur seine geliebte Frau verloren, sondern auch die Welt, die er retten wollte, und seinen Vater – alles zur gleichen Zeit!

KAPITEL 7
DIE LETZTEN HÜLLEN FALLEN

DURCHGANG: DIE LETZTEN HÜLLEN FALLEN

Dies ist ein Wahrk-Kapitel. Lesen Sie es nicht, schauen Sie es noch nicht einmal an, wenn Sie sich nicht eine Menge Spaß und Abenteuer auf *Riven* verderben wollen!

Hier wird alles erzählt, ohne darauf zu achten, woher Sie die Information bekommen. Die reichhaltigen und atmosphärisch dichten Wunder von *Riven* bleiben dabei fast vollständig auf der Strecke. Dieses Kapitel ist das richtige für Sie, wenn Sie *Riven* vom Anfang bis zum Ende in der kürzest möglichen Zeit durchspielen wollen.

Es wäre viel besser, das Spiel zu spielen und die Rätsel selbst herauszufinden; gegebenenfalls können Sie sich von den anderen Kapiteln in diesem Buch etwas helfen lassen. *Dann* können Sie hier hineinschauen und feststellen, wie gut Sie sich geschlagen haben und welches Ende sonst noch möglich wäre.

Es gibt bei einem Spiel wie *Riven* übrigens keinen richtigen oder besseren Weg, die verschiedenen Orte aufzusuchen oder die notwendigen Hinweise zu sammeln. Die Reihenfolge in diesem Durchgang weicht mit Absicht signifikant von derjenigen im Kapitel 5, »Eine Reise durch das Fünfte Zeitalter«, ab. In den meisten Fällen ist es wichtig, die Hinweise zu sammeln und die Rätsel zu lösen. Die Reihenfolge ist dabei nicht entscheidend.

Also, auf ins Gefecht!

DER DURCHGANG

Tempelinsel: Der Torraum

- Wenn Sie aus dem Käfig freigelassen werden, überprüfen Sie den Mechanismus vor Ihnen. Es ist ein Teleskop, das aber seltsamerweise nach unten zeigt, auf eine Luke im Boden. Sehen Sie den Hebel rechts, mit dem Knopf in der Mitte? Beide funktionieren nicht. Der Apparat hat keine Energie.

- Kehren Sie zurück zum Käfig, gehen Sie nach links, und steigen Sie die Stufen hoch. Treten Sie auf die Brücke zu Ihrer Rechten, bleiben Sie stehen, und drehen Sie sich um. Sie erblicken die riesige goldene Kuppel links hinter dem Torraum. Das ist Ihr erstes Ziel.
- Kehren Sie auf die Brücke zurück, und laufen Sie weiter bis zum Vorzimmer des Torraums. An der rechten Wand befindet sich ein Knopf; die offene Tür führt in den Torraum hinein. Herein!

- Untersuchen Sie den Torraum. Er hat fünf Seiten und zwei offene Türen, die sich derzeit an Position 1 (wo Sie hergekommen sind) und 3 (die durch ein Gitter blockiert ist) befinden. Sie müssen das Gitter öffnen, um durch die zweite Tür an Position 3 hindurchzugehen, die Sie schnurstracks zur riesigen goldenen Kuppel führt. Sehen Sie die Käfer auf den Säulen? Der Zugring am Schwanz jedes Käfers öffnet ein kleines Bild, bei jedem Käfer ein anderes. Eine *sehr* genaue Untersuchung der drei unleserlich beschrifteten Wände offenbart winzige Gucklöcher im Stein.
- Um den Torraum zu benutzen, müssen Sie seine Geometrie verstehen. Es gibt fünf Ausgänge, die wir der Einfachheit halber im Uhrzeigersinn mit den Zahlen 1 bis 5 bezeichnen, wobei 1 an der südöstlichen Wand liegt, wo Sie hereingekommen sind. Ein Druck auf einen der Knöpfe außerhalb des Torraums dreht den Raum genau eine Seite weiter, also um 72 Grad.
- Kehren Sie wieder ins Vorzimmer zurück. Am Anfang stehen die offenen Türen an den Positionen 1 und 3. Drücken Sie den rechten Knopf, damit der Torraum eine Fünfteldrehung vollzieht. Das Tor in den Raum ist geschlossen, doch Sie können durch eine kleine Linse hineinblicken und das Rauminnere untersuchen.
- Die offenen Türen befinden sich jetzt an den Positionen 2 und 4. Drücken Sie nochmals den Knopf, damit sie sich an die Positionen 3 und 5 drehen. Ein weiterer Knopfdruck stellt sie auf 4 und 1. Das Tor vor Ihnen ist wiederum offen. Das Tor am Ausgang 4 ist mit einem Gitter versperrt.
- Drehen Sie den Raum ein letztes Mal mit einem Knopfdruck, so daß die offenen Türen bei 2 und 5 stehen. Gehen Sie zurück auf den Pfad, biegen Sie nach links ab, und steigen Sie die Stufen hinab. Am Ende angelangt, biegen Sie zweimal nach links ab, worauf Sie vor einem verschlossenen Tor stehen. Klicken Sie unter das Tor, um hineinzugehen. Steigen Sie die Leiter hinauf, und gehen Sie über das Brett. Vor Ihnen befindet sich die offene Tür an Position 5.

- Gehen Sie durch den Torraum hindurch in die Höhle bei Position 2. Legen Sie das Dampfventil um, das das Teleskop draußen mit Energie versorgt. Sie brauchen es zwar erst am Ende des Spiels, aber man kann ja schon jetzt alles vorbereiten. Drehen Sie sich um, und gehen Sie wieder zum Torraum zurück. An der rechten Wand befindet sich ein Drehknopf, an der linken ein Hebel. Ziehen Sie den Hebel, und heben Sie damit das Gitter, das die Position 4 versperrt.

- Drücken Sie zweimal den Knopf, um die Türen an Position 2 und 4 zu bringen. Überqueren Sie den Torraum zu Position 4, deren Gitter jetzt oben ist, was den Weg zu einem Vorzimmer ebnen würde, gäbe es da nicht eine verschlossene Tür, die offensichtlich an einem anderen Ort geöffnet werden kann. Drehen Sie sich um, und suchen Sie einen anderen Hebel links an der Tür. Damit läßt sich das Gitter an Position 3 senken.
- Drücken Sie noch zweimal auf den Drehknopf, damit sich die Türen an den Positionen 4 und 1 befinden. Kehren Sie über den Torraum zum Haupteingang zurück, und drehen Sie wieder zweimal, um die Positionen 1 und 3 zu öffnen. Das Gitter an Position 3 ist nun offen, so daß Sie dorthin gehen können.
- Überqueren Sie die Brücke zur großen goldenen Kuppel. Im Eingangsbereich befindet sich ein Hebel, der jedoch ohne Energie nicht funktioniert. Lassen Sie den Hebel in der Position, in der Sie ihn vorgefunden haben.
- Betreten Sie den riesigen Raum. Sehen Sie die Tafel, die die Inselsymbole zeigt und andeutet, daß diese Kammer mit allen fünf verbunden ist? Sie stellt auch den Steg dar, auf dem Sie sich befinden, mit einem fehlenden Stück bei fünf Uhr. Wenn Sie nach rechts blicken, finden Sie das fehlende Stegsegment und ein großes Rad in der Ferne.
- Folgen Sie dem Steg nach links, und laufen Sie über endlose Treppen um die halbe Kuppel nach draußen. Außen zweigt ein kurzer Steg vom Hauptweg ab, wo aus einem vertikalen Rohr Dampf entweicht. Legen Sie den Hebel um, um die westliche Zugbrücke, die die goldene Kuppel mit der Insel der Buchherstellung verbindet, mit Energie zu versorgen. Kehren Sie zum Hauptweg zurück, wo Sie sich jetzt links halten. Merken Sie sich den Aufzugknopf im Fels, aber laufen Sie erst einmal weiter um die Kuppel herum, bis Sie einen Felstunnel durchschreiten. Am Ausgang befindet sich ein weiteres Dampfventil, mit dem Sie die Brücke, die die goldene Kuppel mit dem Torraum verbindet, mit Energie versorgen.

- Begeben Sie sich zur goldenen Kuppel, und steigen Sie die Treppen hoch. Am Eingang legen Sie die Hebel um und beobachten, wie die Zugbrücke sich hebt und zu einem Ort über Ihnen führt. Senken Sie die Brücke wieder ab, und kehren Sie zum Torraum zurück. Begeben Sie sich an Position 1. Sie haben nun das Rätsel des Torraums gemeistert und das meiste von dem erledigt, was in der großen goldenen Kuppel anstand.

Tempelinsel: Der Tempel

- Überqueren Sie die Brücke zum Tempelbereich. Gehen Sie durch den Eingang und den nach unten führenden Gang. Öffnen Sie die linke Tür, und betreten Sie den Bildraum des Tempels. In der Mitte befindet sich ein Thron. Wenn Sie sich in den Thron hineinsetzen, senkt und hebt der rechte Knopf eine Art Käfig. Der linke Hebel steuert vermutlich die Bildübertragung.
- Es gibt hier zwei kleine Monitore. Gehen Sie zum linken, und legen Sie den Hebel um – in einem Raum mit Säulen (dem Tempel unten) öffnet sich eine Tür. Der andere Monitor zeigt eine Tram. Gehen Sie zum Gang zurück und nach links, hinunter zur schweren Steintür und zum dahinterliegenden Tempel.

Dschungelinsel: Von den Sunnern bis zum U-Boot

- Nachdem Sie aus dem Wagen ausgestiegen sind, wenden Sie sich nach rechts. Gehen Sie nach vorne, und biegen Sie wieder rechts ab. Suchen Sie nach einem kleinen Holzgerät, das wie ein Auge bemalt ist. Drehen Sie das Auge, und zeichnen Sie sich sorgfältig das Symbol auf der Rückseite auf. Hören Sie sich auch das zirpende Geräusch an, das das Auge beim Drehen erzeugt. Drehen Sie sich dann um, und gehen Sie die Treppen bis zum Treppenabsatz hoch. Blicken Sie nach hinten – sehen Sie die Umrisse des Tunnels? Er ist wie ein Frosch geformt, wobei das Holzauge sich an der Stelle befindet, an der auch beim Frosch die Augen liegen.

- Beachten Sie die Throndarstellung inmitten der riesigen Wahrk-Statuen. Offensichtlich kann jemand, der auf dem Thron im kleinen Raum sitzt, sein Bild auf den Thron hier im Käfig projizieren, so daß er wie ein Gott aussieht.
- Die offene Tür befindet sich hinter Ihnen, links hinter der verborgenen Tür, durch die Sie den Raum betreten haben. Dort gelangen Sie zu einer Tram. Sehen Sie die blau erleuchtete Kugel neben den Treppen? Sie werden ihr noch öfter begegnen. Bei Bedarf können Sie damit an einer Tramstation die Tram rufen.
- Steigen Sie in die Tram hinein. Drehen Sie sie mit Hilfe des Griffs, um den Wagen zu wenden, und drücken Sie dann den Hebel nach vorne. Sie rast zur Dschungelinsel.
- Gehen Sie weiter hinauf. Hier finden Sie ein blaues Licht – wieder ein Rufknopf für die Tram. Biegen Sie an der Kreuzung nach links ab, und steigen Sie hinab.
- Vorne sonnen sich einige Tiere auf einem Fels unterhalb des Weges. Sobald Sie sich annähern, geben sie tiefe, schniefende Geräusche von sich. Warten Sie, bis sie ihre Köpfe senken und sich nicht mehr bewegen, ehe Sie einen weiteren Schritt in ihre Richtung wagen, vom Pfad weg und auf den Strand zu. Wenn Sie sich zu schnell bewegen (klicken, während die Köpfe oben sind), werden Sie sie erschrecken und verscheuchen.

- Wenn Sie sich vorsichtig genug annähern, kommen Sie auf den Strand, wo einer der Sunner seinen Kopf hebt und ein lautes, deutliches Bellgeräusch macht. Merken Sie es sich, Sie werden es später noch brauchen.
- Da Sie schon einmal hier sind, biegen Sie nach rechts ab und gehen am Strand entlang um die Lagune der Sunner. In der Ferne erblicken Sie Stufen, aber laufen Sie nach links so weit Sie können. Drehen Sie sich um, und sehen Sie sich die Felsen an, die den groben Umriß eines Fisches (eines Wahrk) bilden, den Sie schon aus dem Tempel kennen, und ein weiteres Holzauge.

- Betreten Sie die Sandbank, um zum Auge zu gelangen. Sie sehen ein weiteres Symbol und hören ein Geräusch, das dem Ruf eines Wals ähnelt. Notieren Sie das Symbol, und merken Sie sich das Geräusch – beide sind wichtig.
- Kehren Sie zum Strand zurück, an dem Sie die Sunner beobachtet haben. Nehmen Sie den Pfad zu den gefundenen Stufen, und betreten Sie den Tunnel. Sie tauchen auf einem windigen Holzsteg auf und gehen bis zu dessen Ende weiter. Vorne erblicken Sie einen Wachturm – die Wache winkt Ihnen, offensichtlich um Sie vor etwas zu warnen, und verschwindet dann.
- Von hier aus können Sie auf eine innere Lagune sehen, einen See in einem riesigen runden Krater. Auf einem hohen Felsvorsprung liegt ein sonderbares rundes Gefährt. Weiter in der Ferne türmen sich seltsame kugelige Gebäude auf.

- Steigen Sie die Treppen hinab zum trockenen Becken. Mit dem Hahn auf der rechten Seite läßt es sich füllen. Das Wasser nimmt die Gestalt eines Käfers an, und in der Nähe finden Sie ein weiteres Holzauge. Drehen Sie es, und merken Sie sich das klickende Geräusch und das Symbol.
- Gehen Sie um das Becken herum und die Leiter hinunter. Nehmen Sie den linken Weg, und beobachten Sie unterdessen die Löcher im Wasser des Kratersees und verschiedene seltsame Bauwerke entlang der Innenwände des Kraters.
- Der kurze Tunnel führt zu einer Leiter und zu einem Loch im Wasser, aber der Weg endet hier.
- Kehren Sie zum Strand zurück und weiter bis zur T-förmigen Anlegestelle. Gehen Sie daran vorbei, und steigen Sie die Stufen vor Ihnen hoch. Oben überqueren Sie eine Hängebrücke. Unten sehen Sie einen Kahlschlag und den Dschungel mit einem Tor und vielen Pfaden. An der Abzweigung biegen Sie nach rechts ab, an der nächsten links und gehen bis zum Tor. Klicken Sie den Käfer an, der auf dem Torpfosten krabbelt, und Sie hören das klickende Geräusch – dasselbe wie beim Holzauge am Käferbecken. Betreten Sie den Wald durch das Tor.

- Gehen Sie wieder zum Hauptweg zurück und weiter nach links. Sie registrieren ein rotes Glühen und weiteres Beben. An der Y-Kreuzung halten Sie sich links, gehen durch das Tor, wieder nach links und die Treppen hoch – Sie sind am Kahlschlag angelangt, diesmal über den linken Pfad. Kehren Sie zum Tor zurück. Über Ihnen dreht sich die Feuermurmelkuppel. Begeben Sie sich abermals zur Y-Kreuzung, und nehmen Sie den linken Pfad (bzw. den rechten, von der Richtung aus betrachtet, aus der Sie anfangs hier angekommen sind). Folgen Sie dem Pfad nach unten.

- Folgen Sie ein Stück weit dem Pfad, und steigen Sie dann die Stufen hinab. Hören Sie das vulkanische Beben in der Ferne? Gehen Sie durch einen Baum hindurch, vorbei an Leuchtpilzen.
- Drehen Sie sich um, und halten Sie nach einem riesigen Dolch Ausschau. Biegen Sie dort rechts ab, steigen Sie hinab, und klicken Sie auf das Licht. Hier befindet sich ein weiteres Holzauge.

- Drehen Sie das Auge, und lauschen Sie, wie ein Sunner bellt. Schreiben Sie sich das Symbol auf – diesem Auge ist keine Tiergestalt zugeordnet.
- Aha – vorne steht ein riesiges Wahrk-Idol. An der Spitze des rechten Pfostens befindet sich ein raffiniert versteckter Schalter. Ein Klick läßt ihn hinausfahren, ein weiterer Klick öffnet das Maul des Wahrks und offenbart Stufen, die nach oben führen.
- Gehen Sie die Stufen hoch, und achten Sie auf den Rufknopf und einen Holzaufzug. Drehen Sie sich um. Sie finden den Hebel, der das Maul des Wahrk-Idols öffnet. Betreten Sie den Fahrstuhl, und fahren Sie nach unten. Sehen Sie sich dort um, und folgen Sie dem blauen Pfad bis zu einer anderen Tramstation. Kehren Sie zum Fahrstuhl zurück, und fahren Sie zwei Stockwerke hoch, eins höher als der Eingang zum Wahrk.

- Sie steigen auf einem Steg hoch in den Bäumen aus. Halten Sie sich rechts und an der Kreuzung weiter rechts, um bei der Feuermurmelkuppel anzukommen. Achten Sie auf das gelbe Symbol auf der rotierenden Kuppel. Kehren Sie noch einmal zur Kreuzung zurück, und nehmen Sie jetzt den anderen Weg, um beim Kinetoskop – einem Gerät zur Erzeugung einer Animation aus einzelnen Symbolen, anzukommen.
- Der Steg führt Sie entlang der Innenwand des Kratersees. Auf einer kleinen Insel ist eine Art Teleskop montiert. Nähern Sie sich dem Dorf der getrockneten Tonkugeln, kletteren Sie auf die Leitern, und gehen Sie über ein schmales Brett zu einem Haus. Wenn Sie Lust haben, klicken Sie auf den sternförmigen Türöffner, um einen kurzen Blick auf jemanden zu werfen, der sich offensichtlich nicht mit Fremden unterhalten will.

- Klicken Sie auf den oberen Knopf, wenn das gelbe Symbol erscheint, oder klicken Sie schnell hintereinander, um es zufällig zu erwischen. Notieren Sie das Symbol – ein Auge mit einer vertikalen Linie in der Pupille.
- Kehren Sie zur offenen Kuppel zurück, und gehen Sie daran vorbei, über viele Stufen zu einem Turm. Öffnen Sie die Tür, und gehen Sie hinein. Sehen Sie den Thron aus Wahrk-Schädeln?
- Setzen Sie sich hinein, und bewegen Sie den Thron, indem Sie den linken Hebel bedienen. Sie können nun den Kratersee überblicken. Fast unmittelbar unter Ihnen befindet sich eine runde Plattform unterhalb eines hohen Turms – es ist der Wahrk-Galgen, eine blutige Hinrichtungsstätte.
- Schließen Sie die Plattform am Galgen mit dem rechten Hebel. Unten im See befinden sich Gleise.
- Schieben Sie den Thron mit dem linken Hebel zurück, und laufen Sie wieder zum Wahrk-Idol. Fahren Sie hinab, und gehen Sie hinaus.
- Nehmen Sie den Pfad zum Tunnel unter der Feuermurmelkuppel bis zur Y-Kreuzung, und halten Sie sich dann rechts, durch das Tor und rechts zum Steg.
- Über den linken Weg gelangen Sie zu einer Leiter und einem weiteren Steg. Nähern Sie sich dem U-Boot, und senken Sie es mit dem Hebel zu Ihrer Linken ins Wasser hinab. An der Kultstätte werden riesige Kreaturen (vielleicht Wahrks?) aufgeschnitten und ihr Fleisch zum Trocknen aufgehängt.
- Kehren Sie nun zum Haus mit dem Brett zurück. Unten in der Lagune sehen Sie, wie das U-Boot in einem Loch im Wasser auf den Unterwassergleisen liegt.
- Nehmen Sie den Weg um den See, vorbei an dem Tor zur Feuermurmelkuppel und weiter zum Kahlschlag. Überqueren Sie die Hängebrücke, laufen Sie an dem nun leeren Sunnerfels vorbei und über die Wege und Leitern zu der letzten Leiter, die Sie in das U-Boot bringt. Sie sind nun bereit, den Kratersee von unten zu erkunden.

Dschungelinsel: Die Rundfahrt mit dem U-Boot

- Finden Sie heraus, wie die Steuerung funktioniert. Der Griff in der Mitte läßt das U-Boot wenden; der Hebel unten legt fest, welche Richtung (links oder rechts) das U-Boot an der nächsten Kreuzung nimmt. Die Anzeige oben zeigt, wann das U-Boot aufgeladen ist und weiterfahren kann.
- Wenden Sie das U-Boot, und fahren Sie zweimal vorwärts. Schauen Sie nach oben, öffnen Sie die Luke, und klettern Sie die Leiter hoch zum Steuerraum für die Leitern.
- Sie finden dort drei Hebel, die nach unten zeigen, und zwei, die nach oben gerichtet sind. Legen Sie die nach unten weisenden Hebel nach oben um, so daß alle oben sind. Damit werden alle Zugangsleitern zum U-Boot abgesenkt.
- Kehren Sie zum U-Boot zurück. Fahren Sie auf dem Hauptgleis weiter und dann an der nächsten Kreuzung links. Steigen Sie aus, und folgen Sie dem Pfad zum Schulraum des Dorfes.
- Es gibt einige interessante Dinge hier, einschließlich eines Käfigs mit einer Kurbel, der eine Holographie von Gehn erzeugt. Drehen Sie an der Kurbel, und überzeugen Sie sich selbst davon, wie Gehn es genießt, Gott zu spielen.
- Gehen Sie zum Wahrk-Spielzeug. Wenn Sie den Ring unten ziehen, wird ein zufälliges Symbol aktiviert und eine der beiden hängenden Figuren ein Stück weit zum wartenden Wahrk hinab gesenkt.

- Sie können erkennen, daß die Symbole Zahlen sind. Die Anzahl der Klicks bei jeder Runde hilft Ihnen, die Zahlen zu erkennen. Spielen Sie das Spiel, bis Sie alle D´ni-Zahlen zwischen 1 und 10 gelernt haben.
- Was halten Sie von einer Welt, in der Kinder mit so blutrünstigen Erziehungsmethoden traktiert werden? Und Gehn ist der Herrscher dieser Welt!

- Jetzt erkennen Sie auch die Bedeutung der Symbole, die Sie auf der Rückseite der Holzaugen gefunden hatten – es sind Zahlen! Das Auge an der Froschgestalt im Fels war mit einer 3 versehen, jenes am Fels in der Form eines Wahrks mit einer 5, und das Auge im Dschungel, das das Bellen eines Sunners hervorbrachte, trug eine 4 auf dem Rücken. Das Auge am Käferbecken war mit einer 2 markiert. Damit haben Sie eine sinnvolle Sequenz: Käfer=2, Frosch=3, Sunner=4 und Wahrk=5. Sie wissen zwar noch nicht, welches Tier der Zahl 1 entspricht, und auch nicht, welche Bedeutung die Zahlen haben, aber es ist schon einmal ein Anfang. Gehen Sie nun zurück zum U-Boot, und wenden Sie es. Fahren Sie einmal nach vorne, wählen Sie die linke Spur, und dirigieren Sie das U-Boot abermals nach vorne. Steigen Sie am Wahrk-Galgen aus.
- Dringen Sie bis zur Mitte des Wahrk-Galgens vor. Ziehen Sie am dreieckigen Griff, um eine Stange hinabfahren zu lassen. Klicken Sie auf die Stange, um sich emportragen zu lassen. Gehen Sie zwischen den Wahrk-Schädeln durch, bis Sie zu einer vergitterten Höhle gelangen. Im Innern befindet sich ein gefangener Einheimischer.

Dschungelinsel: Das Tor zum Zeitalter der Moiety

- Biegen Sie nach rechts ab, und suchen Sie nach einer sternförmigen Konsole im Fels. Aktivieren Sie sie, um den Durchgang zu öffnen. Der Einheimische ist verschwunden – als ob er sich in Luft aufgelöst hätte.

- Klicken Sie auf das Abflußgitter im Boden und anschließend auf das Schmutzwasser. In der Rückwand der Zelle öffnet sich eine Geheimtür.
- Gehen Sie in den Tunnel hinein – die Tür schließt sich hinter Ihnen. Nachdem Sie siebenmal im Dunkeln geklickt haben, gelangen Sie zu einem Licht.
- Klicken Sie auf den Zweig zu Ihrer Linken, um das Licht einzuschalten. Drehen Sie sich um, und gehen Sie so lange weiter, bis Sie eine weitere Lampe entdecken. Berühren Sie sie, um sie einzuschalten, und rücken Sie weiter bis zum nächsten Licht vor. Wiederholen Sie die gesamte Prozedur noch einmal. Wenden Sie sich nach rechts, und sehen Sie auf die Tür. Wenn Sie sie öffnen, schließt sich die linke Tür. Folgen Sie nun dem neuen Gang.
- Sie gelangen zu einem Kreis aus 25 Steinsäulen, die mit stilisierten Tiergestalten verziert sind. Zu diesem Zeitpunkt verfügen Sie noch nicht über genügend Informationen, um das Rätsel zu lösen. Sie kennen zwar die Sequenz Käfer=2, Frosch=3, Sunner=4 und Wahrk=5, wissen aber noch nicht, welches Symbol das erste ist. Sie könnten zwar versuchen, das Rätsel durch Ausprobieren zu lösen, indem Sie eine Tiergestalt nach der anderen als erste ausprobieren und danach jeweils die vier anderen berühren, aber das muß nicht sein. Sie können dieses Rätsel auch später noch lösen.
- Kehren Sie in den Gang zurück, und laufen Sie zur Gefängniszelle. Ziehen Sie den Hebel auf dem Boden, um die Geheimtür zu öffnen.
- Gehen Sie nach draußen, und kehren Sie über den Pfad zur Leiter zurück, die Sie mit einem Klick senken, um zum unteren Pfad zu gelangen. Laufen Sie im Uhrzeigersinn an der Lagune entlang.
- Der Weg führt Sie durch das Tor bis zum Kahlschlag. Biegen Sie nach links und dann nach rechts ab, und durchqueren Sie anschließend den Tunnel zum Holzfällerfahrzeug. Ziehen Sie den linken Hebel, um das Vehikel in Gang zu setzen.

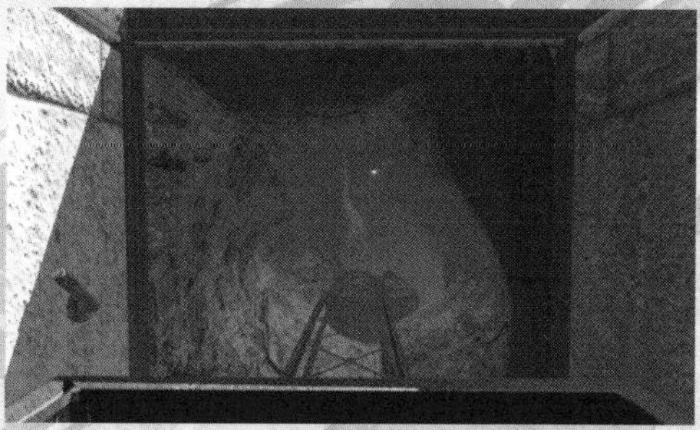

Die Insel der Buchherstellung

- Wenn Sie die Insel der Buchherstellung erreicht haben und in einen Shredder geschleudert werden, steigen Sie die Treppe hinunter und erblicken in der Ferne einen Boiler. Passen Sie auf die Leiter im Fels hinter dem Shredder auf. Sie führt zu einer runden Luke, die ihrerseits zum Holzfällerfahrzeug und damit einer Mitfahrgelegenheit zur Dschungelinsel führt.
- Laufen Sie an dem Boiler vorbei nach rechts und im Uhrzeigersinn am Strand entlang, bis Sie auf eine sehr hohe, schmale Leiter stoßen. Auch diese Leiter führt zu einer Luke hoch oben in den Klippen. Diese Luke ist aber von der anderen Seite abgesperrt und kann von hier aus nicht geöffnet werden. Sie müssen einen anderen Weg suchen, um nach oben zu gelangen. Das Gebäude weiter weg auf der Klippe ist übrigens Gehns Labor – Ihr Zielpunkt.
- Folgen Sie dem langen schmalen Pier in die Mitte des Sees, wo Sie ein Ventil mit drei verschiedenen möglichen Positionen finden. Eine Drehung nach links versorgt den Holzshredder mit Energie, die mittlere Position den Boiler. Die rechte Position, in der Sie den Hebel vorfinden, speist das Froschfanggerät in einer Höhle neben Gehns Labor mit Energie. Setzen Sie das Ventil in die mittlere Stellung.
- Kehren Sie zum Boiler zurück, und werfen Sie einen Blick darauf. Die Tür läßt sich nicht öffnen, und an der Tür leuchtet ein rotes Warnlicht.
- Folgen Sie dem äußeren Steg, bis Sie bei der Boilersteuerung ankommen. Der erste Hebel an der Y-Verbindung regelt die Richtung, die die Energie aus dem Seeinnern nimmt. In der oberen (linken) Position werden die Pumpen betrieben, die den Boiler füllen oder leeren. In der unteren (rechten) Position wird ein Gitter im Innern des Boilers angetrieben, das sich nach oben oder unten bewegt. Lassen Sie den Hebel einstweilen in der oberen linken Position.

- Machen Sie einen Schritt nach rechts, um die Boilersteuerung zu überprüfen. Der Hebel unten rechts schaltet, in die Horizontale geschoben, den Ofen ein. Es erschallt dann ein lautes Röhren. Drehen Sie diesen Hebel in die Vertikale, bis das Röhren verstummt und das Wasser im Tank nicht mehr siedet.
- Das Rad auf der linken Seite bewegt ein Rohr, mit dem Sie den Tank mit Wasser füllen oder entleeren können. Drehen Sie das Rad, bis das Wasser aus dem Tank abfließt.
- Ein Schalter oben rechts steuert die Position des beweglichen Gitters im Tankinnern. Wenden Sie sich zuerst nach links, und schieben Sie das Stromventil von oben links nach unten rechts. Schauen Sie dann erneut auf die Steuerung, und legen Sie den Schalter nach oben um, um das Gitter anzuheben.
- Kehren Sie nun zur Boilertür zurück. Öffnen Sie sie, und schauen Sie nach innen: In der Mitte des Raums führt ein Drainagerohr mit einer Leiter nach unten.
- Überqueren Sie das Gitter, und klettern Sie hinab. Bald hüllt Sie die Dunkelheit vollständig ein. Klicken Sie fünfmal, bis Sie in der Ferne ein Licht ausmachen können. Ein weiterer Klick befördert Sie zu einer Leiter, die nach oben führt. Steigen Sie zum Licht hinauf, und Sie kommen hoch oben im Gebirge über dem Meer hinaus.

- Biegen Sie nach links ab, und laufen Sie auf einem alten, kaum sichtbaren Pfad über die Kuppe und weiter hinunter auf den Mittelsee der Insel zu. Sie gelangen zu einem Balkon mit einem Geländer, der sich an eine Klippe klammert. Blicken Sie nach unten, und öffnen Sie den Riegel, der die runde Luke verschließt. Sie entdecken die lange schmale Leiter, die Sie vorher vergeblich erklommen hatten.
- Wenden Sie sich den Klippen zu, und sehen Sie sich die Doppeltür an. Gehen Sie hindurch und ins Gebirge hinein. Drehen Sie sich um, und schließen Sie die Türen – es öffnen sich zwei Geheimgänge! Wir werden uns in Kürze darum kümmern.

- Drehen Sie sich wieder um, und folgen Sie dem Pfad in die Höhle. Am Ende befindet sich ein Fallenmechanismus, den Gehn zum Fangen von Fröschen verwendet.
- Sie müssen an dieser Stelle keinen Frosch fangen, um das Spiel zu gewinnen, aber wenn Sie Lust haben, können Sie über die schmale Leiter zum Strand zurückkehren, zur Energiesteuerung in der Seemitte laufen und das Ventil nach rechts drehen. Wenn Sie dann wieder in diese kleine Kammer kommen, berühren Sie die obere Stahlkugel, um die Falle zu öffnen. Klicken Sie und ziehen Sie eine der winzigen Futtertabletten aus dem offenen Behälter auf der rechten Seite zum Hebel in der Mitte der Falle. Legen Sie den Hebel um, damit die Falle nach unten fährt. Nach ungefähr einer Minute fahren Sie die Falle wieder hoch, um zu überprüfen, ob sie sich geschlossen hat. Wenn nicht, wiederholen Sie die Prozedur so lange, bis es klappt. Wenn die Falle geschlossen ist, berühren Sie den Deckel, damit sie sich öffnet. Sie finden einen leuchtend farbigen Frosch, der ein zirpendes Geräusch von sich gibt – dasselbe Geräusch, das Sie am Holzauge an der Froschsilhouette auf der Dschungelinsel vernommen haben.

- Wenn Sie schon einmal hier sind, schauen Sie nach oben. Sehen Sie den Ventilator? Er erzeugt das laute klappernde Geräusch. Der Lüftungsschacht führt zu Gehns Labor, aber Sie wollen sich ja nicht von den rotierenden Blättern zu Blutwurst verarbeiten lassen.
- Kehren Sie nun zu den beiden Geheimgängen zurück, betreten Sie den linken, und Sie haben eine weitere Feuerkuppel gefunden. Gehen Sie an der Kuppel vorbei, bis Sie eine Linse in der Wand entdecken. An der Position können Sie erkennen, wo sich das Kinetoskop befinden muß. Blicken Sie nach oben – in der Decke findet sich eine geographische Besonderheit, eine natürliche Öffnung.
- Schließen Sie die Tür zum Feuermurmelraum, damit sich eine weitere Geheimtür öffnet. Im dahinterliegenden Raum befindet sich ein Kinetoskop – ein Gerät mit einem Schließmechanismus, das mit Hilfe rotierender Klappen aus einer Abfolge von Symbolen eine fließende Bewegung erzeugt. Benutzen Sie es, um die Drehung der Kuppel anzuhalten, indem sie den Knopf anklicken, wenn das gelbe Symbol gerade erscheint. Schreiben Sie sich das Symbol auf: ein Kreis mit einer vertikalen Linie.

- Kehren Sie zu den Stufen zurück und dann geradeaus weiter, in den anderen Geheimgang, der sich beim Schließen der Doppeltür aufgetan hatte. Sie gelangen zu einem früher unerreichbaren Weg über dem See. Gehen Sie weiter, bis Sie auf einen Hebel stoßen und das Klappergeräusch des Ventilators vernehmen. Legen Sie den Hebel um, um den Ventilator auszuschalten.
- Laufen Sie weiter auf dem Pfad entlang. Die Vordertür zu Gehns Labor ist abgesperrt – wen wundert es? Setzen Sie Ihren Weg fort, bis zu einer langen, hohen Brücke, die die Meerenge zwischen der Insel der Buchherstellung und der großen goldenen Kuppel überspannt. Sobald Sie einen Hebel an einer angehobenen Zugbrücke finden, legen Sie ihn um – der Weg zwischen den beiden Inseln ist frei!
- Gehen Sie weiter in die Kuppel hinein, und nehmen Sie den linken Pfad. Durch eine offene Tür zu Ihrer Linken gelangen Sie zu einem offenen Stegabschnitt, den Sie bereits zuvor entdeckt hatten. Drehen Sie am großen Rad, um die Brücke auszufahren und den Weg zum Torraum freizumachen.
- Begeben Sie sich zum Eingang, durch den Sie die goldene Kuppel zum ersten Mal betreten haben. Legen Sie den rechten Hebel um, und heben Sie das Ende der Brücke zwischen dem Torraum und der goldenen Kuppel an eine neue Position, irgendwo über Ihnen. Lassen Sie die Brücke dort – Sie werden später diese höhere Ebene durch den Torraum betreten müssen.
- Biegen Sie auf dem Weg zur Buchinsel auf den zuvor gefundenen Seitenweg ab, der Sie zu einem hohen Steg um das Gebäude herum und schließlich zu einer schweren Tür mit einem Hebel führt. Legen Sie diesen Hebel nach oben um, damit sich die Tür an der Position 4 des Torraums öffnet – jene Tür, die sich damals nicht von innen öffnen ließ.
- Achten Sie nicht auf Gehns Labor, und kehren Sie schnurstracks zur Kammer mit dem Froschfanggerät zurück. Blicken Sie nach oben, und klicken Sie dann auf den offenen Ventilatortrakt, um hinaufzuklettern. Kriechen Sie nach vorne, bis Sie auf ein weiteres Lüftungsgitter stoßen, und klicken Sie darauf, um es zu öffnen. Lassen Sie sich einfach nach unten in Gehns Labor fallen.

- Inspizieren Sie diesen Raum in aller Ruhe – dies ist der Ort, an dem Gehn seine Experimente durchführt. Hier finden Sie die richtige Holzart, um daraus Papier zu gewinnen, die richtigen Käfer, um daraus Tinte zu quetschen, und all die sonstigen kleinen Details, die zur Herstellung der Bücher erforderlich sind – jener Bücher, die die unzähligen Welten miteinander verbinden. Apropos – haben Sie das Brimborium entdeckt, das er zum Sezieren von Fröschen verwendet? Er füllt ein Extrakt aus den Fröschen in kleine zylindrische Behälter und raucht es dann in seiner Pfeife – *bon appetit*!

- Halten Sie nach Gehns Laborjournal Ausschau, und lesen Sie es sorgfältig durch. Achten Sie besonders auf eine Folge aus fünf D´ni-Zahlen, und schreiben Sie sie sorgfältig auf. Dies ist der Code, mit dem sich die fünf Feuermurmelkuppeln öffnen lassen. Sie kennen jetzt nur die Zahlen zwischen 1 und 10. Sie müssen das Schema eruieren, das den Symbolen innewohnt, um sich Zahlen über 10 herleiten zu können.
- Wir kennen diesen Code übrigens nicht – es ist jedesmal ein anderer, bei jeder neuen Partie *Riven*!
- Untersuchen Sie den Kamin in der Raummitte. Ziehen Sie den Hebel, um die Tür zu öffnen, und schauen Sie hinein. Sehen Sie ein halb verbranntes Verbindungsbuch? Es funktioniert nicht. In seinem Tagebuch schreibt Gehn, daß er funktionsunfähige Bücher in dem Kamin verheizt. Er scheint einige Schwierigkeiten zu haben, den richtigen Dreh herauszufinden.
- Öffnen Sie nun die Vordertür (damit Sie bei eventuellen späteren Besuchen nicht wieder Schornsteinfeger spielen müssen), und begeben Sie sich durch das Labor zum blauen Rufknopf für die Tram neben der Tür. Steigen Sie dann die Stufen hinab – die Tram wartet bereits.

Die Insel der geographischen Vermessung

- Fahren Sie mit der Tram zur Insel der geographischen Vermessung. Bei Ihrer Ankunft entdecken Sie eine Tür auf der anderen Seite der Tram; Sie können sich später darum kümmern. Laufen Sie durch den Gang, und steigen Sie die Stufen hoch. Sie überqueren ein Gebiet mit riesigen monolithischen Steinen. Nähern Sie sich dem riesigen Gebäude, und betreten Sie es durch das Portal. Auf beiden Seiten eines Sees türmen sich riesige steinerne Plateaus auf. Die Spalte im Fels führt Sie zu einem Fahrstuhl.

- Drehen Sie sich um, drücken Sie den Knopf, und fahren Sie hinauf zur Kartenbeobachtungsebene. Ein Schritt nach vorne, und Sie stellen erstaunt fest, daß die Plateaus im Teich offensichtlich Karten von den fünf rivenianischen Inseln darstellen.

- Betrachten Sie die Steuerung mit den fünf Knöpfen, die wie die Inseln geformt sind. Wenn Sie auf einen der Knöpfe drücken, fließt Wasser auf das zugehörige Inselplateau und türmt sich zu einem dreidimensionalen Relief der Insel auf.
- Drehen Sie sich um, laufen Sie zurück durch den Fahrstuhl und weiter zu noch einem Kratersee. In der Seemitte befindet sich ein großes Bauwerk: der Kartenraum.
- Nähern Sie sich dem Kartenraum. Ein Blick nach links offenbart die Feuermurmelkuppel der Vermessungsinsel, die sich an eine enge V-förmige Schlucht in der Felswand klammert.
- Betreten Sie den Kartenraum, und laufen Sie zum zentralen Raum. Die Wasserkarten und Plateaus draußen korrespondieren mit der Karte, die hier jeweils dargestellt wird. Drücken Sie das gelbe Quadrat, damit ein Planquadrat als dreidimensionales Relief dargestellt wird. Mit dem Hebel unten läßt sich die 3D-Karte drehen und von allen Seiten betrachten.
- Jede Insel ist in Planquadrate eingeteilt, genau wie die Muster, die Sie auf der Tempelinsel gesehen haben. Die Buchinsel zum Beispiel wird durch vier Quadrate in einem größeren Quadrat dargestellt, während die Vermessungsinsel aus vier Quadraten in L-Form besteht.

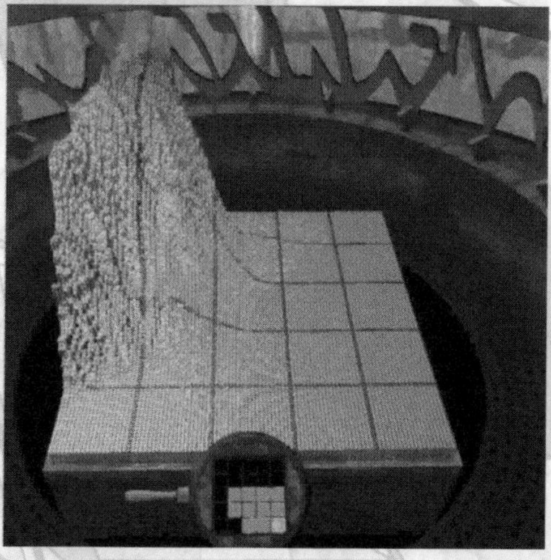

- Jedes Quadrat läßt sich durch Anklicken in ein weiteres Fünf-mal-fünf-Raster unterteilen. Kombinieren Sie die verschiedenen Hinweise, die Sie bislang gesammelt haben, um herauszufinden, wo sich auf jeder 3D-Inselkarte die Feuermurmelkuppel befindet.
- Untersuchen Sie beispielsweise das obere linke Quadrat der Buchinsel näher, können Sie die Öffnung oder den Krater lokalisieren, der sich genau über der Feuermurmelkuppel befand. Auf der Vermessungsinsel läßt sich so die V-Förmige Schlucht in der Felswand finden und auf der Dschungelinsel die zylinderförmige Felssäule, auf der die Feuermurmelkoppel aufgebaut ist. Die Gefängnisinsel besteht aus einem einzigen Quadrat. Sie müssen dort die Umgebung untersuchen und erraten, wo sich die Feuermurmelkuppel befinden könnte.
- Benutzen Sie ein Raster aus fünf mal fünf Quadraten, um die Position jeder Feuermurmelkuppel in Koordinaten auszudrücken. Sie könnten die Spalten mit A, B, C, D, E und die Reihen mit 1, 2, 3, 4 und 5 bezeichnen. So würden die Koordinaten der Feuermurmelkuppel auf der Buchinsel B-4 lauten. Notieren Sie sich die Position aller Kuppeln – bzw. Ihrer Vermutungen.
- Kehren Sie dem Kartenraum den Rücken, und laufen Sie bis zur Kreuzung der Stege vor, an der Sie nach rechts abbiegen. Untersuchen Sie den Dom in der Kluft. Notieren Sie, wenn möglich, das farbig hervorgehobene Symbol – einen Kreis mit einer horizontalen Linie.
- Gehen Sie zurück auf den Steg, und halten Sie sich gegen den Uhrzeigersinn. Achten Sie auf die Wahrk-Totems im See und auf ihre Farben: Gelb, Orange und Grün.
- Das Kinetoskop ist beschädigt und nicht mehr auf die Kuppel ausgerichtet. Klicken Sie einfach schnell hintereinander, bis es anhält und die Kuppel sich öffnet.
- Kehren Sie nun zum Fahrstuhl zurück, und fahren Sie hinunter zum Plateau, an den sich türmenden Wassermassen vorbei. Setzen Sie sich in die Tram, und wenden Sie sie, um auf der anderen Seite auszusteigen. Gehen Sie durch die Tür, die Sie bei Ihrer Ankunft auf der Vermessungsinsel gefunden hatten.

- Der Gang ist in oranges Licht getaucht. Kurz vor dem sechseckigen Becken finden Sie auf der linken Seite einen Hebel mit gelben Streifen. Legen Sie ihn um, damit ein goldener Käfiglift erscheint. Begeben Sie sich hinein, drehen Sie sich um, und drücken Sie den Knopf, um den Aufzug zu schließen und nach unten, durch die Wasserdecke hindurch fahren zu lassen.
- Steigen Sie aus, und folgen Sie dem Pfad, der sich durch Höhlen und Tunnel windet. Vorne stoßen Sie auf einen von Gehns Schreibern, der bei Ihrem Anblick das Hasenpanier ergreift. Verfolgen Sie ihn, bis Sie in einer weiteren Tramstation landen und er gerade noch rechtzeitig entkommt.
- Kehren Sie zum Hauptgang zurück, und biegen Sie nach links ab. Durch ein Portal und lange Treppenfluchten gelangen Sie zu Gehns Unterwasserbeobachtungsraum.

- Nehmen Sie auf dem Thron Platz, und drücken Sie den Knopf auf der rechten Steuertafel, damit der Thron gedreht und aufgerichtet wird.
- Senken Sie den rechten Hebel vor Ihnen ab, damit das Farbenrad erscheint. Sehen Sie es sich an, und achten Sie auf die Symbole. Einige davon werden Ihnen bekannt vorkommen – es sind dieselben, mit denen Sie die Feuermurmelkuppeln geöffnet haben. Klicken Sie entweder auf die Symbole oder die Wählscheibe, um das Rad zu drehen. Klicken Sie auf den unteren Knopf, um ein Unterwasserlicht einzuschalten.
- Probieren Sie alle Symbole aus, und notieren Sie die jeweils dazugehörige Farbe. Die Lichter sind unter der Wasseroberfläche an den Totems angebracht, die Sie oben am Kartenraum entdeckt hatten. Ein Licht, das einem Kreis mit der vertikalen Linie entspricht, ist defekt. Sie müssen seine Farbe erraten.
- Das vertikale Augensymbol, das Sie bislang noch nicht kennen, ist blau. Der Kreis mit einem Punkt in der Mitte ist grün. Das horizontale Auge mit einem Punkt in der Mitte ist gelb, der Kreis mit einer horizontalen Linie orange. Das Auge mit einer vertikalen schlitzförmigen Pupille ist rot.
- Wenn Sie auf Rot klicken, blicken Sie nach oben. Das rote Licht ist auch von dem Beobachtungsraum aus zu sehen. Warten Sie eine kurze Zeit, und Sie sehen und hören einen lebendigen Wahrk. Er wurde offenbar darauf abgerichtet, durch das rote Licht zur Nahrungsaufnahme aufgefordert zu werden. Wenn er kein Futter bekommt, sucht er das Weite. Wenn Sie mit dem Wahrk Katz und Maus spielen wollen, rufen Sie ihn insgesamt noch dreimal. Er regt sich immer mehr auf und verschwindet nach dem vierten Versuch wutschnaubend, nachdem er erfolglos das Glas gerammt hat. Er wird erst nach einiger Zeit zurückkommen.

- Heben Sie wieder das Farbenrad an. Ziehen Sie den Hebel, um den linken Monitor herunterzuholen. Er verfügt lediglich über zwei Knöpfe und sechs Wählscheiben mit Fingerlöchern. Drücken Sie den Knopf auf der linken Seite, um einen Blick auf Catherine in ihrem Gefängnis zu werfen. In dieser Ansicht haben die Fingerlöcher keine Funktion.

- Wenn Sie auf den Knopf ganz rechts drücken, schaltet die Kamera zum Kratersee auf der Dschungelinsel. Drehen Sie die Ansicht mit Hilfe der Wählscheiben, und sehen Sie sich das Dorf, die Piers und die Felswände des Sees an.

- Achten Sie auf die Ansicht, die wie die Silhouette eines Fisches aussieht – erzeugt durch eine Felsspalte und ihre Spiegelung im Wasser. Der Fisch scheint über dreieckige Flossen zu verfügen. Sehen Sie den weißen Fleck an der Spitze? Dies ist das fehlende fünfte Holzauge, und der Fisch ist die fünfte Tiergestalt, die Sie zur Lösung des Rätsels der fünfundzwanzig Steine benötigen!
- Verlassen Sie nun den Thron, und steigen Sie die Treppen hinab, um in die zuvor entdeckte Tramstation zu gelangen. Die Tram bringt Sie zurück zur Dschungelinsel.

Das Zeitalter der Moiety

- Steigen Sie aus der Tram aus, und laufen Sie durch die offene Tür zum Fahrstuhl, der Sie eine Ebene höher in das Innere des Wahrk-Idols bringt.
- Kehren Sie dem Dschungel über die Holzbrücke den Rücken, und biegen Sie nach rechts ab. Der Holzsteg führt Sie über eine blau erleuchtete Höhle und hinaus zum See, wo Sie zuvor eine Leiter abgesenkt hatten. Klettern Sie dort hinauf, und gehen Sie zur Gefängniszelle und von dort aus in den Geheimgang. Sie erinnern sich ja noch: Gitter anheben, Ring ziehen, Geheimtür öffnen und in den Tunnel hinabsteigen. Rücken Sie vor bis zum Seitengang und zum Raum mit den 25 Felsblöcken, die mit Tiergestalten versehen sind.

- Berühren Sie die Steine in der folgenden Reihenfolge: den Fisch mit dreieckigen Flossen, den Käfer, den Frosch, den Sunner und schließlich den Wahrk. Dies läßt das Wasser von der gegenüberliegenden Wand abfließen und öffnet eine Nische, in der sich ein offenes Buch befindet – der Zugang zu einem anderen Universum! Berühren Sie den Bildschirm, um es zu sehen, klicken Sie darauf, um dorthin zu gelangen.
- Betreten Sie den Raum, der sich hinter Ihnen befindet. Ein seltsames Idol ist dort aufgebaut. Drehen Sie sich schnell um, wenn Sie sich dem Idol nähern, und Sie merken gerade noch, wie die Moiety-Rebellen auf Sie aus einem Blasrohr schießen.
- Sie wachen in einem Boot auf, auf dem Weg zu einem großen Gebäude, das einem Baum ähnelt. Untersuchen Sie den Raum, in dem Sie aufwachen, und blicken Sie durch das Fenster in der Holztür – draußen ist ein Rebellendorf.

- Auf der anderen Seite steht ein Tisch. Eine Frau namens Nelah bringt Ihnen Catherines Tagebuch und Ihr Fallenbuch. Sie erwähnt oft Catherines Namen, aber Sie können ihre Sprache nicht verstehen.
- Untersuchen Sie das Tagebuch. Achten Sie auf den Eintrag über den Stift, der das Teleskop blockiert, und suchen Sie nach einer Folge aus fünf D´ni-Zahlen. Später kehrt Nelah mit einem Verbindungsbuch zurück. Berühren Sie das Bild, um zum Raum der 25 Steine zurückzukehren.
- Verlassen Sie den Tunnel zum Zeitalter der Moiety. Wenn die Lichter aus sind, klicken Sie einfach weiter, bis Sie an der Geheimtür ankommen. Ziehen Sie am Ring, um ins Freie zu gelangen. Biegen Sie nach rechts ab, und steigen Sie die Leiter hinab. Nehmen Sie abermals den Pfad durch die blau erleuchtete Höhle, vorbei am Dschungel und dem Kahlschlag. Kehren Sie zur Tram zurück, die Sie wieder auf die Tempelinsel bringt. Überqueren Sie die Kuppel, und begeben Sie sich in den Torraum. Drücken Sie den Drehknopf, um die Türen auf die Positionen 1 und 3 zu bringen. Gehen Sie zur Position 3, von wo aus die Rampe jetzt aufwärts zu einem Schlitz hoch oben in der goldenen Kuppel führt. Der Weg führt Sie über die Brücke in einen schmalen, hohen Durchgang. An der Wand befindet sich ein Hebel und weiter vorne das Murmelrätsel.
- Betrachten Sie das Murmelraster. Sechs Murmeln sind auf der linken Seite aufgereiht. Das Raster besteht aus fünf mal fünf Zellen, die wiederum in kleinere Quadrate aufgeteilt sind. Es ist das gleiche Raster, das Sie im Kartenraum auf der Vermessungsinsel erkundet haben.
- Legen Sie die Farbmurmeln an die richtigen Stellen – so wie Sie es im Kartenraum und am Farbenrad gelernt haben. Die Farbe richtet sich nach dem Symbol, mit dem sich die jeweilige Kuppel öffnen ließ. Die Positionen kennen Sie aus dem Kartenraum.
- Wenn alles seine Ordnung hat, legen Sie den Hebel an der Wand um. Dadurch wird die Murmelpresse abgesenkt. Drücken Sie anschließend den weißen Knopf. Eine Explosion und laute Geräusche signalisieren, daß die Einstellung richtig war. Sie haben nun die Verbindungsbücher in allen fünf Feuermurmelkuppeln mit Strom versorgt.

- Wenn keine Geräusche ertönen, stimmt die Murmeleinstellung nicht. Nicht verzagen, weiter probieren! Sie müssen eine der Farben sowie die Position der Kuppel auf der fünften Insel erraten. Experimentieren Sie einfach, bis Sie es herausbekommen.
- Kehren Sie zum Torraum zurück, und begeben Sie sich zum Eingang 1. Drücken Sie dreimal auf den Drehknopf, damit die Türen an den Positionen 1 und 4 stehen.
- Gehen Sie zur Position 4 und auf den dahinterliegenden Steg. Betreten Sie die goldene Kuppel, biegen Sie auf den Steg nach links ab, und laufen Sie über die Stegerweiterung zum Eingang der Position 3 im Torraum. Steigen Sie die Treppen zum unteren Steg in der goldenen Kuppel hinab. Gehen Sie aus der Tür hinaus, und nehmen Sie den rechten Steg, vorbei am Ventil für die westliche Zugbrücke. Bleiben Sie auf einer rechten Platte auf dem Pfad stehen, und halten Sie sich rechts. Ein Druck auf den Knopf bringt den Lift nach unten. Drehen Sie sich um, und laufen Sie im Tunnel bis zu den Stufen, die nach oben führen. Sie kommen bei der Feuermurmelkuppel heraus.
- Sie haben nun die fünf Zahlen, um die Sperre zu öffnen. Bewegen Sie die Schieberegler zu den entsprechenden Zahlen auf der Skala, und drücken Sie auf den Knopf, der die innere Kuppel öffnet und das Verbindungsbuch emporhebt. Öffnen Sie das Buch, und berühren Sie das Bild, um in Gehns Universum zu reisen.

Gehns Welt

- Sie tauchen im Innern eines Käfigs auf. Sehen Sie die Verbindungsbücher, jedes mit dem Symbol einer anderen Insel verziert? Drehen Sie sich um, bis Sie einen Knopf auf einer sternförmigen Plakette finden. Wenn Sie ihn drücken, erscheint Gehn und hält mit Ihnen ein Schwätzchen. Er erzählt Ihnen, daß er auf Riven ohne Bücher gefangen ist. Doch Sie wissen selbst, daß er Bücher geschrieben hat. Er will Ihnen auch vormachen, er hätte sich gewandelt und wolle für den Ärger büßen, den er verursacht hat.
- Er raucht übrigens weiterhin Frösche und trägt eine edlere Version der Uniform, die auch die Wache bei Ihrer Ankunft auf Riven getragen hatte. Sie wissen selbst, wie er Wahrks einsetzt, um Furcht und Schrecken unter den Einheimischen zu verbreiten, und daß die Einheimischen tatsächlich Angst vor ihm haben, wenn man den warnenden Wächter im Dorf sowie das Ausmaß der Moiety-Rebellion in Betracht zieht. Hiernach kann man Gehn wirklich nicht trauen.
- Er fordert Sie auf, als erster durch das Fallenbuch zu gehen, damit er sich davon überzeugen kann, daß es sich tatsächlich um ein Verbindungsbuch nach D´ni handelt. Wenn er Ihnen das Buch hinhält, klicken Sie auf das Bild und werden in dem Buch gefangengenommen. Gehn entschließt sich dann aber, Ihnen nach D´ni zu folgen. Er wird gefangengesetzt und befreit Sie damit – Sie sind nun wieder in seiner Behausung, aber diesmal außerhalb des Käfigs.
- Suchen Sie nach dem Hebel, der die Verbindungsbücher im Raum mit Strom versorgt, und schieben Sie ihn nach rechts.
- Halten Sie nach einem weiteren Hebel neben dem Fenster Ausschau. Er senkt die Gitter Ihres Käfigs herab.
- Finden Sie einen Tunnel, der nach unten führt, und schieben Sie eine Leiter hinunter in Gehns Schlafzimmer. Untersuchen Sie die verschiedenen Artefakte. Nähern Sie sich dem Nachttisch, und lesen Sie sein persönliches Tagebuch.
- Klicken Sie auf die graue Metallkugel auf dem Tisch – eine Art Uhr. Hören Sie sich die Abfolge der Geräusche an. Sie werden später herausfinden, daß es sich um den Code zu Catherines Gefängnis handelt.

- Steigen Sie wieder die Leiter zum Hauptzimmer hoch. In der Nähe des Käfigs liegt ein Buch, das die Verbindung zu Catherines Gefängnisinsel schafft, jenes mit dem einzelnen kleinen Quadrat. Begeben Sie sich dorthin.

Catherines Insel

- Sie kommen im Innern der Feuermurmelkuppel auf Catherines Insel an. Drücken Sie den Knopf auf dem Boden, damit die Kuppel sich öffnet. Drehen Sie sich um, und folgen Sie dem Steg auf einen riesigen Baumstumpf zu, der die gesamte felsige Insel bedeckt. Steigen Sie die Stufen hinauf. Durch die Tür gelangen Sie zu einem Fahrstuhl. Dort befinden sich drei Tasten und ein Hebel sowie eine Zugschnur. Drücken Sie die Tasten, und hören Sie sich die Geräusche an, die sie erzeugen. Geben Sie die Geräusche in der richtigen Reihenfolge an (genau die, die Sie von der Uhr in Gehns Schlafzimmer vernommen haben), und legen Sie dann den Hebel um, damit sich der Käfig öffnet.
- Catherine gesellt sich dazu und zieht den Fahrstuhlhebel, um hinunterzufahren. Sie gratuliert Ihnen überschwenglich: »Wir sind alle frei! Du hast Gehn gefangen!« Sie bittet Sie, den Sternenriß zu öffnen, und erinnert Sie daran, daß die Kombination sich in ihrem Tagebuch befindet.
- Kehren Sie nun zu Gehns Residenz zurück. Sie müssen die Kuppel erneut anhalten, weil Catherine sie soeben benutzt hat.

Das Spielende

- Klicken Sie in Gehns Behausung das Buch der Tempelinsel an, und kehren Sie dorthin zurück.
- Begeben Sie sich in den Tunnel und zum Fahrstuhl, der Sie eine Ebene höher befördert. Überqueren Sie die goldene Kuppel und den Torraum, so daß Sie bei Position 1 herauskommen. Biegen Sie dann nach rechts ab, und steigen Sie die Stufen hinab.
- Sie sind just an dem Ort angelangt, an dem Ihre Reise begonnen hat – am Teleskop. Benutzen Sie den Code aus Catherines Tagebuch, um die Luke zu öffnen. Blicken Sie durch das Okular – Sie sehen die Sterne und den Riß. Ziehen Sie den Stift heraus, der die Bewegung des Teleskops blockiert, indem Sie die Stütze links neben der Luke anklicken und dann den Hebel nach oben ziehen. Gehen Sie nun zur Hauptsteuerung, und ziehen Sie den rechten Hebel nach unten. Halten Sie die grüne Taste gedrückt.
- Lassen Sie die Taste nicht los, ehe das Glas zerbricht.
- Sie beobachten, wie Riven sich selbst zerstört. Atrus erscheint aus der Kammer, in der Sie am Anfang Ihres Abenteuers gefangen waren. Kurze Zeit später taucht auch Catherine auf, und die beiden fallen sich in die Arme. Sie erzählt Ihnen, daß die Dorfbewohner alle in Sicherheit im Zeitalter der Moiety sind. »Der Weg nach Hause ist nun für uns alle frei.«

- Atrus hat ein Verbindungsbuch mitgebracht. Catherine geht als erste hindurch. Er geht als nächster und läßt das Buch in den Sternenriß fallen. Auch Sie fallen in den Sternenriß und begeben sich auf die lange Heimreise …

RIVEN: DIE ALTERNATIVEN

Mit Hilfe dieser Anleitung haben Sie den ganzen Weg durch Riven ohne Fehler zurückgelegt. Interessiert es Sie, was Sie hätten alles falsch machen können, wenn Sie sich nicht so souverän geschlagen hätten?

Kehren Sie zu einem gespeicherten Spielstand zurück, kurz bevor Sie die entscheidenden Schritte unternommen haben.

Es gelingt Ihnen nicht, Gehn einzufangen

Wenn Sie den Sternenriß öffnen, bevor Sie Gehn gefangen haben, verlieren Sie das Spiel. Atrus wird erscheinen und sich nach Catherine und dem Buch erkundigen. Sein Gesicht erstarrt vor Schrecken, als er stammelt »Ich verstehe nicht!«.

»Du hast es nie verstanden!«, brüllt Gehn, der mit einer Wache hinter ihm erscheint. Während die Welt zusammenbricht, wird Atrus durch einen Pfeil aus dem Blasrohr getötet.

Gehn schnappt sich das Verbindungsbuch, seine Rückfahrkarte nach D´ni. Er nähert sich Ihnen lächelnd. »Ich weiß zwar nicht, was Du getan hast«, erklärt er süffisant, »aber *danke*!« Er winkt Ihnen mit dem Buch und sagt: »Endlich bin ich frei!«

Dann gibt er der Wache ein Zeichen, und auch Sie werden von einem Blasrohrpfeil getötet.

Alles versinkt in Dunkelheit, als diese Welt stirbt.

Sie schaffen es nicht, Catherine zu befreien

Wenn Sie Gehn gefangennehmen, aber das Glas mit dem Teleskop zerstören, bevor Sie Catherine befreit haben, wird Atrus erscheinen und das Buch an sich nehmen. »Ich verstehe nicht!« Er blickt Sie entsetzt an. »Du hast Gehn gefangen, doch warum hast Du mich gerufen? Das Zeitalter liegt im Sterben. Es ist keine Zeit mehr übrig.«

Dann durchzuckt ihn die Erkenntnis. »Und die Menschen dieses Zeitalters, alle verloren ...«

Der Schock und die Trauer in seiner Stimme sollten Sie genug anspornen, um zur Welt von Riven zurückzukehren und diesmal für ein weniger tragisches Ende zu sorgen.

Nun aber pfeift der Wind, als eine Welt stirbt und mit ihr ein Volk. »Zumindest hast Du den Rest des Universums vor meinem Vater bewahrt. Geh. Mein Weg ist nicht der deine. Du wirst deinen eigenen finden.«

Achten Sie also darauf, daß Sie Gehn einfangen und Catherine mit dem Code aus Gehns Schlafzimmer befreien, damit Ihnen diese unangenehmen Erlebnisse erspart bleiben.

Viel Glück und viel Spaß bei Ihren Abenteuern!

KAPITEL 8
WEBWEISER

Auf diesen Seiten finden Si nützliche Internet-Adressen, die Ihnen zusätzliche Informationen über Myst, Riven, und das Volk der D'ni verschaffen. Es gibt eine ganze Fülle von Sites, die von Fans der Serie eingerichtet wurden und liebevoll gepflegt werden. Einen guten Einstieg finden Sie, wenn Sie die untenstehende Link-Seite aufrufen und von dort aus weitersurfen.

OFFIZIELLE SITES

HOMEPAGE VON CYAN

www.cyan.com

Enthält viele Informationen über Myst und Riven und vor allem über D'ni. Geht erheblich über den Umfang der Spiele hinaus. Genau das Richtige für jedermann, der sich für den Rahmen interessiert, in den die Spiele eingebettet sind.

HOMEPAGE VON BRODERBUND

www.broder.com

HOMEPAGE VON THE LEARNING COMPANY

www.learningco.com

SONSTIGE SITES

RATESPIEL ZUM THEMA MYST: 50 MULTIPLE-CHOICE-FRAGEN

www.worldvillage.com/myst.htm

REZENSIONEN ZU DEN BEGLEITBÜCHERN

www.angelfire.com/wi/malvaux

UMFASSENDE SITE MIT LINKS ZU MYST & RIVEN

www.gfcurrie.com/mystpage.html

HANDGEMALTE ÜBERSICHTSKARTEN FÜR RIVEN

www.best.com/~calyxa/pearl/maps.html